KB195316

경리

쉽게 생각하고
시작한 경리
첫 출근 고민에 빠진
초보자를 위한
핵심 정리

회계

처음하는
실무설명서

손원준 지음

☑ 자격증 따고 바로 실무에 투입된 초보자
☑ 세무사 사무실 초보 입사자
☑ 급여 계산과 신고를 처음하는 담당자
☑ 세금 신고 일정조차 모르는 사회초년생
☑ 계정과목도 모르고 전표를 발행하는 실무자

K.G.B
지식만들기

이론과 실무가 만나 새로운 지식을 창조하는 곳

머리말..

경리는 회계, 세무, 법률 등 다양한 분야를 알아야 하며, 그 범위 또한 방대하다. 따라서 회사에 처음 입사한 초보자들은 어디부터 어떻게 업무를 시작해야 할지 헤매는 경우가 많다.

또한, 최근에는 경리업무가 회계나 세금에 국한 되지 않고 노동법상 급여 계산과 노무 문제 등으로 그 업무 범위가 넓어지고 있다. 즉 경리업무가 중소기업의 경우 회사와 관련된 모든 사무업무가 되었다.

이에 경리실무자들은 많은 어려움을 호소하고 있으며, 중소기업의 경리업무를 대행해주는 세무사사무실 직원들도 급여 계산업무로 인해 골머리를 앓고 있다.

이에 본서는 사회초년생이나 세무사사무실 막내도 체계적으로 경리업무의 전반적인 숲을 볼 수 있도록 총 9장으로 구분해서 구성했다.

제1장 회계를 알아야 기업이 보이다. 회계를 처음 접하는 분들을 위해 대화식으로 구성했다.

제2장 반드시 외워야 할 계정과목 회계의 가장 기본은 계정과목이다. 이것은 반드시 외워야 한다.

제3장 경리업무 일정과 관리업무 초보는 일정만 아는 것도 큰 재산이다. 그리고 무엇을 관리해야 할지 답답한데, 그 관리사항을 알려준다.

제4장 경리장부 작성법 전표와 중요한 경리 장부 작성법에 대해서 알려준다.

제5장 월별로 회사가 내야 하는 세금 1년간 회사가 내야 하는 세금에 대해서 월별로 분류해서 가르쳐준다.

제6장 반드시 챙겨야 하는 적격증빙 아무것도 모르면 증빙부터 챙겨라! 가장 기본이다.

제7장 임금(급여) 계산과 급여세금 원천징수 기본적인 급여계산과 급여세금의 납부방법에 대해서 가르쳐준다.

제8장 부가가치세 신고 · 납부 부가가치세 신고 방법과 납부 방법에 대해서 기본적인 사항을 알려준다.

제8장 종합소득세 신고 · 납부 종합소득세 신고 방법과 납부 방법에 대해서 기본적인 사항을 알려준다.

많은 분들이 사회초년생으로, 경단녀로, 남편이나 부인을 도와주기 위해 경리라는 직업에 손쉽게 뛰어들고 있다. 하지만 하루 이틀 시간이 흐르다 보면 막막하고 힘들어하는 경우가 많다.

이 같은 시행착오를 최소화하기 위해서는 미리 체계적으로 관련 지식을 습득하는 것이 중요하며, 본서가 그에 맞는 길잡이가 되기를 바라는 바이다.

끝으로 본서가 출간되기까지 항상 사랑과 믿음으로 나를 지켜준 사랑하는 아내와 믿음직스러운 큰딸 예영 그리고 애굣덩어리 막내 예서, 지인 및 독자 여러분께 감사의 마음을 전하는 바입니다.

손원준 올림

Contents

제1장 | 회계를 알아야 기업이 보인다.

제2장 | 반드시 외워야 할 계정과목

제3장 | 경리업무 일정과 관리업무

CONTENTS

제4장 | 경리 장부 작성법

제5장 | 월별로 회사가 내야 하는 세금

제6장 | 반드시 챙겨야 하는 적격증빙

제7장 │ 임금(급여) 계산과 급여 세금 원천징수

제8장 | 부가가치세 신고·납부

CONTENTS

CONTENTS

제9장 | 종합소득세 신고·납부

구 분	처리 방법
청첩장, 부고장은 20만 원까지만 인정	세법에서는 거래처, 고객, 협회 등의 경조사비에 대해 연간 기업업무추진비(= 접대비) 한도 내한 건당 최대 20만 원까지 비용으로 인정하고 있다. 다만, 친구, 친척, 형제자매 등의 개인적인 경조사비는 비용으로 인정되지 않는다. 그러므로 청첩장이나 부고장 등을 잘 모아두었다가 업무 관련성을 증명하는 지출결의서 등과 함께 준비하면 된다. 참고로 꼭 종이가 아니더라도 모바일 청첩장, 부고 안내 문자 등도 가능하다.
3만 원 초과 지출은 적격증빙을 받아야 비용인정	업무에 따른 부대비용은 원칙적으로 경비처리가 가능하다. 단, 건당 3만 원 초과 시에는 지출사실을 소명할 수 있는 적격증빙(세금계산서, 계산서, 지출증빙용 현금영수증, 신용카드 매출전표)이 필요하다. 문제는 적격증빙이 불가능한 지출들이 생기기도 한다는 점인데, 적격증빙불비 가산세 2%가 붙더라도, 경비처리를 하는 것이 더욱 유리할 수 있다. 따라서 3만 원을 초과하는 지출에 대한 간이영수증 또는 이체내역 사본을 메모와 함께 경비처리를 준비해야 한다. 물론 기업업무추진비(= 접대비)는 법인의 경우 법인카드를 개인사업자의 경우 사업용 신용카드를 국세청에 등록한 후 사용해야 한다.
외상 대금과 미수금 관리	외상 대금, 미수금 등 채권은 대손금으로 경비처리가 가능하다. 또한, 매출로 잡혀 불필요하게 낸 부가가치세도 대손세액공제 신청을 통해 환급받을 수 있다.

회계를 알아야! 기업이 보인다.

제1장

회계가 업무에 왜 필요하며, 실무에서 어떻게 이용되나?

회계강사 김선생의 강의 :

여러분의 회사는 단순히 남이 만든 물건만을 파는 도소매 회사도 있을 수 있고, 제품을 직접 만들어 판매하는 회사도 있을 것입니다. 이런 분들은 회사업무를 위해 본 강의를 들으시지만, 혹시 주식투자를 위해 회계를 공부하는 분도 있을 수 있고, 세무서 직원분도 있을 수 있겠지요?

이같이 서로 회계를 공부하는 목적이 다른데 그에 맞는 회계를 배워야 하지 않을까요? 즉, 도소매업만 하는 경우는 재무회계와 세무회계를, 제조와 판매를 동시에 하는 회사는 재무회계와 원가회계, 세무회계를, 주식투자를 하는 투자자는 재무회계를 세무서 직원은 재무회계와 원가회계, 세무회계를 모두 공부해야 하겠지요. 물론 사장님 이하 관리자는 관리회계를 별도로 공부해야 합니다. 이같이 회계는 각각의 이해관계에 따라 얻고자 하는 정보가 달라지며, 이와 같은 목적을 충족하고자 재무회계, 원가회계, 관리회계, 세무회계로 나누어 정보를 제공하고 있습니다.

분류	이용 집단과 분야
일반적인 회계 : 재무회계	외부 이해관계자(주주나 종업원, 과세당국, 경영자 등)가 합리적인 의사결정을 할 수 있도록 유용한 정보를 제공하기 위해 기업의 경영활동을 화폐단위인 숫자로 기록해서 전달하는 회계이다. 즉, 분개에서부터 출발해서 재무제표 작성까지의 모든 회계를 지칭한다.
	분개, 전표 등 각종 장부 작성, (연결)재무제표 작성, 경영분석의 기초자료 제공, 세금납부의 기초자료 제공
경영·관리자 회계 : 관리회계	기업의 경영자가 경영 의사결정을 하는데 필요한 재무정보를 제공하는 회계를 말한다. 즉, 기업의 활동 중 관리자에게 유용한 정보만을 선별해서 화폐단위로 표현한 회계를 말한다.
	내부 이해관계자의 경영 의사결정 수지 제공, 화폐의 시간가치, 의사결정 회계, 예산관리 등이 여기에 속한다.
원가계산회계 : 원가회계	제품의 원가를 계산하기 위한 회계로써 주로 제조업에서 사용하는 회계이다. 원가계산도 일종의 관리목적의 성격이 강하므로 관리회계에 포함시킨다.
	제품의 원가계산, 원가 기획, 원가절감, 내부 이해관계자에게 원가정보를 제공한다.
국세청 세금계산 회계 : 세무회계	세무회계는 국세청이 세금을 부과하기 위한 회계로서 재무회계를 세금부과의 기준이 되는 세법에 맞게 조정하는 회계를 말한다.
	재무회계 데이터를 개인은 (사업)소득세법, 법인은 법인세법에 맞게 조정할 때 활용한다.

회계란 무엇이며,
왜 회계를 알아야 하나요?

낙랑이의 질문 :

강사님의 말씀을 종합해보면 회계는 재무회계, 관리회계, 원가회계, 세무회계로 나누어지는 것 같은데 그럼 저희가 단계별로 어떻게 접근하는 것이 올바른 방법이 되겠습니까?

그리고 강사님이 말씀하신 강의대로 다 들으면 저희도 실무 처리를 하는데, 어려움은 없는지요?

회계강사 김선생의 답변 :

가장 좋은 것은 여러분이 열심히 하는 것이겠지요? 하지만 체계적인 지식습득을 위해 단계를 가르쳐드리면 재무회계를 하신 후 세무회계를 하시는 것이 좋으며, 재무회계와 원가회계를 같이해도 연관성이 미미해 별 문제는 없습니다. 그리고 관리회계는 원가회계를 알고 학습하시는 것이 좋습니다. 그럼 다음 강의를 계속하겠습니다.

회계강사 김선생의 강의 :

회계는 회계팀에서 장부를 적는 담당자나 우리 장부를 보고 투자하려는 투자자, 그리고 경영실적을 분석하려는 대표이사, 세금을 부과하는 국세청 등이 서로 알아볼 수 있도록 장부를 기록하는 약속이라고 보면 됩니다. 즉 회계는 작성자와 이해관계가 있는 모든 사람이 손쉽게 기업의 재무상태와 경영성과를 파악할 수 있도록 약속된 규칙에 따라 기록하는 것이라고 보면 됩니다.

회계는 회사의 거래내역을 숫자로 적는 것에서부터 출발합니다. 따라서 어떤 것을 숫자로 적어야 하는지 결정하는 것이 중요한데, 그 적는 대상을 거래라고 하고, 적는 금액을 결정하는 것을 측정이라고 합니다.

회계	담당자 : 장부를 적는 사람은 장부를 적고 ↓ 투자자, 사장님, 국세청 등 : 이해관계자는 합리적인 의사결정을 위해 재무정보를 활용하기 위한 **약속**
회계의 이론적 정의	회계정보 이용자(이해관계자)에게 합리적 의사결정에 유용한 정보를 제공하기 위해서 경제적 사건을 식별, 측정, 전달하는 일련의 정보시스템을 말한다.

💕 **회계를 알면 알 수 있는 것** 💕

기업의 자산, 부채, 자본 등 재무상태를 한눈에 볼 수 있다.

기업의 수익과 비용 및 이익 등 경영성과를 파악할 수 있다.

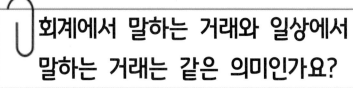

회계에서 말하는 거래와 일상에서 말하는 거래는 같은 의미인가요?

호동이의 질문 :

그럼 우리가 생활 속에서 말하는 거래가 곧 회계에서 말하는 거래가 되는 것인가요?

회계강사 김선생의 답변 :

큰 원칙은 그렇다고 보면 됩니다. 즉, 회계에서 말하는 거래는 일상에서 물건을 사고팔면서 돈이 오가는 것과 같다고 보면 됩니다. 다만, 일부 일상적 거래와 회계상 거래는 차이가 있을 수 있습니다.

예를 들어 집이 이사 간다고 여기저기 집을 알아보다가 마음에 드는 집이 있어 집주인과 내일 계약서를 쓰기로 하고 집에 온 경우 일상에서는 매매거래가 성사되었다고 부릅니다.

이같이 구두계약도 일상에서는 거래라는 표현을 쓰기도 하는데 회계에서는 이를 거래라고 하지 않습니다. 반면 집에서 쓰던 가전제품이 망가져서 가전제품에 딱지를 붙여 버리는 경우 일상에서는 거래라고 하지 않고 그냥 버렸다고 표현하지만, 회계에서는 거래라고 합니다.

토지매매계약을 하고
계약금을 미지급

- 일상적으로는 매매(거래)가 이루어짐
- 회계상으로는 금액 측정은 가능 하나
  재산상태의 변동이 없으므로 거래라고 할 수 없음

이와 같은 일상적인 거래와 회계와의 거래의 차이를 예를 들어 보면 다음과 같습니다.

일상적 거래이나 회계상 거래가 아닌 경우	차이점	회계상 거래이나 일상적 거래가 아닌 경우

- 구두계약(약속, 주문)의 체결 및 상품 주문의 접수. 단, 계약금의 지급이 있는 경우에는 거래이다. - 종업원 채용 계약	- 인건비 지급 및 미지급 - 차입금 및 상품 판매(단순한 상품 주문만은 거래가 아님) 등 - 도난, 화재, 보유자산 사용 및 파손

→ 서로 간의 약속을 하는 모든 것을 말함

→ 구체적으로 돈이 오고 가는 재상상태의 변화 발생
→ 정확한 금액이 측정 가능해야 함

자산, 부채, 자본은
무엇을 말하나요?

낙랑이의 질문 :

강사님께서 말씀하신 내용은 개념상으로는 이해가 갑니다. 그런데, 보다 손쉽게 구별할 수 있는 방법은 없나요?

회계강사 김선생의 답변 :

회계상 거래는 자산, 부채, 자본, 수익, 비용 항목 금액의 변동을 가져오는 것을 거래로 보면 됩니다. 그러면 다시 자산, 부채, 자본, 수익, 비용 항목이 무엇인지를 알아야겠지요.

이에 대해서 이제 알아보도록 하겠습니다.

회계강사 김선생의 강의 :

회계의 거래내역은 결국 자산, 부채, 자본, 수익, 비용 항목 중 하나에 기록이 됩니다.

이 중 자산, 부채, 자본 항목은 재무상태표에 기록이 되고, 수익, 비용 항목은 (포괄)손익계산서에 기록이 됩니다. 우선 재무상태표를 그림으로 나타내면 다음과 같습니다.

재무상태표

(차변)   (대변)
12월 31일 현재

자산 (100원)	부채 (80원)
	자본 (20원)
	– 자본금 (8원)
	– 이익잉여금 (12원)

자산 = 부채 + 자본
재무상태표 등식

일상용어		회계용어
총재산 : 100원	→	자산 : 100원
빚(가계부채) : 80원	→	부채 : 80원
순수 내 재산(총재산 - 빚) : 20원	→	자본(자산 - 부채) : 20원

위의 재무상태표에서 차변은 왼쪽, 대변은 오른쪽을 나타내며, 자산은 차변에 부채와 자본은 대변에 기록합니다. 이는 특별한 원리가 있는 것이 아니라 회계를 하는 사람 간의 약속된 용어이며, 장부를 기록하는 방법입니다.

이 중 부채는 원재료 외상 대금(외상매입금)이나 금융기관 대출(차입금)금과 같이 언젠가는 남에게 갚아야 하는 돈을 의미하고, 자본은 자본금과 이익잉여금으로 나누어 볼 수 있는데 자본금은 최초 회사설립 시 출자한 금액을 이익잉여금은 영업의 결과 생긴 이익을 말합니다. 즉 회사 총재산의 합은 남에게 빌린 자금과 주주의 출자금, 영업 이익잉여금의 합으로 구성이 될 것이며, 이와 같은 회사의 총재산을 자산이라고 합니다. 따라서 결국 자산 = 부채 + 자본이라는 등식이 성립하게 되며, 이를 재무상태표 등식이라고 합니다.

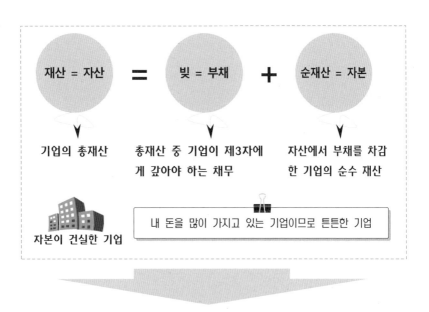

재산 = 자산 = 빚 = 부채 + 순재산 = 자본

기업의 총재산 / 총재산 중 기업이 제3자에게 갚아야 하는 채무 / 자산에서 부채를 차감한 기업의 순수 재산

자본이 건실한 기업 / 내 돈을 많이 가지고 있는 기업이므로 튼튼한 기업

[기업의 재산목록은 재무상태표에 나타남]

보다 이해를 돕기 위해 호동씨네 회사가 100원 하는 사무실을 얻기 위해 20원 밖에 없어 80원은 은행에서 대출받았다고 할 때, 100원은 자산이 되는 것이며, 80원은 부채, 20원은 자본이 되는 것입니다. 그 결과 100원(자산) = 80원(부채) + 20원(자본)의 등식이 성립합니다. 참고로 100원의 회사를 운영하기 위해 은행에서 80원의 부채를 조달하고 나머지 8원은 자본금, 12원은 이익잉여금으로 조달한 경우이므로 차변의 자

산은 자금의 운용 측면을 나타내는 것이며, 대변은 자금의 조달 측면을 나타낸다고 표현하기도 합니다.

재무상태표 예시
제1기 12월 31일까지 현재

구 분	금액	
I. 자산		
유동자산(현금, 예금 등)	×××	
비유동자산(건물, 토지 등)	×××	×××
II. 부채		
유동부채(외상매입금, 단기차입금 등)	×××	
비유동부채(사채, 장기차입금 등)	×××	×××
III. 자본		
자본금	×××	
이익잉여금	×××	
기타자본구성요소	×××	×××

수익, 비용, 이익과 손실은 무엇을 말하나요?

회계강사 김선생의 강의 :

이해가 가셨으면 다음으로 (포괄)손익계산서의 구조에 대해서 살펴보도록 하겠습니다.

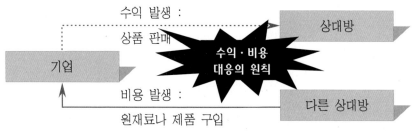

일상용어		회계용어
수입 (월급 등 가정에 들어오는 돈)	→	수익(회사에서 제품이나 상품을 팔아 받는 돈)
지출 (관리비, 교육비 등 나가는 돈)	→	비용(교통비, 주유비, 밥값, 원재료 구입, 급여, 임차료 등)

(포괄)손익계산서
제1기 01월 01일부터 12월 31일까지

	차변(비용)	대변(수익)
Ⅰ. 매출액		×××
Ⅱ. 매출원가	×××	
Ⅲ. 매출총이익		×××
Ⅳ. 판매비와관리비	×××	
Ⅴ. 기타수익		×××
Ⅵ. 금융수익		×××
Ⅶ. 기타비용	×××	
Ⅷ. 금융비용	×××	
Ⅸ. 법인세비용차감전순이익		×××
Ⅹ. 법인세비용	×××	
ⅩⅠ. 당기순이익		×××

우선 (포괄)손익계산서 양식을 보면 제1기 1월 1일부터 12월 31일까지라는 날짜가 나오는데 이는 회사가 설립한 지 1년이 되는 해의 1월 1일부터 12월 31일까지의 수익과 비용을 기록한 것이라는 손익계산기간을 나타낸 것입니다. 따라서 제2기 1월 1일부터 12월 31일이라고 표현이 되었다면 2년째 되는 해의 1월 1일부터 12월 31일까지의 수익과 비용을 기록한 것이라고 보면 됩니다. 보기의 양식은 실제 공시하는 정형화된 양식은 아니며, 회사의 사정에 따라 조정이 가능하며, 본 강의에서는 비용은 차변, 수익은 대변이라는 것을 나타내주기 위해 차변과 대변으로 구분해서 양식을 만들어 본 것이니 이점 참조해 주시기 바랍니다.

다음으로 (포괄)손익계산서의 구성항목에 대해 살펴보면 매출액은 제품이나 상품을 판매하는 것을 말하며, 매출원가는 제품이나 상품을 판매하는데 소요된 원가를 말합니다. 매출액에서 매출원가를 차감한 금액이 매출총이익이 되는 것입니다.

그리고 판매비와 관리비는 제품이나 상품을 판매하는 과정에서 발생하는 종업원 인건비나 광고선전비용, 포장비용, 택배비용 등을 말하며, 기타수익은 제품이나 상품의 판매와 관련 없이 회사에서 발생하는 건물, 토지 등 유형자산의 처분이익이나 타사 주식의 처분이익 등을 말합니다. 금융수익은 이자수익 등을 말합니다. 반면 기타비용은 기타수익의 반대적 개념으로 제품이나 상품의 판매와 관련 없이 회사에서 발생하는 건물, 토지 등 유형자산의 처분손실이나 타사 주식의 처분손실 등을 말하며, 금융비용은 차입금에 대한 이자비용을 말합니다.

Ⅲ. 매출총이익에서 Ⅴ. 기타수익과 Ⅵ. 금융수익을 가산하고, Ⅳ. 판매비와관리비 Ⅶ. 기타비용 Ⅷ. 금융비용을 차감하면 Ⅸ. 법인세비용차감전순이익이 되고 여기서 세금인 법인세비용을 차감하면 ⅩⅠ. 당기순이익이 됩니다.

참고로 위 분류방식은 K-IFRS의 분류방식이며, 중소기업회계에서는 매출총이익에서 영업외수익(금융수익 + 기타수익)을 가산하고, 영업외비용(금융비용 + 기타비용)을 차감해 법인세비용차감전순이익이 됩니다. 여기서 세금인 법인세비용을 차감하면 당기순이익이 됩니다.

낙랑이의 질문 :
강사님 강의에서 수익과 비용이라는 표현을 쓰셨는데 흔히 생각하는 이익과 손실로 생각해도 문제가 없는 것인지요?

회계강사 김선생의 답변 :

그렇지는 않습니다. 회계상 수익과 비용, 이익과 손실은 다른 개념입니다.

예를 들어, 일반 가정에서 아버지가 회사를 나가 본인의 용역을 제공하고 받는 급여가 가정의 수입인 것과 같이 회사는 제품이나 상품을 팔아 다른 회사나 소비자로부터 받는 판매금액이 수익입니다.

그리고 수익을 얻기 위해 원재료를 구입하거나 급여, 임차료, 광고선전비 각종 대가를 상대방에게 지불하게 되는 데 이를 비용이라고 합니다.

결론적으로 회사는 물건을 팔거나 용역을 팔아서 상대방으로부터 받는 대가인 수익을 얻고, 수익을 얻기 위해 다른 상대방에게 지불하는 대가를 비용이라고 하는 것입니다.

반면 이익은 수익이 비용보다 큰 경우를 말하고, 손실은 수익보다 비용이 큰 경우를 말합니다. 즉, 제품을 100만 원에 파는 경우 100만 원은 수익이 되고, 이 제품을 만들거나 팔기 위해 90만 원이 지출된 경우 90만 원이 비용이 되는 것입니다. 100만 원 - 90만 원 = 10만 원이 이익이 되는 것이고, 만일 90만 원을 들여 만든 제품을 80만 원에 팔았다면 80만 원 - 90만 원 = △10만 원의 손실이 되는 것입니다.

수 익	>	비 용	=	이익(이윤)
수 익	<	비 용	=	손실(손해)

회사에서 물건을 팔거나 용역을 팔아서 상대방으로부터 받는 대가를 수익이라고 하고, 수익을 얻기 위해 또 다른 상대방에게 주는 대가를 비용이라고 한다.

예를 들어 제품을 100만 원에 파는 경우 100만 원은 수익이 되고, 이 제품을 만들거나 팔기 위해 90만 원이 지출된 경우 90만 원이 비용이 되는 것이다.

반면 이익은 수익이 비용보다 큰 경우를 말하고, 손실은 수익보다 비용이 큰 경우를 말한다. 즉, 제품을 100만 원에 파는 경우 100만 원은 수익이 되고, 이 제품을 만들거나 팔기 위해 90만 원이 지출된 경우 90만원이 비용이 되는 것이며, 100만 원 - 90만 원 = 10만원이 이익이 되는 것이다. 만일 90만 원을 들여 만든 제품을 80만원에 팔았다면 80만 원 - 90만 원 = △10만 원의 손실이 되는 것이다.

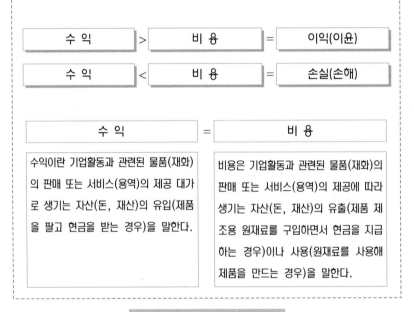

| 수 익 | > | 비 용 | = | 이익(이윤) |

| 수 익 | < | 비 용 | = | 손실(손해) |

수 익	=	비 용
수익이란 기업활동과 관련된 물품(재화)의 판매 또는 서비스(용역)의 제공 대가로 생기는 자산(돈, 재산)의 유입(제품을 팔고 현금을 받는 경우)을 말한다.		비용은 기업활동과 관련된 물품(재화)의 판매 또는 서비스(용역)의 제공에 따라 생기는 자산(돈, 재산)의 유출(제품 제조용 원재료를 구입하면서 현금을 지급하는 경우)이나 사용(원재료를 사용해 제품을 만드는 경우)을 말한다.

[기업의 경영성과는 손익계산서에 나타남]

자산, 부채, 자본, 수익, 비용은 장부에 어떻게 적나요?

낙랑이의 질문 :

강사님 그럼 자산은 항상 차변에, 부채와 자본은 항상 대변에 적어야 하나요?

회계강사 김선생의 답변 :

항상 그런 것은 아닙니다. 자산은 차변, 부채와 자본은 대변이라고 하는 것은 자산, 부채, 자본의 증가 측면에서 말하는 것입니다. 즉, 자산의 증가는 차변, 부채와 자본의 증가는 대변이라는 의미이며, 감소의 경우에는 자산은 대변에 부채와 자본은 차변에 나타날 수도 있습니다.

결론적으로 자산, 부채, 자본의 증감에 따라 상호 차변과 대변의 이동이 발생하고 이와 같은 원리로 장부를 적는 것이 복식부기입니다.

차 변	대 변
• 자산 계정과목의 증가 • 부채 계정과목의 감소 • 자본 계정과목의 감소 • 비용 계정과목의 발생	• 자산 계정과목의 감소 • 부채 계정과목의 증가 • 자본 계정과목의 증가 • 수익 계정과목의 발생

회계장부를 기록하는 절차를 알려주세요?

회계강사 김선생의 강의 :

이제 거래의 개념과 자산, 부채, 자본, 수익, 비용의 의미를 알았으니 회사의 거래 내역을 장부에 어떻게 기록하는지 살펴보도록 하겠습니다.

우선 장부를 기록하기 위해서는 회계하는 사람끼리 거래 내역을 어떤 용어로 기록하겠다고 약속한 계정과목이라는 것을 알아야 합니다. 즉 계정과목은 어떤 거래가 발생하면 그 내용을 일일이 자세히 몇 줄씩 기록할수 없으므로, 줄여서 어떤 용어로 기록하겠다고 약속한 명칭을 말합니다. 그 명칭에 대해서는 다음 장에 자세히 설명하도록 하겠습니다.

그리고 거래가 발생하면 계정과목을 정한 후 앞서 설명한 바와 같이 차변과 대변으로 나누어 기록하는 것을 분개라고 합니다.

실무상 분개는 전표 또는 분개장이라는 장부에 하게 됩니다. 따라서 거래내역을 장부에 적기 위해선 가장 먼저 거래에 맞는 계정과목을 알아야하고, 얼마를 적어야 할지 결정을 하면 됩니다.

이 모든 거래내용을 어떻게 일일이 나열해서 적지?

상대방도 읽느라 시간을 많이 투자해야 할 텐데...

[거래내역을 한 단어로 표현할 수 없을까?]

↓

계정과목

➤ 많은 거래내역을 특정 단어로 함축해 사용할 수 있도록 정해둔 약속된 용어

❧❧ 거래기록의 흐름 ❧❧

{사무용품이 10만 원 늘고 현금이 10만 원 줄다}

단식부기 : 사무용품 구입 10만 원

복식부기 : 사무용품이 10만원 늘고   현금이 10만원 줄다

　　　　　　　　↓　　　　　　　　　　　↓

계정과목 :　　　　비품　　　　　　　　현금

거래요소 :　　자산의 증가　　　　　자산의 감소

차·대변 :　　　　차변　　　　　　　　대변

최종분개 :　비품 100,000　/　현금 100,000

복식부기의 특징 : 대차평균의 원리, 자기검증기능

거래 발생 : 비품과 현금이라는 자산 항목 간의 변동이 생겼으므로 회계상 거래에 해당

계정과목 선별 및 금액 결정 : 비품과 현금이라는 계정과목 및 10만 원이라는 금액 결정

자산, 부채, 자본, 수익, 비용 항목 중 하나로 분류 : 비품과 현금 모두 자산 항목

차 변	대 변
자산 계정과목의 증가 비품 100,000	자산 계정과목의 감소 현금 100,000

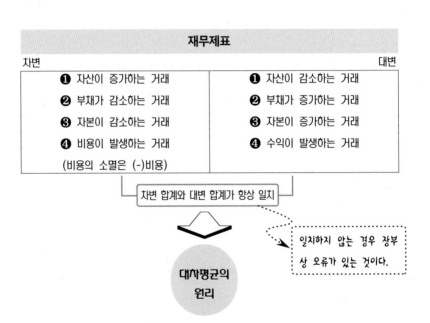

재무제표	
차변	대변
❶ 자산이 증가하는 거래 ❷ 부채가 감소하는 거래 ❸ 자본이 감소하는 거래 ❹ 비용이 발생하는 거래 (비용의 소멸은 (-)비용)	❶ 자산이 감소하는 거래 ❷ 부채가 증가하는 거래 ❸ 자본이 증가하는 거래 ❹ 수익이 발생하는 거래

차변 합계와 대변 합계가 항상 일치

대차평균의
원리

일치하지 않는 경우 장부
상 오류가 있는 것이다.

거래를 장부에는
언제 기록해야 하나요?

호동이의 질문 :

계정과목에 대해서는 다음 시간에 강의해주시기로 하셨으니 다음 시간에 자세히 배우면 될 것 같고요. 그러면 계정과목이 정해진 후 금액은 임의로 정해서 현금이 오고 갈 때 기록을 하면 되나요?

회계강사 김선생의 답변 :

회계상 거래는 현금이 오고 갈 때 적는 것이 아니라 발생주의라고 해서 현금이 오고 가는 것과 관계없이, 회계에서 말하는 거래가 발생한 시점에 장부에 적습니다. 그래서 미리 돈을 주는 선급금이나 나중에 돈을 주는 미지급금 같은 거래가 발생하는 것입니다. 여기서 발생주의란 현금의 수입이나 지출과 관계없이 기업의 손익에 영향을 끼치는 거래가 발생하면 그 발생시점에 장부에 기록하는 것을 말합니다. 즉, 물건을 팔고 대가로 주고받는 현금의 지출이나 수입이 없을 경우라도 자산이나 부채, 자본, 수익, 비용의 변동을 가져오는 거래가 발생한 시점에 장부에 기록합니다.

그러나 실무상으로는 발생주의보다 현금이 들어오고 나가는 시점에 장부를 기록하는 경우가 많습니다. 이를 현금주의라고 합니다. 현금주의는 발생주의에 따라 기록하게 규율한 회계기준에 어긋나게 되어 연말에 현금주의 처리를 발생주의 처리로 조정해 주는 절차를 거치게 됩니다. 이 절차가 흔히 말하는 회계 결산절차라고 보시면 됩니다.

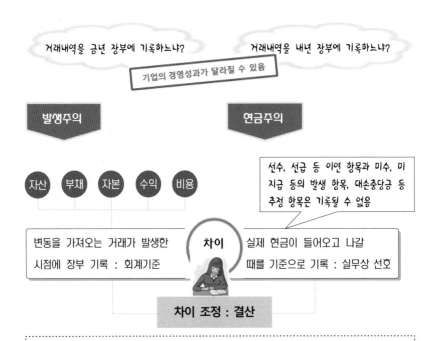

💬 거래를 장부에 기록하는 기준시점 💬

거래내역을 금년 장부에 기록하느냐?

거래내역을 내년 장부에 기록하느냐?

기업의 경영성과가 달라질 수 있음

발생주의

연금주의

자산 부채 자본 수익 비용

선수, 선급 등 이연 항목과 미수, 미지급 등의 발생 항목, 대손충당금 등 추정 항목은 기록될 수 없음

변동을 가져오는 거래가 발생한 시점에 장부 기록 : 회계기준

차이

실제 현금이 들어오고 나갈 때를 기준으로 기록 : 실무상 선호

차이 조정 : 결산

회계에서 발생주의와 현금주의에 차이가 발생하는 경우

• 거래가 먼저 발생하고 나중에 현금거래가 있는 경우 : 이 경우는 미수금, 미지급금 항목이 발생하게 된다.

• 현금거래가 먼저 발생하고, 나중에 사건이 생긴 경우 : 먼저 돈을 주고받았기에 선급, 선수금 항목이 생기게 된다.

• 배분 : 감가상각의 경우에도 발생주의에 의해 일정한 기간동안 금액을 배분하는 과정에 해당한다.

66 현금주의와 발생주의의 차이점 99

현금주의
- **단일 항목의 증감**을 중심으로 기록하는 방식
- 거래의 영향을 수입과 지출로만 파악해서 기록하는 **단식부기**에서 채택

발생주의
- 경제의 일반 현상인 **거래의 이중성**을 회계처리에 반영해 기록
- 자산, 부채, 자본을 인식해 거래의 이중성에 따라 차변과 대변으로 계상
- 차변의 합계와 대변의 합계가 반드시 일치하는 **대차평균의 원리**를 통해 **자기검증기능**을 갖는 **복식부기**에서 채택

장부상 금액은 어떻게 결정되나요?

낙랑이의 질문 :

강사님 거래내역은 언제 기록하는지 알았는데 그럼 회사에서 가지고 있는 타사의 주식이나 컴퓨터 등 비품 등을 장부에 적을 때는 금액을 임의적으로 적는 건가요, 아니면 별도로 정해진 기준이 있나요?

회계강사 김선생의 답변 :

회계에서는 자산과 부채에 대해서 회사의 각 담당자가 임의로 가격을 매기는 것을 방지하고자 일정한 기준을 정해두고 있는데 이를 측정기준이라고 하고 회계에서 인정하는 측정기준은 아래 표에서 보는 바와 같습니다.

구 분	측정방법
단기매매금융자산 등 유가증권	공정가치로 평가
대여금과 수취채권(받을어음 등)	대손충당금으로 인식
금융부채	상각후원가로 평가
재고자산	공정가치로 평가
투자부동산	원가모형 또는 공정가치모형
유형자산	원가모형 또는 재평가모형
무형자산	원가모형 또는 재평가모형

앞의 표에서 공정가치란 일반적으로 시장가격을 말하는 것으로 합리적인 판단력과 거래 의사가 있는 독립된 당사자 간의 거래에서 자산이 매각 또는 구입하거나 부채가 결제 또는 이전될 수 있는 가격을 말합니다. 해당 자산에 대한 시장가격이 존재하면 이 시장가격은 당해 자산에 대한 공정가치가 되는 것입니다. 예를 들어 상장주식의 경우 해당 주식의 시가가 공정가치가 됩니다.

그리고 상각후가치는 유효이자율(시장이자율)을 이용해서 당해 자산 또는 부채를 현재의 가격으로 측정한 가치를 말합니다.

원가 모형은 유형자산을 취득원가 - 감가상각누계액 - 손상차손누계액 = 장부가액으로 처리하는 방법을 말하며, 일반적으로 유형자산이나 무형자산의 장부상 가액을 측정할 때 사용합니다. 반면 재평가모형은 유형자산을 취득한 후에 공정가치를 신뢰성 있게 측정할 수 있는 경우 공정가치로 재평가해서 재평가금액을 기준으로 재평가금액 - 감가상각누계액 - 손상차손누계액 = 장부가액으로 처리하는 방법을 말합니다.

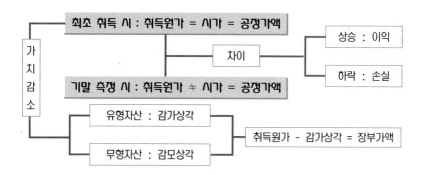

[외계상 거래가 발생아면?]

경영성과를 비교·
평가아기 힘 듬

↓

금액적으로 계산해서 장부에 기록 ···> 금액을 임의로 기록한다면
동일한 거래에 대해서도 서
로 다른 금액을 장부에 기
록하는 오류 발생

측정방법을 기준으로 정해둠

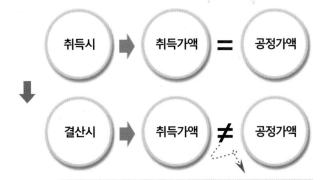

취득시 ➡ 취득가액 = 공정가액

결산시 ➡ 취득가액 ≠ 공정가액

공정가액이 취득가액(또는 장부가액)보다 높은 경우 평가이익으
로, 반대의 경우 평가손실 등으로 처리한다.

시간이 흐름에 따른 가치의 변화를 분기, 반기 또는 12월 31일 등
일정한 날짜를 기준(결산기)으로 정해진 방법에 따라 측정
약속

> 감소 또는 증가 함 : 감소의 대표적인 경우는 자산손상과 감가
상각이 있으면 증가의 대표적인 것은 자산재평가가 있다.
⇒ 감소시 장부가액 = 최초 취득시점의 가액 - 자산손상과 감
가상각비
⇒ 증가 시 장부가액 = 자산재평가액

⇒ 기업의 이해관계자가 객관적으로 기업에 수치를 신뢰
⇒ 특정 시점을 기준으로 산업간, 경쟁기업 간 비교·평가 가능

회계를 규율하는 법이
별도로 있나요?

회계강사 김선생의 강의 :

그럼 앞에서 설명한 모든 내용은 임의적 기준에 따라 처리되는 것일까요? 아니면 어떤 특정 기준이 있는 것일까요?

호동이의 답변 :

한때 매스컴에서 국제회계기준에 대해 한 참 언급한 적이 있는데 국제회계기준에 따라 회계도 처리되는 것이 아닌가요?

회계강사 김선생의 강의 :

예 맞습니다. 회계도 통일된 지침과 규칙이 있어 이에 따라 작성합니다. 즉, 각 기업이 임의로 회계처리를 할 수는 없는 것입니다. 이같이 회계정보의 기록 및 공시과정에 지켜야 할 지침 또는 규칙을 일반적으로 인정된 회계원칙이라고 하는데 우리나라에는 일반적으로 인정된 회계원칙을 기업회계기준이라고 부릅니다. 기업회계기준은 금융감독위원회의 위임을 받은 한국회계기준위원회에서 제정하고 있습니다.

그리고 그 제정의 실무는 한국회계기준원에서 수행하고 있습니다.

현행 기업회계기준은 상장법인은 2011년 국제회계기준의 의무 시행에 따라 2011년부터는 한국채택국제회계기준을 따르고 있고, 비상장법인은 별도의 일반기업회계기준을 만들어 사용하고 있습니다. 물론 비상장법인도 일반기업회계기준을 사용하지 않고 국제회계기준을 사용해도 됩니다. 참고로 국제회계기준 중 한국이 채택해서 사용하는 국제회계기준을 한국채택국제회계기준이라고 부릅니다. 즉, 한국채택국제회계기준은 한국기업이 준수해야 하는 회계처리 기준으로서 국내법 체계상 효력을 갖추기 위해 법적으로 권위 있는 기관이 공식 절차를 거쳐 한국에서 적용되는 회계기준으로 채택된 국제회계기준(IFRS)을 의미합니다.

기업규모별 기업회계기준 적용의 구분

구 분	의무적용 대상 주식회사
한국채택국제회계기준 (K-IFRS)	주권상장법인, 금융회사
일반기업회계기준	외부감사 대상 법인 중 한국채택국제회계기준을 적용하지 않는 주식회사
중소기업회계기준	한국채택국제회계기준(K-IFRS) 및 일반기업회계기준을 적용하지 않는 주식회사

반드시 외워야 할
계정과목

제**2**장

기업의 현재 재무상태를 나타내는 재무상태표

1 회계기준에서 규정하는 재무제표

재무제표란 기업의 재무상태와 경영성과를 나타내는 보고서로써 회사의 살림살이와 경영성적, 그리고 누적된 잉여금을 보여준다.

K-IFRS 상 재무제표의 종류는 재무상태표, (포괄)손익계산서, 현금흐름표, 자본변동표, 주석 등이 있다.

중소기업회계기준	일반기업회계기준	K-IFRS
❶ 대차대조표(= 재무상태표)	❶ 재무상태표	❶ 재무상태표
❷ 손익계산서	❷ 손익계산서	❷ 포괄손익계산서
❸ 이익잉여금처분계산서 또는 결손금처리 계산서	❸ 현금흐름표	❸ 현금흐름표
	❹ 자본변동표	❹ 자본변동표
❹ 주석	❺ 주석	❺ 주석

일반기업회계기준에서는 손익계산서라고 하는데, 반해 K-IFRS에서는 포

괄손익계산서라고 하는 점이 차이가 있다.

그리고 일반기업회계기준에서는 기타포괄손익을 주석으로만 공시했으나 K-IFRS에서는 이를 손익계산서에 포함해서 나타낸다.

1. 재무상태표

재무상태표(= 종전 대차대조표)는 일정시점의 회사의 재무상태를 나타내는 보고서이다.

2. (포괄)손익계산서

(포괄)손익계산서는 결산 기간(= 회계연도, 통상 1년) 동안 회사의 모든 수입 및 지출 그리고 이에 관련된 결과인 이익을 나타낸다. 즉 경영성적이 나타난다.

3. 현금흐름표

현금흐름표는 전기(전년도)와 당기(이번 연도) 사이에 재무상태표에 현금이 얼마나 증가 또는 감소 되었으며, 어떠한 원인을 작용하였는지 보여준다.

현금흐름표에서는 실제 현금과 예금, 즉 들어오고 나간 현금을 중심으로 나타낸다.

4. 자본변동표

자본변동표는 주주의 몫인 자본이 전기와 당기 사이에 얼마나 증가 또는 감소 되었는지를 보여준다. 즉 회사 자본에 대한 구성항목들의 증감을 나타낸다.

5. 주석

주석은 재무제표에 표시할 수 없는 정보들을 별도의 항목으로 두어 더욱 이해하기 쉽게 설명해 주는 것을 말한다.

6. 이익잉여금처분계산서

이익잉여금처분계산서는 기업의 이익잉여금의 처분 사항을 명확히 보고하기 위해서 이익잉여금의 변동사항을 표시한 회계보고서로써 기본재무제표의 일종이다. 상법에 따르면 주식회사의 이사는 매 결산기에 이익잉여금처분계산서(또는 결손금처리계산서)를 작성하여, 이를 이사회에 제출한 후 승인을 받도록 하고 있다.

과거 기업회계기준에서는 연결대상이 있는 종속회사를 보유한 기업들은 두 가지 종류의 재무제표를 공시해야 했다. 연결재무제표와 개별재무제표이다. 연결재무제표는 종속회사의 영업까지 포함해서 작성하는 재무제표이고, 개별재무제표는 종속회사의 영업을 배제하고 작성하는 재무제표이다. 물론 종속회사가 없는 기업들은 연결재무제표를 작성할 수 없으니 개별재무제표 하나만 작성해서 공시하면 된다.

K-IFRS에서는 연결회사의 유무 여부에 따라 작성해야 하는 재무제표는 달라진 것이 없다. 종속회사가 없는 기업들은 여전히 개별재무제표만을 작성하면 되고, 종속회사가 있는 기업들은 연결재무제표와 개별재무제표 두 가지 종류의 재무제표를 작성하면 된다. 연결재무제표를 작성하는 기업이 함께 작성해야 하는 개별재무제표는 종전의 기업회계기준에서 와는 다른 방식으로 작성해야 한다. 즉, 연결재무제표를 작성함으로써 종속회사 또는 관계회사와 관련된 이익의 영향까지 알 수 있으니, 종속회사 또는 관계회사로 인한 이익은 전부 배제하고 모회사만의 실적을 나타내는 재무제표가 필요하다는 것이 K-IFRS의 기본 입장이다. 이것이 K-IFRS에서의 개별재무제표인데 일반적으로 이러한 재무제표를 별도재무제표라고 부른다.

구 분	해 설
연결재무제표	지배회사와 종속회사를 하나의 회사로 간주해서 작성한 재무제표를 말한다. 즉 종속회사를 지배회사의 하나의 사업부 또는 지점으로 보고 이들 둘 이상의 회사의 재무제표를 합산해서 한 회사의 재무제표로 작성한 것이다. 종속회사가 있는 지배회사의 경우 연결재무제표와 지배회사 자체의 개별재무제표도 작성해야 한다.
별도재무제표	지배회사가 종속회사나 관계회사가 벌어들인 이익(지분법 이익)을 반영하지 않은 방식을 말한다. 지배회사가 작성하는 개별재무제표로써 지배회사가 종속회사나 관계회사의 지분을 표시할 때 지분법이 아닌 원가법이나 공정가치로 평가하는 방법을 의미한다.

구 분	해 설
개별재무제표	지배회사가 종속회사나 관계회사가 벌어들인 이익을 반영한 재무제표를 말한다. 애초에 종속회사가 없는 등의 사유로 연결재무제표를 작성하지 않는 개별회사가 작성한다.

2 재무상태표

재무상태표는 일정 시점 기업의 재무 상태, 즉 기업이 영업활동을 위해 보유하고 있는 자산의 총규모와 자산의 종류 및 자산취득을 위해 타인으로부터 빌린 자본의 규모와 소유주의 투자액, 그동안 발생한 이익의 규모와 보유 형태를 보여주는 보고서이다. K-IFRS에서 그 명칭을 대차대조표에서 재무상태표로 변경해서 사용한다.

재무상태표에는 왼쪽(차변)에는 자산을 표시하고, 오른쪽(대변)에는 부채와 자본을 표시하게 되어있다.

부채는 다른 사람의 돈을, 자본은 자기 돈을 나타내며, 자산은 부채와 자본의 합으로 부채와 자본을 어떻게 운용하고 사용했는지 결과를 나타낸다. 즉, 부채와 자본은 돈의 조달 측면을, 자산은 돈의 사용(운용) 측면을 나타냄으로써 결국 돈이 어디서 나서 어디에 사용했는지를 나타낸다.

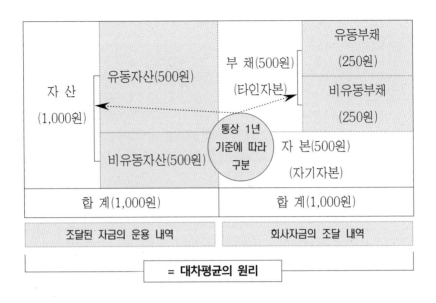

= 대차평균의 원리

3 재무상태표의 구성 요소

재무상태표도 자산, 부채, 자본으로 구성이 된다.

기업의 자산(asset)은 기업이 소유하고 있는 자원으로 재무상태표 왼쪽
(차변)에 위치하며, 자산은 크게 유동자산과 비유동자산으로 구분된다.

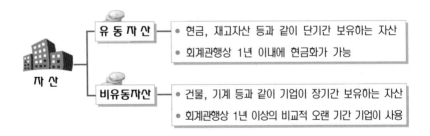

유동자산은 현금, 재고자산 등과 같이 단기간 보유하는 자산이며, 회계

관행상 1년 이내에 현금화가 가능한 자산이다. 반면, 비유동자산은 건물, 기계 등과 같이 기업이 장기간 보유하는 자산이며, 회계 관행상 1년 이상의 비교적 오랜 기간 기업이 사용하는 자산이다.

❝ 유동자산의 요건 ❞

자산은 다음의 경우 유동자산으로 분류한다. 나머지 자산은 비유동자산으로 분류한다.

❶ 기업의 정상영업 주기(통상 12개월) 내에 실현될 것으로 예상되거나, 정상영업 주기 내에 판매하거나 소비할 의도가 있다. 여기서 영업주기는 영업활동을 위해 자산을 취득한 시점부터 그 자산이 현금이나 현금성 자산으로 실현되는 시점까지 소요된 기간으로 정상영업 주기를 정확히 식별하기 곤란한 경우에는 그 기간을 12개월로 가정한다.

❷ 주로 단기매매 목적으로 보유하고 있다.

❸ 보고기간 후 12개월 이내에 실현될 것으로 예상된다.

❹ 현금이나 현금성 자산으로서, 교환이나 부채상환목적으로의 사용에 대한 제한 기간이 보고기간 후 12개월 이상이 아니다.

자산을 구입하기 위해서는 자금이 필요하겠지요?

이 필요한 자금이 어떻게 조달되었는가가 오른쪽(대변)에 나타나며, 조달된 자금은 크게 남에게 빌리는 부채(Liability)와 자기 또는 주주의 돈인 자기자본(Equity)으로 구분된다. 부채는 기업이 필요한 자금을 외부 채권자로부터 조달한 자금으로 타인자본이라고도 하며, 유동부채와 비유동부채로 구분된다. 자산과 마찬가지로 회계관행 상 1년을 기준으로 삼으며, 1년 이내에 갚아야 할 부채를 유동부채, 1년 이내에 갚을 필요가 없는 부채를 비유동부채라고 한다.

🔹🔹 유동부채의 요건 🔹🔹

부채는 다음의 경우 유동부채로 분류한다. 나머지 부채는 비유동부채로 분류한다.

❶ 정상영업주기 내에 결제될 것으로 예상하고 있다.

❷ 주로 단기매매 목적으로 보유하고 있다.

❸ 보고기간 후 12개월 이내에 결제하기로 되어있다.

❹ 보고기간 후 12개월 이상 부채의 결제를 연기할 수 있는 무조건의 권리를 가지고 있지 않다.

한편 자기자본은 기업의 소유주인 주주로부터 조달한 자금으로 주식을 발행해서 조달한 자금과 과거 기업활동에서 벌어들이고 유보한 이익이기에 특정한 기한 내에 갚아야 할 의무가 없는 자금이다.

중소기업회계기준	일반기업회계기준	K-IFRS
❶ 자본금	❶ 자본금	❶ 비지배지분
❷ 자본잉여금	❷ 자본잉여금	자본금
❸ 자본조정	❸ 자본조정	이익잉여금
❹ 이익잉여금	❹ 기타포괄손익누계액	기타적립금
	❺ 이익잉여금	❷ 지배기업의 소유주에게 귀속되는 납입자본과 적립금

~~~~~~~~~~~~~~~~~~~~~~~~~~~~

1. 자본조정

자본조정이란 당해 항목의 특성상 소유주지분에서 가감되어야 하거나 또는 아직 최종결과가 미확정 상태여서 자본의 구성항목 중 어느 것에 가감해야 하는지 알 수 없어서 회계상 자본총계에 가감하는 형식으로 기재하는 항목을 말한다. 자본조정 항목으로는 주식할인발행차금, 배당건설이자, 자기주식, 주식매수선택권, 출자전환채무, 자기주식처분손실, 감자차손 등이 있다.

자본조정 항목 중 주식할인발행차금을 예로 설명하면 주식할인발행은 회사와 주주 간의 거래로 자본이 줄어든 금액에 해당된다.

예를 들어, 주식을 1주당 5,000원으로 거래되어야 했는데, 4,000원으로 싸게 판매해서 1,000원의 공백이 생긴 경우이다.

1,000원의 공백은 회사가 손익거래(상거래)에서 발생한 것이 아니라, 자본거래로 발생한 것이기 때문에, 당기손익이나 포괄손익을 구성해서는 안 된다. 이 금액을 자본조정으로 처리한다.

2. 기타포괄손익

기타포괄손익이란 기업 실체가 일정기간동안 소유주와의 자본거래를 제외한 모든 거래나 사건에서 인식한 자본의 변동액으로서 당기순이익에 기타포괄손익을 가감해서 산출한 포괄손익의 내용을 주석으로 기재한다. 여기서 기타포괄손익의 항목은 법인세비용을 차감한 순액으로 표시한다. 기타포괄손익의 항목에는 매도가능증권평가손익, 해외사업환산손익, 현금흐름위험회피 파생상품평가손익 등의 과목이 있다.

매도가능증권을 예로 들어 설명하면 매도가능증권을 판매(사고파는 행위)하고 얻는 이익은 당기순이익을 구성한다. 다만, 회사가 매도가능증권을 판매하지 않고 회계연도 말(12월 31일 현재)에 계속 그 증권을 보유하고 있다면 매도가능증권을 공정가액으로 평가하게 된다. 내가 구입한 매도가능증권이 2,000원이었고, 회계연도 말에 그 가치가 증가해서 공정가액이 2,500원이었을 경우 500원만큼을 매도가능증권평가이익으로 계상한다. 이 500원은 증권을 아직 판매하지 않았으므로 매각해서 얻은 이익은 아니고, 회사와 주주 간의 거래인 자본거래에도 해당하지 않는다.

잠재적으로 내가 이 증권을 판매했을 경우 한해서 얻을 수 있는 이익이다. 그러므로 당기순이익으로는 분류할 수 없으나 포괄이익으로는 잡을 수 있는 계정이다.

~~~~~~

4 재무상태표의 계정과목 배열과 금액결정

📂 재무상태표의 형식

종전 기준에서는 재무상태표의 형식을 제시하고, 그 항목을 상세하게 예를 들어 보여주고 있으나 K-IFRS 상으로는 재무상태표의 형식을 제시하지 않고 포함될 최소한의 항목만을 대분류 수준에서 언급하고 있다.

종전 및 중소기업회계기준	차이	국제회계기준
재무상태표의 형식을 제시하고 그 항목을 상세하게 예를 들어 보여 줌		재무상태표의 형식을 제시하지 않고 포함될 최소한의 항목만을 대분류 수준에서 언급

📂 계정과목의 배열 방법

계정과목을 재무상태표에 배열하는 기준으로 종전에는 유동성/비유동성 구분법과 유동성 순서에 따른 표시 방법의 두 가지 방법을 함께 고려해서 재무제표를 표시하도록 하고 있으나 K-IFRS에서는 유동성/비유동성 구분법과 유동성 순서에 따른 표시 방법을 각각 구분해서 두 가지의 다른 재무상태표 작성 방법에 따라 작성하도록 하고 있다.

종전 및 중소기업회계기준	차이	국제회계기준
유동성/비유동성 구분법과 유동성 순서에 따른 표시 방법의 두 가지 방법을 함께 고려해서 작성		유동성/비유동성 구분법과 유동성 순서에 따른 표시 방법을 각각 구분해서 두 가지의 다른 방법으로 작성

1. 원칙

유동성/비유동성 구분법 : 영업주기 내에 재화와 용역을 제공하는 경우

유동성/비유동성 구분법은 유동자산과 비유동자산, 유동부채와 비유동부채로 구분하여 표시하는 것인데 이러한 유동 항목과 비유동 항목으로 구분해서 표시하는 경우라면 굳이 유동자산/유동부채를 비유동자산/비유동부채보다 앞에 표시하지 않아도 된다.

실제로 IFRS 재무상태표를 보면 일부 기업들은 비유동자산을 유동자산보다 앞에 표시하고 있다. 이 경우 이연법인세자산(부채)은 비유동자산(부채)으로 분류한다.

2. 예외

❶ 유동성배열법 : 유동성/비유동성 구분법보다 신뢰성 있고 더욱 목적 적합한 정보를 제공하는 경우 : 금융업

유동성배열법은 재무상태표의 계정과목 배열을 유동성이 높은 것부터 차례로 열거하는 방법을 말한다. 따라서 유동 항목으로부터 비유동 항목으로 환금성이 빠른 것부터 먼저 재무상태표에 기입하게 된다.

❷ 혼합표시 방법의 허용 : 혼합표시가 신뢰성 있고, 더욱 목적 적합한 정보를 제공하는 경우 유동성/비유동성 구분법과 유동성배열법을 혼합해서 사용할 수 있다. 즉, 자산·부채의 일부는 유동성/비유동성 구분법으로 나머지는 유동성 순서에 따른 표시방법으로 표시하는 것이 허용된다. : 기업이 다양한 업종을 영위하는 경우에 필요하다.

<u>일반기업회계기준</u>

유동성/비유동성 구분법 및 유동성배열법(K-IFRS : 유동성/비유동성 구분법과 유동성배열법 중 선택)

계정과목의 금액 결정(자산과 부채의 측정)

국제회계기준의 핵심 내용은 자본시장의 투자자에게 기업의 재무상태 및 내재가치에 대한 의미 있는 투자정보를 제공하는 것이다. 이를 위해 국

제회계기준은 금융자산·부채와 유·무형자산 및 투자부동산에까지 공정 가치 측정을 의무화 또는 선택 적용할 수 있도록 하고 있다. 즉, 모든 자 산과 부채에 대해 공정가치를 적용하는 것은 아니다.

구 분	측정방법
단기매매금융자산 등 유가증권	공정가치로 평가
대여금과 수취채권(받을어음 등)	대손충당금으로 인식
금융부채	상각후원가로 평가
재고자산	공정가치로 평가
투자부동산	원가모형 또는 공정가치모형
유형자산	원가모형 또는 재평가모형
무형자산	원가모형 또는 재평가모형

🗂 자산가치의 변화

자산손상

자산손상은 자산의 급격한 시가 하락이나 내·외부적인 원인에 의해 자 산의 장부금액만큼 회수 불가능 한 경우 장부금액이 회수가능금액보다 크게 표시되지 않게 하려고 손상차손을 인식한다. 즉, 회수가능금액이 150원인데 장부가액이 200원인 경우 장부가액을 200원으로 표시 되지 않고 150원으로 맞추기 위한 것이다.

매 보고기간 말 손상을 시사하는 징후가 있는지를 검토해서 그러한 징후 가 있으면 회수가능액을 추정해야 한다. 하지만 손상을 시사하는 징후가 없으면 회수가능액을 추정할 필요가 없다.

자산재평가

자산재평가란 기업자산이 물가 상승 등의 요인으로 장부가액과 현실 가액이 크게 차이가 생길 때 자산을 재평가해서 장부가액을 현실화하는 것을 말한다. 예를 들어 장부가액이 150원인 유형자산이 현실적으로 200원인 경우 자산재평가를 해서 200원을 장부가액으로 잡는 경우를 말한다.

감가상각

구입한 자산을 사용함에 따라 진부화, 생산능력의 감소, 마모 등의 원인으로 그 가치가 지속적으로 감소하게 되는데, 이를 가치가 감해진다고 해서 감가라고 한다.

예를 들어 올해 초에 1억 원에 구입한 건물을 20년간 사용할 수 있다고 가정하자

그러면 이 건물은 특수한 원인(시세 변동)으로 가격변동이 없다면 건물의 노후로 인해 매년 그 가치는 조금씩 감소할 것이며, 결국 20년 후에는 철거해야 할 것이다. 결국, 철거 시점에 구입비용 1억 원이 모두 없어지는 것이다.

그러나 건물은 20년간 계속 사용한 것이고 사용으로 인한 노후로 철거에 이르게 된 것(20년 되는 시점 건물이 갑자기 가치가 없어진 것이 아니다.)이므로 계속 사용한 기간동안 매년 분할 해서 가치감소분을 계산해야 하는 데 이를 감가상각이라고 한다. 즉 매년 가치의 감소분을 합리적으로 계산해서 장부에 반영하는 것을 감가상각이라고 한다. 따라서 장부상 건물의 가액은 건물 − 감가상각비로 표시가 된다.

 자산손상 200원 자산가치의 하락분 반영 150원

자 산 재 평 가 150원 재평가해 자산가치의 변동 분 반영 200원

감가상각 150원 자산가치 감소분의 반영 30원

→ 비용을 내용연수(5년) 동안 배분(정액법)

자산손상	자산재평가	감가상각
❶ 자산의 실제 가치가 기록된 장부금액보다 낮아지게 되는 것 ❷ 기록되어 있는 자산의 금액을 실제 가치로 낮추고 그 차이만큼을 비용으로 기록	❶ 기업의 선택에 의해 자산 취득 이후에 공정가치로 자산을 다시 평가해서 기록하는 것 ❷ 기업이 반드시 해야 하는 것은 아님 ❸ 일반적으로 우리나라는 토지에 대한 자산재평가는 선호하지만, 기계장치의 재평가는 선호하지 않음 → 재평가는 기업의 선택사항	시간의 흐름에 따른 자산의 가치감소를 회계에 반영하는 것 → 감가상각의 방법은 다양한 방법이 있다. → 해당 자산의 가치감소에 가장 타당한 방법을 기업이 선택해서 일관성 있게 적용 → 자산에 차감 표시되는 감가상각누계액으로 반영

재무상태표 계정과목

1 자산 계정과목

구 분		종 류	분개
유동 자산	당좌 자산	당좌자산은 판매과정을 거치지 않고 현금화가 가능한 자산을 말한다.	**증가** ↓ 차변 **감소** ↓ 대변
		현금및현금성자산(보통예금, 당좌예금), 단기금융상품(정기예금, 정기 적금), 단기매매증권, 매출채권(외상매출금, 받을어음), 단기대여금, 미수금, 미수수익, 선급금, 선급비용, 기타의 당좌자산	
	재고 자산	재고자산은 영업활동 과정에서 판매를 목적으로 보유하는 생산 중인 자 산과 소비될 자산으로 제품, 상품, 재공품, 원재료 등을 말한다.	
		상품, 제품, 반제품, 재공품, 원재료, 저장품, 기타의 재고자산	
비유 동자 산	투자 자산	투자자산은 타 기업의 통제목적으로 보유하는 자산을 말한다.	
		장기금융상품, 장기투자증권, 장기대여금, 투자부동산	
	유형 자산	유형자산은 영업활동을 목적으로 장기 소유하고 있는 설비자산 일체를 말한다.	
		토지, 건물, 구축물, 기계장치, 선박, 차량운반구, 건설중인자산, 기타 의 유형자산	

구 분		종 류	분개
비유동자산	무 형 자 산	무형자산은 장기간 효익을 제공할 실체가 없는 자산을 말한다.	**증가** ↓ 차변
		영업권, 산업재산권, 광업권, 어업권, 차지권, 개발비(연구비와 경상개발비는 판관비로 무형자산이 아님), 기타의 무형자산	
	기 타 비유동 자 산	투자자산, 유형자산, 무형자산에 속하지 않는 비유동자산을 말한다.	**감소** ↓ 대변
		장기매출채권, 보증금, 장기선급비용, 장기미수수익, 장기선급금, 장기미수금	

💼 당좌자산

구 분	해 설
현금및현금성 자산	현금및현금성자산은 통화 및 타인발행수표, 보통예금, 당좌예금, 우편환증서, 기일도래공사채 이자표, 배당금지급통지표, 지점전도금, 가계수표, 송금환, 자기앞수표, 타인이 발행한 당좌수표와 같이 현금으로 전환이 용이하고 이자율 변동에 따른 가치변동의 위험이 적은 현금과 금융자산을 말한다.
보통예금	보통예금은 가장 일반적인 예금으로서 예입과 인출을 자유로이 할 수 있는 수시입출금식 은행예금이다.
당좌예금	당좌예금은 회사가 은행과의 당좌 약정 계약에 의해서 운영자금을 은행에 예입해 두고 은행으로 하여금 영업자금의 지급을 맡게 해서 현금 지급의 착오나 도난을 방지하기 위한 예금이다. 당좌수표 또는 어음을 발행하고, 수표 · 어음의 대금은 은행이 지급하게 되는 예금이다.
외화예금	외화예금은 자국 통화 이외의 외국통화를 대상으로 하는 외국환거래를 처리하기 위한 예금계정이다. 외화예금에도 당좌예금, 보통예금 등 여러 종류의 예금이 있으므로 외국 화폐별로 계정과목을 설정해도 된다.

구 분	해 설
단기금융상품	단기금융상품은 정기예금, 정기적금, 양도성 예금증서(CD), 예금관리 계좌(CRM), 기업어음(CP), 환매체(RP), 사용이 제한되어 있는 예금을 말한다.
정기예금	정기예금은 6개월, 1년, 2년 단위로 예금자의 희망에 따라 미리 기간을 정해서 은행에 예입한 예금을 말한다.
정기적금	정기적금은 예금주가 일정한 기간을 정해서 매월 납입하기로 계약하고 일정한 금액을 예금하는 것을 말한다.
단기매매증권	단기매매증권은 단기적인 매매차익을 목적으로 매수와 매도가 적극적이고 빈번하게 이루어지는 주식, 국·공채, 수익증권, MMF 등을 말한다.
매출채권	매출채권은 일반적 상거래에서 발생한 외상매출금과 받을어음으로 분류한다. 1. 외상매출금 외상매출금이란 제조·상공업이나 일반유통업에서 제품·상품 등의 재화를 외상으로 판매하였거나 서비스업에서 용역의 대가를 외상으로 제공한 경우 등의 주 영업수익에 대한 미수 판매대금을 처리하는 계정이다. 예시 신용카드 매출, 할부판매채권 2. 받을어음 받을어음이란 일반적 상거래에서 발생한 채권을 어음으로 받고 미래에 동 어음으로 재화나 용역을 받을 수 있는 권리를 나타내기 위한 계정이다.
대손충당금	대손충당금은 미래에 매출채권·대여금·기타 이에 준하는 채권금액을 받지 못해 발생할 손실이나 대손에 대비해서 설정하는 금액이다.
단기대여금	상대방에게 차용증이나 어음을 받고 돈을 빌려준 경우로서 그 회수가 1년 이내에 가능한 경우를 말한다. 예시 주주·종업원·임원 단기대여금, 주택자금단기용자
미수금	미수금은 기업의 고유한 사업 이외의 사업에서 발생하는 미수채권을 말한다(비교 : 기업 고유의 사업에서 발생하는 미수채권은 매출채권으로 처리

구 분	해 설
	한다.).
	예시 근로소득세(환급받을 근로소득세·연말정산 환급액 등), 건강보험료 환급액, 건물의 처분 후 대금 미수취액, 계약 파기 후 반환받지 못한 계약금, 부가가치세 환급액, 공사대금 미수액(공사미수금)
미수수익	미수수익은 기업이 외부에 용역을 제공하고 그 대가를 당기에 받아야 하는 데 아직 받지 못한 대가를 말한다.
	예시 국·공채이자 미수, 국·공채의 보유로 인한 기간 경과 이자, 사채이자 미수금, 예금·적금이자 미수이자, 임대료 미수금, 정기예금 기간경과로 발생한 이자, 정기적금 기간이자로 발생한 이자
선급금	선급금은 상품이나 제품 등의 재고자산 구입 시 납품에 앞서 대금의 일부 또는 전부를 지급한 경우 동 금액을 말한다.
선급비용	선급비용은 아직 제공되지 않은 용역에 대해서 지급된 대가로서 일정 기간 동안 특정 서비스를 받을 수 있는 권리 또는 청구권을 말한다.
	예시 고용보험료·광고료·보증금 보험료·산재보험료·임차료·지급이자 기간미경과분, 임차자산 도시가스 설치비용과 인테리어(임차인이 부담 시) 비용은 장기 선급비용으로 처리 후 임차기간동안 나누어서 임차료로 대체처리한다.
선납세금	선납세금은 소득세나 법인세의 중간예납세액, 원천징수 당한 세액 등 세금이 확정되기 전에 미리 낸 세금을 말한다.
부가가치세 대급금	부가가치세대급금은 물건이나 용역을 구입할 때 상대방에게 지불하는 부가가치세 부담분을 말한다.
가지급금	가지급금은 주로 임직원의 가불이나 출장비 미정산 등 지출 원인이 명확하지 않은 금액으로써 그 원인이 밝혀지기 전에 임시로 설정해둔 계정과목이다.
전도금	전도금은 사업장이 다수인 경우 본사가 사업장의 운영과 관련해서 지급하는 일정 금액을 처리하는 계정이다.

구 분	해 설
이연법인 세자산	이연법인세자산은 차감할 일시적 차이, 이월공제가능 한 세무상 결손금이나 이월공제가능 한 세액공제 및 소득공제 등으로 인해서 미래의 실제 납부시점에 경감될 법인세 부담액을 말한다.

📂 재고자산

구 분	해 설
상품	상품은 도·소매업을 영위하는 기업이 판매를 목적으로 외부로부터 매입한 모든 물품을 말한다.
미착품	미착품은 외국 등 먼 곳에서 상품을 매입해서 수송과정 중에 있는 상품을 말한다.
적송품	적송품은 위탁판매 계약에 따라 위탁판매를 위해 먼 지방의 상인이나 회사에 상품을 보냈을 경우 동 상품을 처리하는 계정과목이다. 즉, 판매대행을 맡겨 대행하는 회사에 보관 중인 상품을 말한다.
제품	제품은 제조기업이 판매할 목적으로 제조해서 보유하고 있는 최종 생산품이나 부산물 등을 말한다.
부산물	부산물은 기업이 판매를 목적으로 생산하는 주요 제품의 생산과정에서 필연적으로 발생하는 불량품으로써 제품에 비해 그 판매 가치나 중요성이 떨어지나 그대로 또는 가공한 다음 판매하거나 이용할 수 있는 것을 말한다.
작업폐물	작업폐물은 제품의 제조과정에서 소비된 재료로부터 발생하는 폐기물로서 경제적 가치가 있는 것을 말한다.
반제품	반제품은 제품이 2개 이상의 공정을 거쳐서 완성되는 경우에 1개 또는 수개의 공정을 종료하였으나 아직 미완성제품의 단계에 있는 중간생산물을 처리하는 계정이다. 완성품은 아니지만 그대로 매각(= 부분품)되든지 또는 다음의 공정에 투입할 수 있는 물품(= 중간제품)을 처리하는 계정과목이다.

구 분	해 설
재공품	재공품은 제조공정의 도중에 있는 미완성의 생산물을 말하며, 여러 개의 공정 중 하나 이상의 공정을 완료했다고 해서 그대로 판매하거나 저장할 수 없고 반드시 추가적인 가공과정을 거쳐야만 반제품 또는 제품으로 대체될 수 있다.
원재료	원재료는 제품을 제조하기 위해서 소비되는 물품으로서 원료·재료·매입부분 품·미착원재료 등으로 한다.
매입 부분품	매입부분품은 타 기업으로부터 구입한 부품을 가공하지 않고 구입한 상태 그 대로 제품 또는 반제품에 부착하는 물품을 말한다.
저장품	저장품(또는 소모품)은 생산과정이나 서비스를 제공하는데, 사용될 소모품, 소모공구기구, 비품 및 수선용 부분품 등의 보관 물품을 말한다.

🪪 투자자산

구 분	해 설
투자부동산	투자부동산은 영업활동에 사용하지 않는 토지와 설비자산을 말한다.
장기 금융상품	장기금융상품은 금융기관이 취급하는 정기예금, 정기적금, 사용이 제한된 예금 및 기타 정형화된 상품으로 장기적 자금 운용 목적이거나, 보고 기간 종료일(일반적으로 12월 31일)로부터 1년 이후에 만기가 도래하는 것을 말한다.
장기 투자증권	장기투자증권은 유동자산에 속하지 않는 유가증권, 즉 투자목적으로 소유하 는 주식, 사채, 국·공채, 출자금 등을 말한다.
매도 가능증권	유가증권 중 단기매매증권이나 만기보유증권 및 지분법적용투자주식으로 분 류되지 않은 것을 말한다.
만기 보유증권	만기가 확정된 채무증권으로서 상환금액이 확정되었거나 확정이 가능한 채 무증권을 만기까지 보유할 적극적인 의도와 능력이 있는 것을 말한다.

구 분	해 설
지분법 적용 투자주식	투자회사가 피투자회사에 대해서 중대한 영향력을 행사할 수 있는 경우(피투 자회사의 의결권 있는 주식의 20% 이상을 소유하는 경우 통상 영향력이 있는 것으로 인정)의 투자주식을 말한다.
장기 대여금	장기대여금은 기업의 여유자금을 타인에게 대여하는 경우에 그 회수기간이 재 무상태표 일로부터 1년 이내에 도래하지 않는 것을 말한다.

🗂 유형자산

구 분	해 설
토지	토지는 기업이 자신의 영업목적을 위해서 영업용으로 사용하고 있는 부지로서 공장, 사무소, 주차장, 사택, 운동장 등의 부지 및 개발부담금 등을 말한다.
설비자산	설비자산은 생산 및 판매활동을 위해 보유하고 있는 건물(건물, 냉난방, 전기, 통신 및 기타의 건물부속설비 등을 말한다), 구축물과 기계장치를 말한다.
건물	건물이란 토지 위에 건설된 공작물로써 지붕이나 둘레 벽을 갖추고 있는 공장, 사무실, 영업소, 기숙사, 사택, 차고, 창고, 건물 부속설비, 점포 등과 건물 본체 이외에 이에 부수되는 전기시설, 배수, 급수, 위생 세면대, 가스설비, 냉 난방 보일러, 승강기 및 감리료, 건설기간 중의 보험료, 건설자금이자, 등록면 허세, 취득세 등을 말한다.
구축물	구축물은 토지 위에 정착된 건물 이외에 화단, 가로등, 다리, 정원, 철탑, 포장 도로, 가스저장소, 갱도, 건물 취득 시 내부 인테리어 비용(임차인), 교량, 굴 뚝, 궤도, 정원설비 및 기타의 토목 설비 또는 공작물 등을 말한다.
기계장치	기계장치는 동력 등의 힘을 이용해서 물리적 화학적으로 원·부재료를 가공제 품으로 변환시키는 가반식 컨베어, 공작기기, 기중기, 디젤파일햄머, 배사관, 베처플랜트, 아스팔트플랜트, 측량용 카메라, 콘베어(컨베이어) 등 각종 제조 설비 또는 작업 장치를 말한다.

구 분	해 설
건설중인자산	건설중인자산은 유형자산의 건설을 위한 재료비, 노무비 및 경비로 하되, 건설을 위해서 지출한 도급금액을 포함한다. 또한 유형자산을 취득하기 위해서 지출한 계약금 및 중도금도 유동자산 중 당좌자산의 '선급금' 이 아닌 비유동자산 중 유형자산의 "건설중인자산" 으로 처리해야 함에 유의한다.
차량운반구	철도차량, 자동차 및 기타의 육상운반구 등을 말한다.
선박	선박이란 일반적으로 여객선이나 화물선 및 어선 등의 수상운반구로서 사람이나 물건 등을 실어 해상에서 운반하는 것들을 총칭한다.
비품	비품계정은 내용연수가 1년 이상이고 일정금액 이상의 사무용 비품을 처리하는 계정을 말한다. 그러나 그 금액이 소액인 경우는 이를 소모품비로 처리한 후 기말에 남은 것에 대해서는 저장품 계정으로 대체해야 한다.
공기구	공기구 계정은 기업이 소유하고 있으면서 자기의 경영목적을 위해서 사용하고 있는 내용연수 1년 이상인 제조용 제공구와 제 기구를 처리하는 계정이다.

🗂 무형자산

구 분	해 설
영업권	합병·영업양수 및 전세권 취득 시 대가를 지급하고 취득한 권리를 말한다.
산업재산권	일정기간 독점적·배타적으로 이용할 수 있는 권리로서 특허권, 실용신안권, 디자인권, 상표권, 상호권 및 상품명 등이 여기에 속한다.
개발비	개발단계에서 발생한 지출로 다음의 금액을 말한다. ❶ 무형자산의 창출에 직접 종사한 인원에 대한 급여, 상여금, 퇴직급여 등의 인건비 ❷ 무형자산의 창출에 사용된 재료비, 용역비 등 ❸ 무형자산의 창출에 직접 사용된 유형자산의 감가상각비와 무형자산(특허권, 라이선스 등)의 상각비

구 분	해 설
	❹ 법적 권리를 등록하기 위한 수수료 등 무형자산을 창출하는 데 직접적으로 관련이 있는 지출 ❺ 무형자산의 창출에 필요하며 합리적이고 일관된 방법으로 배분할 수 있는 간접비(건물 등 유형자산의 감가상각비, 보험료, 임차료, 연구소장 또는 연구지원실 관리직원의 인건비 등) ❻ 자본화 대상 금융비용
라이선스와 프랜차이즈	라이선스 사용에 대한 대가와 프랜차이즈 운영에 따른 권리 등을 말한다. 즉, 다른 기업의 제품을 독점적으로 사용할 수 있는 권리를 말한다.
저작권	출판이나 음반 등 저작권법에 의해 보호되는 저작자의 권리를 말한다. 즉, 저작자가 자기 저작물이 복제·번역·방송·상연 등을 독점적으로 이용할 수 있는 권리를 말한다.
컴퓨터 소프트웨어	소프트웨어 구입을 위해 지출한 비용을 말한다. 주의할 점은 소프트웨어의 개발비용은 개발비에 준해서 처리한다.
광업권	광업법에 의하여 등록된 일정한 광구에서 등록한 광물과 동 광상 중에 부존하는 다른 광물을 채굴해서 취득할 수 있는 권리를 말한다.
어업권	수산업법에 의해서 등록된 일정한 수면에서 어업을 경영할 권리를 말한다.

기타비유동자산

구 분	해 설
장기성 매출채권	장기성매출채권은 유동자산에 속하지 않는 일반적 상거래에서 발생한 장기의 외상매출금 및 받을어음을 말한다. 즉, 어음의 만기일이 재무상태표 일로부터 1년 이후에 도래하는 채권을 말한다.
보증금	보증금은 전세권, 전신전화가입권, 임차보증금 및 영업보증금 등을 처리하는 계정과목이다.

구 분	해 설
장기 선급비용	선급비용은 아직 제공되지 않은 용역에 대해서 지급된 대가로서 일정기간 동안 특정 서비스를 받을 수 있는 권리 또는 청구권으로 그 기간이 1년을 초과하는 선급비용을 말한다.
장기 미수수익	기업이 외부에 용역을 제공하고 그 대가로서 받아야 하는 수익 중 아직 받지 못한 수익으로서 그 기간이 1년을 초과하는 미수수익을 말한다.
장기선급금	장기선급금은 상품이나 제품 등의 재고자산 구입 시 납품에 앞서 1년을 초과해서 대금의 일부 또는 전부로 지급한 금액을 말한다.
장기미수금	장기미수금은 기업의 고유한 사업 이외의 사업에서 발생하는 미수채권 중 그 기간이 1년을 초과하는 미수금을 말한다.

2 부채 계정과목

구 분	해 설	분개
유 동 부 채	매입채무, 단기차입금, 미지급금, 선수금, 예수금, 미지급비용, 미지급법인세, 미지급배당금, 유동성장기부채, 선수수익, 단기충당부채, 기타의 유동부채	증가 ↓ 대변 감소 ↓ 차변
비유동부채	사채, 장기차입금, 장기성매입채무, 장기충당부채, 이연법인세대, 기타의 비유동부채	

📃 유동부채

구 분	해 설
단기차입금	단기차입금은 금융기관 차입금, 주주·임원·종업원의 단기차입금, 어음 단기차입금, 당좌차월, 신용카드 현금서비스, 마이너스통장 마이너스 사용액,

구 분	해 설
단기차입금	대표자 가수금 등과 같이 금융기관이나 개인으로부터 돈을 빌려오고 사용 후 1년 이내에 갚아야 하는 돈을 말한다.
매입채무	매입채무는 일반적 상거래에서 발생한 외상매입금과 지급어음을 말한다.
외상매입금	외상매입금은 상품 또는 원재료 등의 재고자산을 구입하고 동 대금을 일정기 간 후에 주기로 한 경우를 말한다.
지급어음	지급어음이란 상품 또는 원재료 등의 재고자산을 구입하고 그 대금을 약속어 음 등의 어음으로 지급한 경우를 말한다.
미지급금	미지급금은 상품이나 제품이 아닌 물품의 구입, 용역의 제공, 개별소비세, 광고료 등과 관련된 금액을 지출하고 아직 지급하지 않은 금액을 말한다.
선수금	선수금이란 거래처로부터 상품 또는 제품을 주문받고 제공하기 전에 미리 수취한 대금을 말한다.
선수수익	선수수익은 계약에 따라 대금을 받고 결산기말 현재 용역을 제공하지 않은 경우를 말한다.
예수금	예수금은 부가가치세 예수금이나 근로소득세예수금, 4대 보험 예수금과 같 이 기업이 타인(거래처, 소비자, 임직원)으로부터 일단 금전을 받아 가지고 있다가 타인을 대신해서 제3자(세무서, 공공기관, 기타 제3자)에게 금전으 로 반환해야 할 금액을 말한다.
부가가치세 예수금	부가가치세예수금은 과세사업자가 제품·상품 등을 판매할 때 상품가격에 추가로 받은 부가가치세를 말한다.
미지급비용	미지급비용은 미지급이자, 미지급사채이자, 미지급급여, 미지급임차료, 미 지급보험료 등과 같이 일정한 계약에 따라 계속적으로 용역을 제공받고 있는 경우에 이미 제공받은 용역에 대해서 결산일 현재 아직 그 대가의 지급이 끝나지 않은 경우 동 계정을 처리하는 계정이다.
미지급 법인세	미지급법인세란 회계연도 말 현재 당해 회계연도에 부담해야 할 법인세와 소득할 지방소득세 미납부 금액을 말한다.

구 분	해 설
미지급 배당금	미지급배당금은 주주총회에서 배당선언이 된 배당금으로 아직 지급이 안 된 배당금을 말한다.
가수금	가수금은 입금자가 불분명한 금액, 그 밖에도 함께 정리할 사항이나 금액이 있으므로 미리 처리할 수 없는 경우 등 정확한 계정과목명이 확정될 때까지 임시적으로 처리해 둔 계정과목을 말한다.
단기 충당부채	단기충당부채는 과거 사건이나 거래의 결과에 대한 현재의 의무로서 현시점에는 지출의 시기 또는 금액이 불확실하지만, 그 의무를 이행하기 위해서 자원이 유출될 가능성이 매우 크고 또한 당해 금액을 신뢰성 있게 추정할 수 있는 "충당부채" 중 재무상태표 일로부터 1년 이내에 소멸될 것으로 추정되는 금액을 말한다.
유동성장기 부채	유동성장기부채란 비유동부채 중 1년 이내에 상환될 부채를 말한다. 즉, 장기부채 중 결산일로부터 1년 이내에 상환기간이 도래하는 부채는 유동성 장기부채로 대체해야 한다.
이연법인세 부채	세무조정 상의 일시적 차이로 인하여 미래에 부담하게 될 법인세 부담액이다. 세법의 규정에 따라 미래기간에 과세될 법적인 의무금액으로서 일시적 차이를 가져온 과거 사건과 동일한 사건에 의해서 발생한 세금 의무 금액이다. 유동자산 중 당좌자산으로 분류된 이연법인세자산과 상계한 후의 금액을 장부상 처리한다.

🗂 비유동부채

구 분	해 설
사채	주식회사가 거액의 자금을 조달하기 위해서 일정액(권당 10,000원)을 표시하는 채권을 발행해서 다수 인으로부터 조달한 금액을 말한다.

구 분	해 설
신주인수권 부사채	신주인수권부사채는 유가증권의 소유자가 일정한 조건하에 신주인수권을 행사할 수 있는 권리가 부여된 사채를 말한다.
전환사채	전환사채는 유가증권의 소유자가 일정한 조건하에 전환권을 행사할 수 있는 사채로서, 권리를 행사하면 보통주로 전환되는 사채를 말한다.
장기차입금	장기차입금은 금융기관 등으로부터 돈을 빌려오고 사용 후 1년이 지나서 갚아도 되는 돈을 말한다.
퇴직급여 충당부채	퇴직급여충당부채는 회사가 회계연도 말 현재 퇴직금제도 및 확정급여형퇴직연금 제도에 의해 퇴직급여를 지급해야 하는 종업원이 일시에 퇴직할 경우 지급해야 할 퇴직금에 상당하는 금액을 처리하는 계정이다.
장기제품보 증충당부채	장기제품보증충당부채는 판매 후 품질 등을 보증하는 경우 그 의무를 이행하기 위해 발생하게 될 것으로 추정되는 충당부채 금액을 처리하는 계정이다.
장기 미지급금	장기미지급금이란 상품이나 제품이 아닌 물품의 구입, 용역의 제공, 개별소비세, 광고료 등 기업의 일반적 상거래 이외에서 발생한 채무 중 1년 이후에 지급해야 하는 미지급금을 말한다.
장기선수금	장기선수금이란 거래처로부터 상품 또는 제품을 주문받고 제공하기 전에 미리 받은 대금 중 1년 이후에 제공해도 되는 경우를 말한다.
장기 선수수익	장기선수수익은 계약에 따라 대금을 수령하고 결산 기말 현재 용역을 제공하지 않은 때 동 금액에 대해서 처리하는 계정으로 1년 이후에 발생하는 선수수익을 말한다.

3 자본 계정과목

구 분	해 설	분개
자 본 금	보통주자본금, 우선주자본금	

구 분	해 설	분개
자 본 잉 여 금	주식발행초과금, 감자차익, 자기주식처분이익, 기타자본잉여금	**증가**
자 본 조 정	주식할인발행차금, 배당건설이자, 자기주식, 미교부주식배당금	↓
기타포괄손익 누 계 액	매도가능증권평가손익, 해외사업환산손익	대변 **감소**
이 익 잉 여 금	이익준비금, 기타법정적립금, 임의적립금, 미처분이익잉여금	↓ 차변

자본금

구 분	해 설
보통주자본금	보통주 발행에 의한 자본금을 말한다. 보통주는 보통 일반회사들이 발행하고 있는 주식 대부분을 차지하고 있는 것으로 우선주나 후배주와 같은 특별한 권리 내용이 정해지지 않은 일반주식을 말한다. [후배주 : 보통주에 비해서 이익배당과 잔여재산의 분배 참가 순위가 후위에 있는 주식이다.]
우선주자본금	우선주 발행에 의한 자본금을 말한다. 우선주는 보통주에 대해 배당이나 기업이 해산할 경우 잔여재산의 분배 등에서 우선권을 갖는 주식을 말한다. 우선주에는 일정액의 배당을 받은 후에도 역시 이익이 충분히 있을 경우에는 이것을 받을 수 있는 것과 보통주로 전환할 수 있는 것 등 여러 가지 종류가 있다. 확정 이자의 배당 수입을 얻을 수 있는 사채에 가까운 성격의 것도 있을 수 있다.

자본잉여금

구 분	해 설
주식발행 초과금	신주를 발행하는 경우 발행의 방법에는 액면발행, 할인발행(발행가액보다 낮은 가액), 할증발행(발행가액보다 높은 가액) 등이 있는데, 이 중 할증발행시

구 분	해 설
	주식발행가액이 액면가액을 초과하는 금액을 주식발행초과금이라고 한다.
기타자본잉여금	기타자본잉여금에는 자기주식처분이익에서 자기주식처분손실을 차감한 금액으로 감자차익 등이 포함된다.
감자차익	감자차익은 자본감소의 경우에 그 자본금의 감소액이 주식의 소각, 주금의 반환에 소요된 금액과 결손의 보전에 충당한 금액을 초과할 때, 그 초과 금액을 말한다. 다만, 자본금의 감소액이 주식의 소각, 주금의 반환에 소요된 금액에 미달하는 금액(즉, 감자차손)이 있는 경우에는 동 금액을 차감한 후의 금액을 장부상 처리한다.

자본조정

구 분	해 설
자기주식	자기주식은 자기 회사가 발행한 주식을 말한다. 자기주식에는 이익으로 상환하기로 해서 취득하는 상환주식도 포함된다.
주식할인발행차금	주식할인발행차금은 주식을 액면 가액 이하로 발행하는 경우 액면 가액과 발행가액의 차이를 말한다.
주식매수선택권	회사의 임직원 또는 기타 외부인이 행사가격으로 주식을 매입하거나 보상기준가격과 행사가격의 차액을 현금 등으로 받을 수 있는 권리를 말한다.
출자전환채무	채무자가 채무를 변제 하기 위해 채권자에게 지분증권을 발행하는 출자전환에 합의하였으나 출자전환이 즉시 이행되지 않는 경우 출자전환을 합의한 시점(출자전환으로 인해 발행될 주식 수가 결정되지 않은 경우는 주식 수가 결정되는 시점)에 발행될 주식의 공정가액(시장성 없는 지분증권의 경우 조정대상 채무의 장부가액)을 자본조정의 '출자전환채무'로 대체하고 조정대상 채무와의 차액은 채무조정이익으로 처리한다.

구 분	해 설
감자차손	자본금의 감소액이 주식의 소각, 주금의 반환에 소요된 금액에 미달하는 금액을 말하며, 감자차익과 상계한 후의 금액으로 처리한다.
자기주식 처분손실	자기주식을 처분하는 경우 발생하는 손실로서 자기주식처분이익을 차감한 금액을 자기주식처분손실로 처리한다.
배당건설 이자	회사는 그 목적인 사업의 성질에 의해서 회사의 성립 후 2년 이상 그 영업의 전부를 개시하기가 불가능하다고 인정했을 때는 정관으로 일정한 주식에 대해서 그 개업 전 일정한 기간 내에 일정한 이자(이율은 연 5%를 초과하지 못함)를 그 주주에게 배당할 수 있음을 정할 수 있으며(상법 제463조 제1항), 배당금액은 개업 후 연 6% 이상의 이익을 배당하는 경우는 그 6%를 초과한 금액과 동액 이상을 상각해야 한다.
미교부주 식배당금	미교부주식배당금이란 이익잉여금처분계산서상의 주식배당액을 말하며, 주식교부 시에 자본금계정에 대체된다.
신주청약 증거금	신주청약증거금이란 청약에 의한 주식발행 시 계약금으로 받은 금액을 말하는 데 이는 주식을 발행하는 시점에서 자본금으로 대체된다.

📂 기타포괄적손익

구 분	해 설
매도가능증 권평가손익	매도가능증권평가손익은 단기매매증권이나 만기보유증권으로 분류되지 아니한 유가증권을 공정가액으로 평가함에 따라 발생한 미실현보유손익을 말한다.
해외사업환 산손익	해외사업환산손익은 영업·재무활동이 본점과 독립적으로 운영되는 해외지점, 해외사업소 또는 해외 소재 지분법 적용대상 회사의 외화자산·부채를 당해 자산·부채는 재무상태표일 현재의 환율을, 자본은 발생 당시의 환율을 적용하며, 손익항목은 거래발생 당시의 환율이나 당해 회계연도의 평균환율을 적용해서 일괄 환산함에 따라 발생하는 환산손익을 말한다.

구 분	해 설
현금흐름위험 회피파생상품 평가손익	현금흐름위험회피 파생상품평가손익은 파생상품이 현금흐름 위험회피회 계에 해당하는 경우 당해 파생상품을 공정가액으로 평가함에 따라 발생하 는 평가손익을 말한다.

🗂 이익잉여금(또는 결손금)

구 분	해 설
법정적립금	상법 등 법령의 규정에 의하여 적립된 금액을 말한다. 1. 이익준비금 상법은 자본금의 2분의 1에 달할 때까지 매 결산기의 금전에 의한 이익 배당액의 10분의 1 이상의 금액을 강제적으로 기업 내부에 유보하도록 하고 있는데 이 규정에 의해서 적립한 준비금을 말한다. 이익준비금은 결손금을 보전하거나 자본금으로 전입할 수 있다. 2. 재무구조개선적립금 재무구조개선적립금은 유가증권의발행및공시등에관한규정에 의한 법정적 립금으로서 결손금을 보전하거나 자본금으로 전입할 수 있다.
임의적립금	임의적립금은 법률이 아닌 회사가 임의로 일정한 목적을 위해서 정관 또 는 주주총회의 결의로 적립된 금액으로서 사업확장적립금, 감채적립금, 배당평균적립금, 결손보전적립금 및 세법상 적립해서 일정기간이 경과한 후 환입될 준비금 등을 말한다.
미처분이익잉 여금(또는 미 처리결손금)	미처분이익잉여금은 기업이 영업활동을 한 결과 얻게 된 순이익금 중에서 임원의 상여금이나 주식배당 등의 형태로 처분되지 않은 부분을 말한다.

기업의 경영성과를 나타내는 (포괄)손익계산서

1 \ 기업의 1년간 손익을 나타내는 (포괄)손익계산서

기업의 1년간 경영성과 즉, 수익과 비용은 포괄손익계산서에 나타나게 된다. K-IFRS에서는 재무상태표와 마찬가지로 포괄손익계산서의 형식도 상세하게 규정하고 있지 않은 대신 수익, 금융원가, 지분법손익, 법인세비용, 중단사업손익, 당기순손익, 기타포괄손익, 총포괄손익 항목을 포함하도록 규정하고 있다.

2 \ (포괄)손익계산서의 구성요소

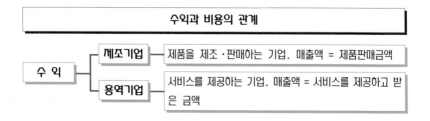

수익과 비용의 관계		
수익	제조기업	제품을 제조·판매하는 기업. 매출액 = 제품판매금액
	용역기업	서비스를 제공하는 기업. 매출액 = 서비스를 제공하고 받은 금액

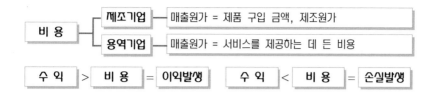

| 비 용 | 제조기업 | 매출원가 = 제품 구입 금액, 제조원가 |
| | 용역기업 | 매출원가 = 서비스를 제공하는 데 든 비용 |

| 수 익 | > | 비 용 | = | 이익발생 | | 수 익 | < | 비 용 | = | 손실발생 |

(포괄)손익계산서에는 회사의 매출액, 비용, 이익/손실 세 가지 요소로 구성되어 있다.

📂 수익

수익은 기업이 번 돈을 의미한다. 즉 상품을 팔거나, 부동산을 임대해 임대료를 받거나 돈을 은행에 예금해서 이자를 받는 것이 대표적인 수익 항목이라고 할 수 있으며, 주요 수익 항목으로는 매출액, 기타수익과 금융수익이 있다.

그리고 발생한 모든 거래를 어느 시점에 수익으로 볼 것인가는 회계에 있어 매우 중요한 기준이다. 실무적으로 발생한 모든 거래를 아무 때나 수익으로 인식한다면 수익의 측정이 객관적으로 잘될 것인가 하는 복잡한 문제가 발생하므로 "실현주의"를 그 인식의 기준으로 삼고 있다.

실현주의

- 실현되었거나 실현가능해야 하고
- 가득 되어야 수익으로 인식한다는 것이다.
즉
- 판매 대가로서의 현금 또는 현금 청구권을 얻어야 함
- 생산물이 안정된 가격으로 쉽게 판매될 수 있는 상태에 있어야 함
- 수익창출을 위한 결정적이며, 대부분의 노력이 발생해야 함

이러한 기준을 현실적으로 적용함이 매우 까다로우므로, 개별회사별로 거래유형에 맞는 인식 기준을 기업회계기준에 맞게 구체적으로 정하는 것이 회계 관리자 임무이다.

🗂 비용

비용이란 기업이 수익을 얻기 위해 지출한 원가를 말한다. 즉 상품을 만들기 위해 들어간 매출원가라거나 판매비와관리비, 기타비용, 금융비용이 대표적인 비용 항목이다.

비용의 인식은 수익이 인식된 시점에 그 수익과 관련한 비용을 인식한다. (수익비용의 대응)

그러나 현실적으로 매출액과 매출원가와 같이 모든 비용을 수익과 직접 대응시키는 것은 매우 복잡하고 어려운 작업일 것이다. 또한, 현실적으로도 그러한 대응관계를 체계적으로 설명하기 불가능한 것들도 있다. 이러한 경우 사용하는 두 가지 방법이 있다.

첫째, 체계적이고 합리적인 배분이다. 유형자산을 취득하게 되면 우선 이를 자산으로 인식한 후 일정기간동안 감가상각방법에 의해 비용을 나누어 인식하는 것이다. 언뜻 보기에는 수익·비용의 대응처럼 생각될 수도 있지만, 이는 비용을 사용기간에 대해 적절히 배분하는 절차이다.

그리고 즉시 인식의 방법이다. 이는 광고선전비처럼 판매와 관리에 지출되는 비용을 말한다. 이는 분명 현재와 미래의 수익창출을 위해 쓰인 비용임에도 불구하고 그 대응 관계라든지 미래의 경제적 효익을 합리적으로 측정할 수 없으면 사용하는 방법이다. 이 경우에는 발생 비용을 전액 당기 비용 처리한다.

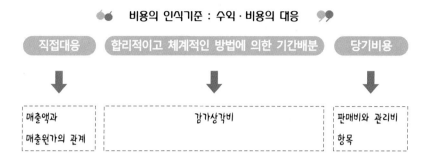

비용의 인식기준 : 수익 · 비용의 대응

직접대응	합리적이고 체계적인 방법에 의한 기간배분	당기비용
매출액과 매출원가의 관계	감가상각비	판매비와 관리비 항목

[직접대응]

매출액에 대한 매출원가와 같이 직접적으로 대응될 수 있는 비용은 수익이 실현되는 시점에 바로 비용처리 한다.

[합리적이고 체계적인 방법에 의한 기간 배분]

감가상각비와 같이 직접적인 인과관계가 없는 비용은 수익활동에 기여한 것으로 판단되는 해당 기간 동안 합리적으로 배분해서 비용처리 한다.

[당기에 즉시 인식(당기비용)]

판매비와관리비와 같이 발생 원가가 미래 경제적 효익의 가능성이 불확실한 경우 발생 즉시 비용처리 한다.

🪙 이익

수익에서 비용을 차감한 후, (+)인 경우 이익이 발생한 것이고, (-)인 경우 손실이 발생한 것이다.

(포괄)손익계산서

2××2년 1월 1일~2××2년 12월 31일

단위 : 원

판매활동	구매 및 생산활동	1. 매출액	10,000	
		2. 매출원가	3,000	
		3. 매출총이익		7,000
	판매활동	4. 판매비와관리비	2,400	
		5. 영업이익		4,600
재무활동		6. 영업외수익과 차익(기타수익·금융수익)	800	
		7. 영업외비용과 차손(기타비용·금융비용)	700	
		8. 법인세용차감전계속사업이익		4,700
		9. 계속사업이익법인세비용	1,000	
		10. 계속사업이익		3,700
		11. 중단사업이익(세후순액)	200	
영업성적		12. 당기순이익		3,900

매출총손익은 매출액에서 매출원가를 차감한다.

영업손익은 매출총손익에서 판매비와관리비를 차감해서 산출한다. 영업이익은 매출총이익에서 판매비와관리비를 차감한 금액이 (+)인 금액을 말하며, (-)인 경우는 영업손실이다.

법인세비용차감전순손익은 기업의 경상거래, 즉 영업 거래와 영업외 거래에 의해 발생한 손익으로 영업손익에 영업외수익(기타수익·금융수익)을 가산하고 영업외비용(기타비용·금융비용)을 차감해서 산출한다.

기업의 계속적인 사업활동과 그와 관련된 부수적인 활동에서 발생하는 손익으로서 중단사업손익에 해당하지 않는 모든 손익을 말한다.

중단사업으로부터 발생한 영업손익과 영업외손익으로서 사업중단직접비용과 중단사업자산손상차손을 포함한다.

기업이 일정 기간 경영활동을 해서 얻은 최종 이익으로, 수익에서 차감한 순이익을 말한다.

손익계산서 계정과목

1 매출액

매출액은 상(제)품의 매출 또는 용역의 제공에 따른 수입금액으로서 반제품, 부산품, 작업폐물 등을 포함한 총매출액에서 매출환입액, 에누리액 및 매출할인을 공제한 순매출액을 말한다.

구 분	해 설
매출에누리	매출에누리는 고객에게 물품을 판매한 후 그 물품의 수량 부족이나 불량품 발생 등으로 인해서 판매대금을 감액해주는 것을 말한다. 예를 들어 100개의 물건을 팔았는데 2개가 불량품인 경우 동 불량품을 정상가액에서 차감해 주는 경우를 말한다.
매출환입	매출환입은 주문한 물품과 다른 물품의 인도 또는 불량품 발생 등으로 인해서 판매 물품이 거래처로부터 반송된 경우 그 금액을 말한다.
매출할인	매출할인은 매출 대금을 그 지급기일 이전에 회수함으로써 회수기일까지의 일수에 따라 일정한 금액을 할인해주는 것을 말한다. 즉 미리 외상대금을 받음으로 인해 받을 금액에서 일정액을 차감해 주는 것을 말한다.

☞ 매출에누리와 매출환입은 그 성격이 유사하나 매출에누리는 반송되지 않고 협의하에 매출금액에서 일정액을 차감해 주는 경우를 말하며, 매출환입은 반송이 되어서 매출금액에서 차감

한 경우를 말한다. 그리고 매출할인은 외상 매출 후 약정기일보다 외상 대금을 일찍 줌으로 인하여 감사의 뜻으로 받을 금액에서 일정액을 차감하고 받는 경우를 말한다.

2 매출원가

매출원가는 매출을 실현하기 위한 생산이나 구매과정에서 발생된 재화와 용역의 소비액 및 기타경비를 말한다.

판매업에 있어서 매출원가는 기초상품 재고액과 당기상품매입액의 합계액에서 기말상품 재고액을 차감해서 산출되며, 제조업에 있어서는 기초제품 재고액과 당기제품제조원가의 합계액에서 기말제품 재고액을 차감해서 산출된다.

구 분	해 설
매입에누리	매입에누리는 물품을 구입한 후 그 물품의 수량 부족이나 불량품 발생 등으로 인해서 구매대금을 감액받는 것을 말한다.
매입환출	매입환출이란 주문한 상품과 다른 물품의 인도 등으로 인해서 구매 물품을 거래처로 반송한 경우 그 금액을 말한다.
매입할인	매입할인은 매입대금을 그 지급기일 이전에 지급함으로써 지급기일까지의 일수에 따라 일정한 금액을 할인받는 것을 말한다.
관세환급금	수출에 사용할 목적으로 원부자재를 수입할 때 납부한 관세를 수출시 되돌려 받는 경우 이를 처리하는 계정이다. 관세환급금과 관련해서는 수입시 관세납부액을 원가에 반영 후 해당 관세환급금은 매출원가에서 차감하면 된다.
재고자산평가손실	재고자산을 기말에 저가법(원가와 시가를 비교해 낮은 금액으로 평가하는 방법)에 의해 평가하는 경우 취득 시의 원가보다 시가가 더 하락한 경우 동 차액을 말한다.

구 분	해 설
재고자산 평가손실 환입	재고자산을 기말에 저가법(원가와 시가를 비교해 낮은 금액으로 평가하는 방법)에 의해 평가하는 경우 장부가액보다 시가가 더 상승한 경우 동 차액을 말한다.
재고자산 감모손실	재고자산감모손실은 운반 또는 보관 중에 분실·파손·도난 등으로 인해서 발생한 재고자산의 손실액을 말한다. 재고자산감모손실에는 영업활동 중에 어쩔 수 없이 발생하는 정상적인 부분과 그 발생을 회피할 수도 있었던 비정상적인 부분이 있다. 기업회계기준서에서는 정상적인 감모손실은 원가성이 있는 것으로 보아 매출원가에 가산하고, 비정상적인 감모손실은 원가성이 없는 것으로 보아 영업외비용으로 처리한다.

3 판매비와관리비

판매비와관리비는 제품, 상품, 용역 등의 판매 활동과 기업의 관리 및 유지 활동에서 발생하는 비용으로서 매출원가에 속하지 않는 모든 영업비용을 포함한다. 즉, 판매비와 관리비는 제품의 판매 또는 관리를 위해서 사용된 비용을 말한다.

구 분	해 설
급여	급여란 임직원에게 지급하는 기본급, 제 수당, 상여금, 아르바이트 비용(잡급) 등 근로계약에 따라 근로를 제공받고, 그에 대한 대가로 지급하는 금액을 말한다.
퇴직급여	퇴직급여란 영업기간 중 또는 영업연도 말 임원 또는 직원이 퇴사하는 경우 자사의 퇴직금 지급 규정에 의해서 지급하는 금액을 말한다.

구 분	해 설
명예퇴직금	명예퇴직금은 일정기간 이상 근속자나 임원 또는 회사에 공로가 있는 자 등 특정 요건을 충족한 임직원에게 지급하거나 조기퇴직의 대가로 지급하는 인센티브 등을 말한다.
복리후생비	복리후생비란 간식비(직원), 경조사비(직원), 고용보험료 회사부담분, 국민건강보험료 회사부담분, 건강진단비 회사부담액, 자가운전보조수당, 식비보조액, 사내 동호회(써클) 활동비 지원액 등 종업원의 복리후생을 위해서 지출하는 비용으로서 작업능률의 향상을 기하기 위해서 간접적으로 부담하는 시설, 경비를 말한다.
임차료	임차료는 사무실 임차료, 복사기·팩스 임차료, 차량 렌트비, 창고·주차장 임차료 등 부동산 또는 동산의 임대차 계약에 따라 지급하는 비용을 말한다.
기업업무추진비(= 접대비)	접대비란 주대, 차대, 선물비용, 경조사비, 대리운전(거래처), 방문고객 주차요금 등 일반적으로 회사의 영업과 관련해서 타인에게 금전을 제외한 재화나 기타 서비스를 제공하는 데 소요되는 비용을 말한다.
감가상각비	감가상각비는 유형자산이 시간이 지남에 따라 그 가치가 점차 감소되는 것을 그 자산의 내용연수에 따라 비용처리 해주는 것을 말한다.
무형자산상각비	무형자산상각비는 내용연수 동안 무형자산의 상각과 관련해서 발생하는 감가상각비용을 말한다.
세금과공과	세금과공과는 회사 명의의 자동차세, 재산세, 사업소세, 적십자사회비, 상공회의소회비, 국민연금 회사부담분, 벌금, 인지대, 교통유발부담금, 안전협회비 등 기업에 대해서 국가 또는 지방자치단체가 부과하는 조세와 공공적 지출에 충당할 목적으로 동업조합, 상공회의소 등의 각종 공공단체가 부과하는 부과금 및 벌금, 과료, 과태료 등의 특정 행위의 제재를 목적으로 하는 과징금을 처리하는 계정과목이다.
광고선전비	광고선전비란 광고물 구입비, 광고제작 의뢰비, 광고물 배포비, 간판 제작비, 법인결산공고료 등 재화 또는 용역의 판매촉진이나 기업 이미지 개선 등의 선전효과를 위해서 불특정다수인을 대상으로 지출하는 비용을 말한다.

구 분	해 설
연구비	연구비는 신제품·신기술의 연구 활동과 관련해서 지출한 비용으로서 미래에 경제적 효익을 제공할 수 없는 비용을 말한다. 그러나 미래에 확실한 경제적 효익을 제공할 가능성이 있는 경우에는 무형자산 중 개발비로 처리한다.
경상 연구개발비	경상연구개발비란 경상적으로 발생하는 연구개발비를 말한다.
대손상각비	대손상각비란 거래처의 파산, 행방불명 등의 사유로 채권의 회수가 불가능하게 된 경우, 회수불능 채권을 비용으로 처리하기 위한 계정이다.
여비교통비	여비교통비란 판매 및 관리 활동에 종사하는 종업원 및 임원의 고속도로 통행료, 교통비, 국내출장여비, 버스승차권, 부임 여비, 선박 운임, 숙박료, 일시적인 주차료, 입장권, 전근 여비, 정기승차권, 주차료, 지하철 회수권, 지하철 요금, 철도운임, 출입국 관리비용, 교통카드 구입액, 철도 비즈니스 카드 구입비 등 여비 및 교통비를 처리하는 계정이다.
차량유지비	차량유지비는 세차비, 정기주차료, 차량검사비, 차량수선비, 차량안전협회비, 타이어 교체 비용, GPS 설치비용, 차량주유비용, 면책금(자가부담금), 차량 도색비, 검사비, 통행료 등 차량의 유지·관리와 관련해서 발생하는 비용을 말한다.
통신비	통신비는 전화료, 등기우편료, 우표, 엽서 등의 사용·유지를 위해서 지출되는 비용을 처리하는 계정이다.
교육훈련비	교육훈련비는 간부 수련회 비용, 강의 참여비, 견학비, 사원연수비, 수강료, 연수원 임차료, 위탁교육 훈련비, 초청 강사료, 학원비, 해외연수 비용, 사외교육비, 사설 영어학원, 학회 학술대회 참가비 등 임직원의 교육을 위해서 지출한 비용을 처리하는 계정이다.
수선비	수선비는 건물 내외벽의 도장, 건물 외벽청소비, 건물 수선비, 공기구수선비, 기계수선비, 벽의 페인트 공사, 비품 수선비, 파손된 유리 대체, 면책금(자가 부담금)(수선비 또는 차량유지비 또는 보험료 중 아무거나 사용) 등 유형자산의 원상회복을 위해서 또는 기능 유지를 위해서 지출하는 비용을 말한다.

구 분	해 설
수도광열비	수도광열비는 가스 대금, 기름값, 난방용 유류대, 도시가스료, 상하수도요금, 수도료, 전기요금, 전력비(료) 등 연료비에 드는 비용 중 판매 및 관리 부문에 사용되는 금액을 통틀어 말한다.
도서인쇄비	도서인쇄비는 관보구독료, 도서 구입대금, 명함인쇄비용, 번역료, 복사대금, 사진현상 대금, 신문구독료, 인터넷 정보이용료, 잡지 구독료, 제본비, 코팅비, 팜플렛 인쇄대금, 사보 제작비(도서인쇄비 또는 광고선전비), 다이어리 인쇄비용, 탁상용 달력구입비 등 도서나 인쇄비용을 처리하는 계정이다.
포장비	포장비는 외주포장비, 박스 비용 등 상품이나 제품 등의 포장 과정에서 발생하는 비용을 처리하는 계정이다.
소모품비	소모품비는 소모 자재 대금으로서 이에는 복사기·팩스 부품 교체비, 건전지, 전구 등의 구입비용이 해당한다.
지급수수료	지급수수료는 감정수수료, 경비용역비, 경영컨설팅 자문료, 계좌이체수수료, 세무기장료, 도메인 등록수수료(소액의 경우), 송금수수료, 등기부등본 발급수수료, 청소용역비(용역회사), PG사 결제 대행 수수료, 무인 경비이용료, ISO 인증비용 및 갱신비용 등 용역을 제공받고 이에 대한 대가로 지불하는 비용을 말한다.
보험료	기업이 소유하는 건물, 기계장치 등의 유형자산과 상품, 제품, 원자재 등의 재고자산에 대해서 산재보험료, 자동차 보험료(종합보험, 책임보험), 보증보험료, 고용보험료(건강보험은 해당하지 아니함)와 같은 화재보험, 기타의 각종 손해보험, 보증보험, 산재보험에 가입한 경우에 보험계약에 의해서 일정기간 단위로 보험자에게 지급하는 비용을 처리하는 계정이다.
보관료	보관료란 상품, 제품, 원재료, 부산물 등을 창고에 보관하는데 소요되는 비용을 처리하는 계정이다.
견본비	견본비란 상품, 제품 등의 품질향상을 알리기 위해서 해당 상품을 시험용으로 사용할 목적으로 제공하는 데 따르는 비용을 말한다.

구 분	해 설
운반비	운반비란 배달비, 상·하차비(판매비), 퀵서비스 비용, 택배비용, 용달비 등 판매와 관련해서 회사의 상품이나 제품을 거래처에 운반해주는 과정에서 발생하는 비용을 말한다.
회의비	회의비는 법인의 사업 목적상 회의를 하면서 지출하는 다과, 음식물 제공(회의 전에 근처 음식점을 이용한 식사를 포함한다.) 등을 포함한 회의 개최를 위해서 통상적으로 지출하는 비용을 말한다.
판매수수료	판매수수료란 판매 활동과 관련해서 거래처 등에 지급하는 수수료를 말한다.
외주비	외주비는 주로 제조 활동과 관련한 용역비를 처리하는 계정으로 제조업체나 건설업체의 경우 외부에 가공이나 하도급을 주어 자사 제품의 일정 부분 공정을 맡기고 지급하는 경비를 말한다.
협회비	협회비는 기업의 영업활동과 관련해서 조직된 단체나 협회에 지급하는 회비를 말한다.
잡비	잡비란 오물수거비, 방범비와 같이 비용 항목 중에서 빈번하게 발생하지 않고 금액적으로 중요성이 없는 것 또는 다른 계정과목에 포함을 시키는 것이 적절하지 않은 비용을 처리하는 계정과목이다.

4 영업외수익(금융수익과 기타수익)

구 분	해 설
이자수익	이자수익은 예금이자, 국채·공채이자 수입, 단기대여금 이자, 대표이사 가지급금 이자, 유가증권이자, 정기예금·정기적금이자, 결산 이자와 같이 돈을 빌려주고 받는 이자를 말한다.
배당금수익(주식배당액 제외)	배당금수익은 현금배당, 건설공제조합 배당금과 같이 기업의 주식을 보유함으로써 받게 되는 현금배당을 말한다.

구 분	해 설
임대료	임대료는 부동산 또는 동산을 임대하고 타인으로부터 지대, 집세, 사용료 등의 대가로 받는 금액을 말한다.
단기투자자산처분이익	단기투자자산(일반적으로 단기매매 유가증권)을 살 때 지불한 돈보다 더 많은 돈을 받고 판 주식처분이익, 국·공채처분이익, 사채처분이익을 말한다.
단기투자자산평가이익	단기투자자산(일반적으로 단기매매 유가증권)은 결산 시 현재의 시가로 평가하게 되어있는데, 이때의 시가가 취득 시 또는 전기에 평가한 시가보다 상승한 경우 그 차액을 말한다.
외환차익	외환차익은 외화자산을 상환받을 때 원화로 받는 가액이 외화자산의 장부가액보다 큰 경우와 외화부채를 원화로 상환하는 금액이 외화부채의 장부가액보다 작은 경우 동 차액을 처리하는 계정을 말한다. 즉, 수입대금 지급 시 외환이익, 외환 결제로 인한 이익을 말한다.
외화환산이익	외화환산이익은 기업이 외국통화를 보유하고 있거나 외화로 표시된 채권·채무를 가지고 있는 경우에 이것을 기말결산 시 원화로 환산 평가함에 있어 그 취득당시 또는 발생 당시 외국환시세와 결산일에 있어서 외국환시세가 변동하였기 때문에 발생하는 차익을 말한다. 즉, 외환평가로 인한 이익을 말한다.
파생금융상품거래이익	선도, 선물, 스왑, 옵션 등 파생상품이 만기도래 등을 사유로 거래가 청산될 때 발생하는 이익을 기록한다.
파생금융상품평가이익	파생상품은 거래목적에 따라 매매목적과 위험회피(헤지)목적으로 나눌 수 있고 위험회피목적인 경우는 다시 회피대상에 따라 공정가액위험회피와 현금흐름위험회피로 분리할 수 있는데, 이중 매매와 공정가액위험회피 목적인 파생상품으로 인해 발생한 평가이익을 여기에 기록한다.
지분법이익	지분법 이익은 피투자 회사의 순이익(내부거래 제외)에 대한 투자회사의 지분 취득 시점의 피투자 회사의 순 장부가액과 취득원가의 차액으로 투자회사의 내부거래에 따른 손익을 말한다.

구 분	해 설
장기투자증권 손상차손환입	장기투자증권손상차손환입은 투자주식 또는 채권의 공정가액이 하락해서 회복할 가능성이 없어 장기투자증권손상차손으로 처리한 것이 순자산가액 이 회복된 경우는 감액된 장부가액을 한도로 해서 회복된 금액을 처리하 는 계정을 말한다.
투자자산처분 이익	투자자산의 처분 시 투자자산의 처분가액이 장부가액을 초과하는 경우 동 차액을 말한다.
유형자산처분 이익	유형자산의 처분 시 유형자산의 처분가액이 장부가액(취득가액 - 감가상 각누계액)을 초과하는 경우 동 차액을 말한다.
사채상환이익	사채의 상환 시 사채의 장부가액에 미달하여 상환가액을 지급하는 경우 동 차액을 처리하는 계정을 말한다.
전기오류수정 이익	전기오류수정이익은 전기 이전에 발생한 회계처리 오류로서 순이익을 과 소계상 한 경우 중대한 오류가 아닌 경우를 말한다.
잡이익	잡이익은 영업외수익 중 금액적으로 중요하지 않거나 그 항목이 구체적으 로 밝혀지지 않은 수익을 말한다. 예를 들어 각종 공과금(전화요금)이나 세금납부 시 원 단위 미만 절사액을 말한다.
자산수증이익	자산수증이익은 대주주나 대표이사 등 외부로부터 자산을 무상으로 증여 받는 경우 생기는 이익을 말한다.
채무면제이익	채무면제이익은 채권자로부터 채무를 면제받음으로써 생긴 이익을 말한 다.
보험차익	보험차익은 재해 등 보험사고 시 수령한 보험금액이 피해자산의 장부가액 보다 많은 경우 그 차액을 말한다.

구 분	해 설
이자비용	이자비용은 단기차입금 이자, 당좌차월이자, 사채이자, 수입이자와 할인료, 신주인수권 조정계정 상각액, 차량 할부금 연체료, 환가료, 대출이자등 남에게 돈을 빌려 쓰고 지불하는 이자를 말한다.
기타의 대손상각비	기타의 대손상각비는 기업의 주요 영업활동 이외의 영업활동으로 인해서 발생한 채권에 대한 대손상각을 처리하는 계정이다. 즉, 매출채권 이외의 채권인 대여금, 미수금, 미수수익, 선수금 등에 대한 대손액을 처리하는 계정이다.
단기투자자산 처분손실	단기투자자산(일반적으로 단기매매유가증권)을 팔 때 취득할 때의 돈보다 더 적은 돈을 받고 판 경우 그 차액을 말한다.
단기투자자산 평가손실	단기투자자산(일반적으로 단기매매증권)은 결산 시 현재의 시가로 평가하게 되어있는데, 이때의 시가가 취득 시 또는 전기에 평가한 시가보다 낮은 경우 동 차액을 말한다.
외환차손	외환차손이란 외화자산을 상환받을 때 원화로 받는 가액이 외화자산의 장부가액보다 작은 경우와 외화부채를 원화로 상환하는 금액이 외화부채의 장부가액보다 큰 경우 동 차액을 처리하는 계정을 말한다. 즉, 수입대금 지급 시 외환차손, 외환 결제로 인한 손실을 말한다.
외화환산손실	외화환산손실이란 기업이 외국통화를 보유하고 있거나 외화로 표시된 채권·채무를 가지고 있는 경우에 이것을 기말결산 시 원화로 환산 평가함에 있어서, 그 취득 당시 또는 발생 당시의 외국환시세와 결산일에 있어서의 외국환시세가 변동하였기 때문에 발생하는 차손을 말한다.
파생금융상품 거래손실	선도, 선물, 스왑, 옵션 등 파생상품이 만기도래 등을 사유로 거래가 청산될 때 발생하는 손실을 기록한다.

구 분	해 설
파생금융상품 평가손실	파생상품은 거래목적에 따라 매매목적과 위험회피(헤지)목적으로 나눌 수 있고 위험회피목적인 경우는 다시 회피 대상에 따라 공정가액위험회피와 현금흐름위험회피로 분리가 가능한데, 이중 매매와 공정가액위험회피 목적인 파생상품으로 인해 발생한 평가손실을 여기에 기록한다.
기부금	기부금이란 불우이웃돕기 성금, 수재의연금, 장학재단 기부금, 후원금, 경로잔치 지원금(기부금 또는 광고선전비) 등 기업의 정상적인 영업활동과 관계없이 금전, 기타의 자산 등의 경제적인 이익을 타인에게 무상으로 제공하는 경우 당해 금전 등의 가액을 말한다.
지분법손실	지분법손실은 피투자회사의 순이익(내부거래 제외)에 대한 투자회사의 지분취득 시점의 피투자회사 순 장부가액과 취득원가의 차액. 즉 투자회사의 내부거래에 따른 손익을 말한다.
장기투자증권 손상차손	장기투자증권손상차손은 투자주식 또는 채권의 공정가액이 하락하여 회복할 가능성이 없는 경우 당해 투자주식의 장부가액과 공정가액의 차액을 말한다.
매도가능증권 처분손실	매도가능증권처분손실은 매도가능증권을 처분하는 경우 취득원가보다 싸게 판 금액을 말한다.
유형자산 처분손실	유형자산의 처분 시 유형자산의 처분가액이 장부가액(취득가액 - 감가상각누계액)에 미달하는 경우 동 차액을 말한다.
사채상환손실	사채상환손실이란 사채의 상환 시 사채의 장부가액을 초과해서 상환가액을 지급하는 경우 동 차액을 처리하는 계정을 말한다.
전기오류수정 손실	전기오류수정손실은 전기 이전에 발생한 회계처리의 오류로서 순이익을 과대 계상한 경우 중대한 오류가 아닌 경우를 말한다.
매출채권처분 손실	매출채권처분손실은 가지고 있는 매출채권을 금융기관이나 다른 거래처 등에 할인해서 매각한 경우 발생하는 손실을 말한다. 즉, 일반적으로 어음을 할인하면 어음의 금액보다 적게 현금을 받으니까 그 차이 나는 금액만큼은 매출채권처분손실로 처리하는 것이다.

구 분	해 설
재고자산감모손실	재고자산감모손실은 상품을 보관하는 과정에서 파손, 마모, 도난, 분실, 증발 등으로 인해서 회계 기말에 재고수불부에 기록된 장부상의 재고수량보다 실제 재고수량이 작은 경우에 발생하는 손실을 말한다. 재고감모손실 중 상품의 보관 중에 정상적으로 발생하는 것은 이를 매출원가에 포함 시키고 비정상적으로 발생하는 감모손실은 영업외비용으로 처리한다.
잡손실	잡손실은 가산금, 가산세, 건물철거 비용, 경미한 도난사고, 계약위반배상금(지급액), 교통사고 배상금, 보상금 지불, 연체료, 위약금 등 영업외수익 중 금액적으로 중요하지 않거나 그 항목이 구체적으로 밝혀지지 않은 비용을 말한다.

경리업무 일정과 관리업무

제3장

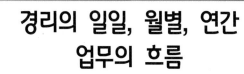

경리의 일일, 월별, 연간 업무의 흐름

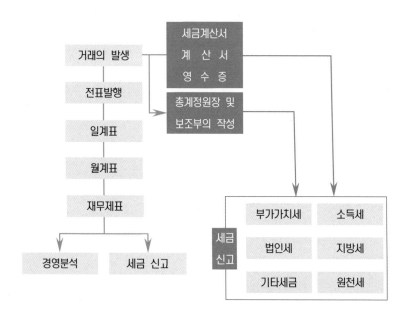

구 분	내 용	
일일업무	• 분개	• 전표 ·분개장 ·일계표 작성
	• 총계정원장 작성	• 보조부 작성
	• 실제액과 장부상 잔액의 비교	• 수표 ·어음의 발행 ·결제 ·회수
	• 현금의 예입이나 인출	• 납품서, 주문서, 거래명세서 작성
	• 일일자금조달계획	• 기타 장부의 작성
월별업무	• 월말 결산(월계표 작성 등)	• 매출 대금 회수
	• 매입처에 대한 지급 준비	• 급여 계산 및 지급
	• 원천징수 세액 신고 ·납부	• 원가계산 ·분석
	• 월 자금 조달계획	
연별업무	• 결산	• 연말정산
	• 경영분석	• 회계감사
	• 납세 준비(법인세, 소득세)	• 차년도 준비

세금 신고와 관련한 업무 내용
(세무 달력)

구 분	세금신고
매달	• 근로소득세 및 지방소득세(특별징수) 신고·납부 • 지방소득세(특별징수) 신고·납부 • 주민세(종업원분) 신고·납부 • 일용근로자 지급명세서 및 사업소득, 인적용역 기타소득 • 근로소득 간이지급명세서 매달 제출(2026년부터)
1월	• 부가가치세 2기분 확정신고·납부 • 근로소득 간이지급명세서 제출
2월	• 면세사업자 사업장 현황 신고 • 6월 말 결산법인 법인세 중간예납 • 지급명세서 제출(원천징수 대상 사업소득·근로 소득·퇴직소득·종교인 소득·봉사료 제외)
3월	• 계속근로자 지급명세서 제출(원천징수 대상 사업소득·근로 소득·퇴직소 득·종교인소득·봉사료) • 근로소득세 연말정산 • 12월 말 결산법인 법인세 신고·납부

구 분	세금신고
4월	• 부가가치세 제1기분 예정 신고·납부 • 12월 말 결산법인 지방소득세(법인세 분) 신고·납부
5월	• 소득세 확정신고·납부
6월	• 3월 말 결산법인의 법인세 신고·납부 • 성실신고 소득세 확정신고·납부
7월	• 부가가치세 1기분 확정신고·납부 • 주민세(재산분) 신고·납부 • 근로소득 간이지급명세서 제출
8월	• 12월 말 결산법인의 법인세 중간예납 • 주민세(개인분, 사업소분) 납부
9월	
10월	• 부가가치세 2기분 예정 신고·납부
11월	• 종합소득세 중간예납세액 납부
12월	

노무 업무와 관련해서
언제 어떤 일을 해야 하나?

일자	노무 업무
매월	• 4대 보험료(연금 · 건강 · 산재 · 고용) 납부(매월 10일까지) • 고용보험 피보험자격 취득 · 상실 신고(사유 발생일이 속하는 달의 다음 달 15일까지) • 직장 보육교사 등 인건비 지원금, 중소기업 직장 보육시설 운영비 지원금(매월 다음 달 말일까지) • 육아휴직급여 신청(근로자 신청, 당월 중 실시분에 대해서 다음 달 말일까지)
1월	• 시무식 • 인사정책 수립 및 고용계획서 작성 • 노사협의회 개최 • 연차휴가 사용계획서 접수 • 설날의 휴일 대책 • 안전 · 보건 교육계획 작성 • 당해연도 최저임금 효력 발생(1일) • 장애인 고용부담금 납부(31일, 분할납부 가능)
2월	• 임금 교섭(안) · 단체협안(안) 마련 • 건강진단실시계획서 작성

일자	노무 업무
3월	• 건강보험 보수총액신고(말일 : 폐지) • 임금인상 대책 • 단체교섭 실시 및 정기 노사협의회 개최 • 산재·고용보험 보수총액신고(15일) • 제1분기 임신·출산여성고용안정지원금 신청(31일) • 고용보험·산재보험 개산보험료 신고 및 제1분기 납부(건설, 31일) • 고용보험·산재보험 확정보험료 신고·납부 및 정산(건설, 31일)
4월	• 장애인의 날 행사 • 단체협약 체결 및 신고 • 취업규칙 점검 • 춘계행사 준비(야유회 등) • 제1분기 고령자고용연장 지원금 신청(30일) • 제1분기 지역고용촉진 지원금 신청(30일) • 제1분기 임금피크제 지원금 신청(30일) • 제2분기 장애인고용부담금 납부(30일)
5월	• 근로자의 날 행사(1일) • 고충처리 대책 • 제2분기 고용보험·산재보험 개산보험료 납부(건설, 15일)
6월	• 여름철 장마 및 수방대책 • 정기 노사협의회 개최 • 하반기 각종 대책 수립 • 제2분기 임신·출산 여성 고용안정 지원금 신청(30일)
7월	• 하기휴가대책 • 산업안전보건의 날 행사(1일) • 상반기 건설근로자 고용보험관리 지원금 신청(31일) • 제2분기 고령자 고용연장 지원금 신청(31일)

일자	노무 업무
	• 제2분기 지역고용촉진 지원금 신청(31일)
	• 제2분기 임금피크제 지원금 신청(31일)
	• 제3기 장애인고용부담금 납부(31일)
	• 장애인 고용계획에 대한 상반기 실시상황 보고(31일)
8월	• 제3분기 고용보험·산재보험 개산보험료 납부(건설, 15일)
9월	• 추석의 휴일 대책
	• 정기노사협의회 개최
	• 제3분기 임신·출산여성고용안정지원금 신청(30일)
10월	• 추계행사준비(체육대회·야유회 등)
	• 제3분기 고령자고용연장 지원금 신청(31일)
	• 제3분기 지역고용촉진 지원금 신청(31일)
	• 제3분기 임금피크제 지원금 신청(31일)
	• 제4기 장애인고용부담금 납부(31일)
11월	• 동절기 화재 및 난방대책
	• 다음 연도 인력수급계획, 계약직 갱신여부결정·통보
	• 제4분기 고용보험·산재보험 개산보험료 납부(건설, 15일)
12월	• 연말·연시 휴일 대책
	• 연말 노사협의회 개최
	• 연차유급휴가의 임금대체 지급
	• 제4분기 임신·출산 여성고용안정 지원금 신청(30일)
	• 당해 연도 최저임금 효력 종료(31일)
	• 종무식
기타	• 고용촉진지원금신청(취업 희망 풀 구직자 채용한 사업주 해당, 고용한 날이 속하는 달의 다음 달부터 6개월 단위)

일자	노무 업무
	• 고용창출지원사업 지원금 신청(일자리 함께하기 6개월 단위, 시간제 일자리 창출 6개월 단위, 고용환경개선지원 3개월 단위, 유망창업기업고용지원 6개월 단위, 전문인력채용지원 6개월 단위로, 세부 요건 충족 시 지원금 지급)

경리실무자의 관리업무

1 경리관리

🗂 전표 관리

전표는 회사의 경리에서 가장 기본적인 작업이 되며, 이를 통해서 장부
등 여러 가지 회계자료가 발생한다.

전표 관리는 회계의 가장 기초 단계에 있다고 보면 된다.

전표의 종류에는 일반 전표(출금전표와 입금전표, 대체전표), 매입매출전
표를 가장 많이 사용한다.

구 분		발행 대상
일반 전표	입금전표	현금의 입금 시 작성(통장에서 시재 인출 시)
	출금전표	현금의 출금 시 작성
	대체전표	일부 현금 입금이나 지출 시 또는 전부 비현금 거래 시 작성
매입매출전표		부가가치세 신고에 영향을 미치는 거래

📂 통장 관리

법인사업자의 경우에는 법인통장에 기재된 것을 경리로 옮기는 작업이 상당한 부분 주의를 필요로 한다. 왜냐하면, 대부분의 거래가 법인통장을 통해서 이루어지기 때문이다.

● 입출금 통장에서 현금을 인출할 경우 : 입금전표에 기재하는 것이 보통

● 인출한 현금으로 지출할 경우 : 출금전표에 기재하는 것이 보통

● 통장에 대한 전표 발행 시에는 거래처 코드를 걸어주어서 외상대 정산 시 누락 되는 항목이 없도록 한다.

📂 세금계산서 관리

매출 세금계산서 관리

아래와 같은 보조원장을 가지고 있으면 부가가치세 신고 시에 아주 유용하게 사용할 수 있다. 다만, 표준서식은 아니므로 참고만 한다.

[매출총괄표]

매출 날짜	매출처 상호	사업자 등록번호	공급 가액	부가가 치세	합 계	입금 시기	입금종류 (계정과목)

🔑 입금 종류는 현금, 어음, 보통예금을 적는다.
🔑 입금 시기는 자금이 들어오는 시기를 알 수 있어서 자금계획을 세우는데, 도움이 된다.

매입 세금계산서 관리

[매입총괄표]

매입 날짜	매입처 상호	사업자 등록번호	공급 가액	부가 가치세	합계	출금 시기	출금종류 (계정과목)

계정과목은 매입처별로 다음과 같이 세분화해서 적는다.

- 원 재 료 : 제품이나 상품을 만들 때 원료로 들어가는 것
- 소모품비 : 제품을 만들 때 1회 적으로 쓰이는 소모품
- 지급수수료 : 수수료 성격이 있는 것(예 : 세무사사무실 기장료)
- 통 신 비 : 전화요금 등
- 지급임차료 : 사무실 임차료 지급
- 기타

출금 시기는 자금이 빠져나가는 시기를 예측할 수 있어서 자금의 지출 규모를 알 수 있다. 물론 자금이 실제로 지출되는 것을 기재할 수도 있다.

세금계산서 관리

가공세금계산서 및 위장 세금계산서가 발행되지 않도록 철저한 관리를 필요로 한다. 가공 또는 위장 거래의 징후나 실제 거래가 있을 경우는 반드시 후속 조처를 할 수 있도록 해야 한다.

거래는 4장의 증빙이 한 묶음이 되게 한다.

❶ 거래명세표(사업자등록증 사본)

❷ 계약서 및 견적서

❸ 입금표 및 계좌이체 확인서 등

❹ 세금계산서

모든 거래에 대해서 4장의 증빙이 한 묶음이 되는 것이 원칙이다. 거래의 입증을 위해서는 반드시 있어야 하므로 철저하게 준비한다.

📇 법인카드 관리 및 개인카드 관리

법인의 경우에는 기업업무추진비(= 접대비)의 지출은 반드시 법인카드로 이루어져야 손비로 인정받을 수 있으므로 카드의 관리가 중요하다. 또한, 법인카드의 통제가 잘 이루어지지 않으면 불필요한 사적비용이 회사 밖으로 유출되는 경우가 발생하므로 카드 관리를 명확히 통제해야 한다.

📇 주식 관리

법인에 있어서 주식의 변동에는 양도, 증여, 증자, 감자 등 여러 가지 형태가 있다. 이 중에서 각 변동사항에 따라서 세금이 발생할 수 있으므로 주의가 필요하다.

- 양도 – 양도소득세, 증권거래세
- 증여 – 증여세
- 증자 – 불균등 증자 시 증여세
- 감자 – 불균등 감자 시 증여세

📇 주요 보조원장

외상매출금 관리대장

거래처별로 외상 매출액을 관리하며, 회수 수단을 적어 놓아 수단별 계정별 원장과 대조할 수 있도록 작성해 놓는다.

외상매입금 관리대장

거래처별로 외상 매입액을 관리하며, 지급수단을 적어 놓아 수단별 계정
별 원장과 대조할 수 있도록 작성해 놓는다.

고정자산 관리대장

기계장치 및 건물, 차량 등 고정자산 내역별로 적어서 관리한다.

📋 일반영수증 관리

계정과목	지출내용	증빙 관리
급 료 및 임금	임직원의 급료, 잡급	급여명세서, 원천징수영수증 등 잡 급대장
상 여 금	매달, 명절, 연말 등 보너스 지급금	상여금지급명세서
복 리 후 생 비	직원을 위한 식대, 약품대, 차대, 간 식, 유니폼대, 부식대	식사 시 간이영수증 또는 신용카드 전표, 부식대 영수증, 유니폼비 영 수증
여 비 교 통 비	출장업무 자동차 교통비, 출장 시 식 대, 출장 시 사용된 기타경비 등	유류비 영수증, 출장 시 간이영수 증, 기차표 및 버스승차권
통 신 비	전화 요금, 우표대금, 송금수수료, 등기료 및 소포 우송비	통신비영수증, 우표대금영수증, 송 금수수료영수증, 등기우편영수증
수 도 광 열 비	전기요금, 상하수도료, 난로에 사용 되는 석유 및 경유, 가스레인지에 사 용되는 가스대	전기 · 상하수도영수증, 난로용 석 유와 가스대, 건물관리비 영수증
소 모 품 비	청소용품, 화장지, 의자 및 기타소 모품	간이영수증, 금전등록기영수증

계정과목	지출내용	증빙 관리
세금과공과	자동차세, 적십자회비, 면허세, 주민세, 도로 하천 수거사용료	각각의 세금 고지서
지급임차료	건물 및 기타부동산을 임대사용 시 지급하는 비용	건물임대차계약서, 세금계산서 등
수 선 비	동산 및 기타 부동산수선 복구 시 사용되는 비용	수선비영수증
보 험 료	차량보험료, 책임보험료, 화재보험료, 산재보험료	보험료 영수증
기업업무추진비(= 접대비)	거래처 손님을 위한 화분이나 축의금, 식대, 주대, 차대, 손님에게 제공하는 비용	간이영수증, 신용카드매출전표
광고선전비	간판, 광고용 타월이나 달력·신문이나 전화번호부의 광고료	간이영수증 및 세금계산서
차량유지비	차량에 사용되는 유류대, 수리부품, 기금분담금, 검사수수료, 통행료, 주차료, 세차, 타이어 교환 등에 사용되는 비용	유류대 영수증, 신용카드매출전표, 기타 차량에 대한 영수증
지급수수료	기장수수료, 조정수수료, 대행수수료 등	세금계산서, 수수료 영수증
운 반 비	모든 동산 등의 운반 시 사용되는 운임	물건 운반 시 운반운임영수증
도서인쇄비	복사대, 도장 고무 인대, 서식 인쇄비, 도서구입비, 신문구독료, 서식 구입비	간이영수증, 구독료 등 영수증
사무용품비	사무용 연필, 볼펜, 계산기, 풀, 고무판, 장부, 전표, 스테플러, 수정액 등	간이영수증, 금전등록기 영수증
협 회 비	세금과공과에 해당하지 않는 협회 등의 회비	협회비 영수증
감가상각비	부동산 및 동산 상각비	감가상각명세서

계정과목	지출내용	증빙 관리
잡 비	오물수거비, 범칙금, 유선방송비, 방범비, 쓰레기 봉투비	간이영수증
등록면허세취 득 세	건물 또는 비품, 차량운반구, 시설장치, 기계장치 등의 등록면허세, 취득세	세금납부고지서

경조사비는 20만 원까지, 경조사비를 제외한 비용은 3만 원까지 간이영수증으로 증빙이 되나 이를 넘는 금액은 세금계산서, 계산서, 신용카드매출전표, 현금영수증(지출증빙용) 중 하나는 증빙으로 받아야 법정증빙으로 인정된다.

📑 재고관리

재고관리는 각 방법에 따라서 수불부를 작성하고 월말 남은 재고와 장부상 재고를 파악해서 그 차이를 분석하면서 연말 결산 시에는 재고의 잔고가 얼마나 남아 있는지 정확히 파악해서 장부에 반영해 두어야 한다.

📑 원가관리

각종 원가 분석 방식을 통해서 제품의 원가를 파악하고, 손익분기점 분석을 통해서 손익분기점을 파악해야 하며, 원가 동인별로 그 테이블을 만들어 과도하게 지출되는 부분을 개선해 나가는 관리를 해야 한다.

2 인사관리

• 급여 대장

- 4대 보험 관리대장(국민연금, 건강보험, 고용보험, 산재보험)
- 각종 규정의 구비

급여 부분은 연봉제를 하는 경우가 대부분이므로 퇴직금에 대한 문제가 발생할 수 있다. 따라서 반드시 퇴직금 규정을 고려해야 한다.

한편, 연차유급휴가가 발생해 1년간 유급휴가를 주어야 하므로 이에 대한 급여를 고려해야 한다.

- 일용직 급여대장 및 지급명세서

일용직에 대한 지급명세서를 매월 신고해야 하므로 지출내역을 작성해 두어야 한다.

3 법인이 갖추고 있어야 할 사규나 사칙 등

📂 인사 분야

구 분	사규나 규칙
취업규칙 및 급여 지급 규정	법인의 근로자(임원)에 대한 취업규칙 및 급여 지급 규정 등을 이사회나 주주총회에 의해서 정해 놓는다.
상여금 지급 규정	상여금에 대한 기준임금의 개념과 지급 시기 등을 정해 놓는다.
퇴직금 지급 규정	퇴직금 지급에 관한 규정을 정해 놓는다.
연봉제 운용 규정	연봉제를 시행할 경우는 그 규정을 정해 놓는다.
교육훈련비 규정	직원이나 임원에 대한 교육비 지출에 관한 규정을 정해 놓는다.
야간근무 규정	야간근무에 관한 규정을 정해 놓는다.
각종 수당 규정	각종 수당에 대한 상세한 내용을 기재한다.
연차유급휴가 관리 규정	

📖 회계 분야

복리후생비, (해외)여비교통비, 출장비 등에 관한 규정을 정해 놓는다.

📖 기타 분야

· 안전 수칙 및 기타 특수한 사업의 경우에 필요한 여러 가지 규정을 항상 비치해 놓고, 업무 매뉴얼화 하는 것이 중요하다.
· 발주 부분, 구매 부분, 생산부분, 판매 부분, 자금 부분, 품질 부분에 대해서 각각의 규정을 정해 놓고 이를 준수하도록 해야 한다.

📖 주요 관리철

경영일반 관리	재무관리 및 회계관리	인사관리
• 정관	• 모든 계약서 정본 및 사본	• 근로계약서
• 사업자등록증 사본	• 매출·매입 세금계산서철	• 상여금지급규정
• 법인등기부등본	• 급여대장철	• 퇴직금 지급규정
• 법인인감증명서	• 4대 보험 관리철	• 휴가 및 상벌 규정
• 이사회 회의록 등	• 외상매출금 관리대장	• 여비교통비 지급규정
• 주주명부 및 변동 내역서	• 외상매입금 관리대장	• 기타 필요한 규정 등
• 일반회사 조직도	• 미지급금 관리대장	
• 조직 내 비상 연락도	• 법인카드 관리대장	
• 주요 거래처 내용	• 법인통장 철	
	• 일일자금일보	
	• 전표철	
	• 재고관리 대장	
	• 여비교통비 복명서	
	• 일용직 급여 대장	

경리 장부 작성법

경리 장부의 흐름을
한눈에 살펴 본다.

매일매일 기록해야 하는 장부의 흐름

❶ 전표 : 전표는 거래내역을 분개하기 위해 만들어진 양식으로 회계프로그램이 있는 경우 프로그램을 사용해서 발행하고 프로그램이 없으면 문방구에서 전표를 구입해서 사용하거나 직접 양식을 만들어 사용한다.

❷ 총계정원장 : 총계정원장은 전표와 일계표 등을 집계해서 각 계정과목을 집합시킨 장부이고, 회사에서는 결산 시 이를 이용해서 재무제표를 작성한다.

❸ 현금출납장 : 현금의 수입과 지출을 기록하는 장부이다.

❹ 예금기입장 : 회사 예금의 입출금 내역을 기록하는 장부이다.

❺ 어음기입장 : 어음의 거래내역을 기록하는 장부이다.

가. 받을어음수불부 : 받을어음의 변동을 기록하는 장부이다.

나. 지급어음수불부 : 지급어음의 변동을 기록하는 장부이다.

❻ 재고수불부 : 재고자산의 입고, 출고를 기록하는 장부이다.

❼ 매출장 : 매출 품목, 수량, 단가 등을 기록하는 장부이다.

❽ 매입장 : 매입 품목, 수량, 단가 등을 기록하는 장부이다.

❾ 매출처원장 : 거래처별로 매출채권의 거래처와 그 내역을 기록하는 장부이다.

❿ 매입처원장 : 거래처별로 매입채무 거래처와 그 내역을 기록하는 장부이다.

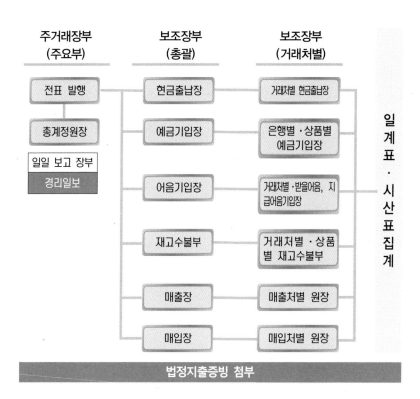

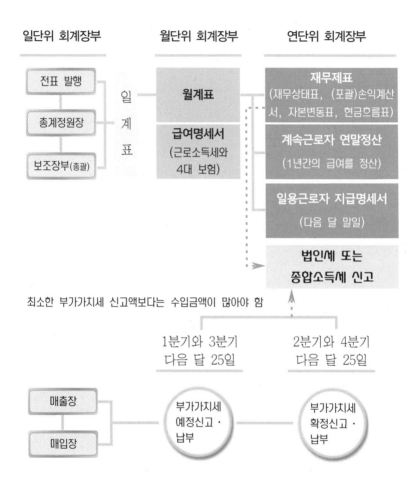

최소한 부가가치세 신고액보다는 수입금액이 많아야 함

전표는 어떻게 작성하나요?

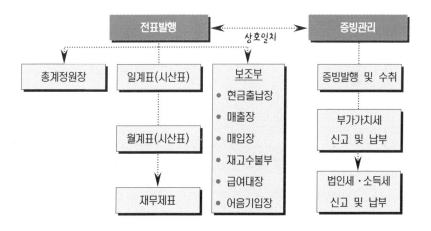

1 전표의 작성 방법

전표는 실무상 분개를 위해서 고안해 낸 전표라는 글자가 인쇄된 용지에 불과하다. 따라서 그 형식은 법적으로 정해진 것이 아니다. 다만, 실무상으로는 주로 매입매출전표, 입금전표와 출금전표, 대체전표 등 그 형식이 일정 형식으로 고정되어 사용한다. 물론 전표 대신 분개장이라는 장부를 사용해서 분개해도 된다.

세금계산서/계산서 발행 혹은 카드 전표(부가가치세 공제가능한 전표), 현금영수증(부가가치세 공제가능한 전표) 등 부가가치세 신고에 영향을 미치는 증빙자료가 부가가치세 자료로 집계를 원하는 경우 매입매출전표에 기록한 후 증빙 처리해주고, 그렇지 않다면 일반전표에 입력하면 된다.

구 분		내 용
현금전표	출금전표	현금이 나갈 때 발행하는 전표로 분개 시 대변에는 무조건 현금 계정과목이 온다. 따라서 차변 계정과목만 입력한다.
	입금전표	현금이 들어올 때 발행하는 전표로 분개 시 차변에는 무조건 현금 계정과목이 온다. 따라서 대변 계정과목만 입력한다.
대체전표		차변과 대변에 현금계정이 나타나지 않는 경우 발행하는 전표로 전부 현금이 없는 전부 대체거래와 일부 현금이 있는 일부대체 거래로 구분해볼 수 있다. 현금이 포함된 대체전표의 경우 하나의 전표로 입력할 수 있으며, 따라서 현금거래와 대체거래를 굳이 구분, 입력할 필요가 없다.
결산전표		결산과 관련된 거래를 입력할 때 발행하는 전표이다.

3   입금전표의 작성법

입금전표는 현금이 들어오는 거래를 기입하는 전표이다. 입금전표의 차변은 항상 현금이므로 입금전표 상의 계정과목에는 대변계정만 적는다. 예를 들어 책상을 제조해서 판매하는 (주)갑은 (주)을에게 책상을 부가가치세 포함 11만 원을 현금으로 판매했다.

현금	110,000	/	상품	100,000
			부가가치세예수금	10,000

입 금 전 표 ·		담당	이사	사장

작성일자	2000년 00월 00일	작성자	홍길동	주식회사 갑

계정과목	적 요	금 액
상품	사무용 책상 판매	100,000
부가가치세예수금	부가가치세	10,000
합 계		110,000

4   출금전표의 작성법

출금전표는 현금, 각종 예·출금, 만기입금 등 현금이 지출되는 거래를 기입하는 전표이며, 출금전표의 대변은 항상 현금이므로 출금전표 상의 계정과목에는 차변계정만 기입한다. 또한, 출금전표 뒷면에 지출영수증을 첨부한다.

예를 들어 책상 제작 원재료를 구입하면서 부가가치세 포함 11만 원을 현금 지급했다.

원재료	100,000	/	현금	110,000
부가가치세대급금	10,000			

출 금 전 표				담당	이사	사장
작성일자	2000년 00월 00일	작성자	홍길동	주식회사 갑		
계정과목		적 요			금 액	
원재료		사무용책상 판매 제작 원재료 구입			100,000	
부가가치세대급금		부가가치세			10,000	
합 계					110,000	

5 | 대체전표의 작성법

대체전표는 일부는 현금이고 일부는 비현금인 거래 또는 전부 비현금거
래인 경우 발행하는 전표이다.

예를 들어 강사를 초빙해서 2시간 강의료 40만 원 중 사업소득으로
13,200원을 원천징수한 후 통장으로 송금해 주었다.

교육훈련비	400,000	/	보통예금	386,800
			예수금	13,200

대 체 전 표						담당	이사	사장
작성일자	2000년 00월 00일	작성자	홍길동	주식회사 갑				
차 변			대 변					
계정과목	적 요	금 액	계정과목	적 요	금 액			
교육훈련비	외부강사료 지급	400,000	보통예금		386,800			
			예수금		13,200			
합 계		400,000	합 계		400,000			

💬 전표와 세금계산서 발행일이 반드시 일치해야 하나? 💬

세법상으로는 원칙적으로 물품의 인도 시점에 세금계산서를 발행하도록 하고 있다. 따라서 정상적인 전표가 발행되고 세금계산서가 발행된다면 대다수 전표의 발행일과 세금계산서 발행일이 일치하게 된다.

그러나 실무상으로는 발생주의에 따라 거래가 이루어진 후 전표가 발행되고 며칠 후에 세금계산서가 발행된다든가 세금계산서 수취인이 부가가치세 납부액을 조정하기 위해서 인위적으로 세금계산서 발행일을 조정해 달라고 요구하는 경우가 종종 있다. 따라서 이 경우 전표는 이미 발행이 되었고 세금계산서는 며칠 후 발행일자로 해서 발행이 되게 되는 데 전표발행일과 세금계산서 발행일의 차이로 인해서 실무담당자는 난처하지 않을 수 없다.

이 같은 경우 실무자는 당황하지 않아도 된다. 즉, 전표발행일과 세금계산서 발행일이 며칠의 차이가 나는 경우는 문제가 되지 않는다. 다만, 부가가치세 과세기간을 넘어가는 경우 과세기간 차이로 인해서 부가가치세 신고 상에 약간의 문제가 될 수 있으므로 세금계산서 발행 또는 수취기준 일을 정해서 부가가치세 신고기간 중 며칠 안에 모든 세금계산서의 수불이 이루어지도록 하면 된다.

예를 들어 거래처에 부가가치세 1기 확정신고를 위해서 모든 세금계산서 발행은 6월 30일까지 요청해 달라고 한다든지 모든 영업사원은 수취한 세금계산서를 6월 30일까지 경리부로 제출해 달라는 등 일정한 기준을 정해서 시행을 한다면 관리에 편리함을 줄 수 있다.

또한, 일정거래에 대한 세금계산서를 해당 전표 뒷면에 붙여서 보관하거나 전표와 증빙을 따로 보관하는 경우 전표와 세금계산서 날짜에 차이가 발생하는 것은 해당 전표의 비고란 등에 차이나는 세금계산서의 발행번호 등을 기입해둠으로써 나중에 전표와 세금계산서를 상호대조 하는데, 편리함을 주는 것도 좋은 방법이다.

영수증 없는 비용의 처리

1. 영수증이 없는 비용의 처리

교통비/출장비 등 객관적으로 영수증을 구비하기 힘든 항목은 지출결의서를 작성해서
내부 결재를 받은 후 지출결의서를 영수증으로 사용한다. 비용지출증빙과 관련해서 세제
상 제약이 많으므로 우선으로는 법정지출증빙을 갖추어야 하며, 웬만하면 신용카드를
사용하는 것도 좋은 방법이다.

2. 세금계산서 등 법정지출증빙을 받는 것이 우선

세금계산서의 발행, 회수는 일반적으로 영업부에서 많이 하므로 영업부 직원은 세금계산
서를 수불하는 경우 즉각 경리부 직원에게 주어야 나중에 세무상 불이익을 당하는 일이
없으므로 이점을 항상 영업부 직원에게 인식시켜야 한다.

또한, 개인회사의 경우 사장이 귀찮아서 지출하고도 세금계산서를 잘 챙기지 않는 경우
가 있는데 이는 결국 자기 손해이므로 주의를 해야 한다.

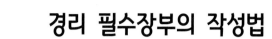

경리 필수장부의 작성법

1 매출장 및 매출처별 원장의 작성법

매출장은 회사의 판매내역을 기록하는 장부이며, 매출처별 원장은 거래처별 외상 관리대장이다.

구 분	현금 매출	외상 매출
(매출)세금계산서 발행	매출장 기록	매출장 및 매출처원장 기록
(외상)대금 회수	일일거래내역서 기록	일일거래내역서 및 매출처원장 기록

⏻ 사례연구

8월 13일 (주)이지경리에 제품 5,800만 원(세액별도)을 납품한 후 매출세금계산서를 발행해주고 대금은 나중에 받기로 하다.

매 출 장

일자		유형	코드	계정 과목	적요	매출처		공급가액	세액	합계
월	일					코드	매출처명			
8	13	과세	404	제품 매출			(주)이지경리	58,000,000	5,800,000	63,800,000

① 일자 : 매출세금계산서 및 계산서의 작성일자, 기타매출의 경우 매출
일자

② 유형 구분

유형	내 용
과세	일반 매출 세금계산서
영세	Local 수출시 수출품 생산업자 등이 수출업자에게 발행하는 영세율 세금계산서
면세	부가가치세 면세사업자가 발행한 계산서
영수	세금계산서를 발행하지 않는 일반 소매 매출 및 서비스 매출
현영	현금영수증에 의한 과세 매출 시 입력
카매	신용카드에 의한 과세 매출 시 입력

매출처원장

매출처명 : (주)경리

일자		적 요	차변(증가)	대변(감소)	잔액
월	일				
8	13	제품 매출 대금	63,800,000		63,800,000

나중에 (외상)대금을 지급받을 시 일일거래내역서 및 매출처원장의 외상
대금 감소(대변) 란에 기록한다.

2 받을어음기입장의 작성법

📑 받을어음의 수취

어음이란 대금 지급을 어음이라는 증서로 일정 시점에 지급을 약속하는 외상거래의 일종이며, 어음의 지급장소는 어음 발행인의 거래 은행이 되고, 어음 발행인의 당좌예금에서 인출한 후 지급한다.

⏻ 사례연구

> 8월 중 전자제품 30,000,000원(세액별도)을 (주)경리에 납품하다. 8월 31일 세금계산서를 발행하고, (주)경리가 발행한 어음 33,000,000원 (11,000,000원권 3장)을 결제대금으로 받았다.
> (지급일자 : 10월 30일 지급은행 : 기업은행 강남지점)

매출처별 거래명세서 내역

일자		품목	수량	단가	거래금액		합계금액	구분	비고
월	일				공급가액	세액			
8	2	전자			250,000	25,000			
8	5	전자			1,200,000	120,000			
					│	│			
8	31	합계			30,000,000	3,000,000	33,000,000		

월합계세금계산서 발행시 작성일자는 반드시 해당 월의 말일 자로 한다.

매 출 장

일자		유형	코드	계정과목	적요	매출처		공급가액	세액	합계
월	일					코드	매출처명			
8	31	과세	404	제품매출	매출		(주)경리	30,000,000	3,000,000	33,000,000

일일거래내역서

년		코드	계정과목	적요	거래처		현금			예금			어음	
월	일				코드	거래처명	입금	출금	구분	입금	구분	출금	입금	출금
8	31			매출대금입금		(주)경리							33,000,000	

받을어음기입장

월	일	적요	금액	어음번호	지급인	발행인	발행일		만기일		지급장소	처리전말		
							월	일	월	일		월	일	전말
8	31	매출대금	11,000,000		(주)경리	(주)경리	8	31	10	30	기업강남			
8	31	매출대금	11,000,000		(주)경리	(주)경리	8	31	10	30	기업강남			
8	31	매출대금	11,000,000		(주)경리	(주)경리	8	31	10	30	기업강남			

🔖 어음할인

어음상에 어음 발행인이 지급하기로 약속한 기일(10월 30일) 이전에 어음을 받을 자가 어음 발행인 및 어음 소지인의 신용을 바탕으로 금융기관에 이자를 먼저 지급하고 현금·예금 화하는 방법을 어음할인이라고 한다.

⏻ 사례연구

(주)경리로부터 백화점이 받을어음을 어음만기일(10월 30일)이전인 9월 3일 거래은행인 기업은행에 어음을 할인하기로 하고 (주)경리가 10월 30일까지 기업은행 강남지점에 어음금액을 입금할 것임을 믿고, 할인료 174,794원을 공제한 10,734,795원을 기업은행 보통예금에 입금 해주었다.

어음할인료 계산 : 11,000,000(어음금액) × 10%(이자율10%인 경우) × 58일(9월 3일 ~ 10월 30일) ÷ 365(1년) = 174,794원

받을어음기입장

월	일	적요	금액	어음 번호	지급인	발행인	발행일 월	발행일 일	만기일 월	만기일 일	지급장소	처리전말 월	처리전말 일	전말
8	31	매출대금	11,000,000		(주)경리	(주)경리	8	31	10	30	기업강남	9	3	할인

📋 어음의 배서 · 양도

물품 대금으로 받은 어음을 외상 대금 등을 결제하기 위해 어음 뒷면에 양도인의 인적 사항을 기재해서 어음상의 권리를 양도하는 것을 배서 · 양도라 한다.

⏻ 사례연구

> **9월 10일 신세계 백화점으로부터 받은 어음을 원재료 매입처인 (주)이지에 대한 외상매입금을 지급하기 위해서 배서 · 양도하다.**

일일거래내역서

년 월	년 일	코드	계정 과목	적요	거래처 코드	거래처 거래처명	현금 입금	현금 출금	예금 구분	예금 입금	예금 구분	예금 출금	어음 입금	어음 출금
9	10	251	외상매입금	외상대금		(주)이지								11,000,000

받을어음기입장

월	일	적요	금액	어음 번호	지급인	발행인	발행일 월	발행일 일	만기일 월	만기일 일	지급장소	처리전말 월	처리전말 일	전말
8	31	매출대금	11,000,000		신세계	신세계	8	31	10	30	기업강남	9	10	외상

3 매입장 및 매입처별 원장의 작성법

매입장은 회사의 구매내역을 기록하는 장부이며, 매입처별 원장은 거래처별 외상 관리대장이다.

구 분	현금 매출	외상 매출
(매입)세금계산서 발행	매입장 기록	매입장 및 매입처원장 기록
(외상)대금 지급	일일거래내역서 기록	일일거래내역서 및 매입처원장 기록

⏻ 사례연구

> (주)만들기는 셋톱박스 10,000,000원(세액 별도)을 (주)이지로부터 7월 중에 납품받은 후 7월 31일 매입세금계산서를 받고 그 대금은 다음 달에 지급하기로 했다.

매입장

일자		유형	코드	계정 과목	적요	매입처		공급가액	세액	합계
월	일					코드	매입처명			
7	31	과세	404	제품 매입	매입		(주)이지	10,000,000	1,000,000	11,000,000

매입처원장

매입처명 : (주)이지

일자		적 요	차변(증가)	대변(감소)	잔액
월	일				
7	31	매입대금		11,000,000	11,000,000

복식부기 방식으로 기장하는 업체의 경우 부채(외상매입금 등)의 증가는 대변에 부채의 감소는 차변에 기재한다.

132 _ 경리회계 처음 하는 초보 실무서

⏻ 사례연구

> 8월 31일 (주)이지는 (주)경리의 외상매입금 11,000,000원 중 3,000,000원을 현금으로 결제하고, 8,000,000원은 기업은행 전자어음으로 지급했다.

일일거래내역서

년		코드	계정과목	적요	거래처		현금		예금				어음	
월	일				코드	거래처명	입금	출금	구분	입금	구분	출금	입금	출금
8	31	251	외상매입금	외상대금		(주)경리		3,000,000						8,000,000

매입처원장

매입처명 : (주)경리

일자		적 요	차변(증가)	대변(감소)	잔액
월	일				
7	31	매입대금		11,000,000	11,000,000
8	31	외상대금 결제	11,000,000		0

복식부기 방식으로 기장하는 경우 부채(외상매입금 등)의 증가는 대변에 부채의 감소는 차변에 기재한다.

지급어음기입장

월	일	적요	금액	어음번호	지급인	발행인	발행일		만기일		지급장소	처리전말		
							월	일	월	일		월	일	전말
8	31	매입대금	8,000,000		(주)이지	(주)이지	8	31	10	30	기업강남			

4 지급어음기입장의 작성법

⏻ **사례연구**

(주)이지는 셋톱박스 30,000,000원(세액별도)을 (주)경리로부터 7월 중에 납품을 받았다. 7월 31일 매입 세금계산서를 받고 그 대금은 어음을 발행해서 결제해 주었다(11,000,000원권 3장).
(지급일자 : 10월 30일, 지급은행 : 기업은행 강남지점)

매입처별 거래명세서 내역

일자		품목	수량	단가	거래금액		합계금액	구분	비고
월	일				공급가액	세액			
7	31	셋톱박스			30,000,000	3,000,000	33,000,000		

매입장

일자		유형	코드	계정과목	적요	매입처		공급가액	세액	합계
월	일					코드	매입처명			
7	31	과세	460	매입			(주)경리	30,000,000	3,000,000	33,000,000

지급어음기입장

월	일	적요	금액	어음번호	지급인	발행인	발행일		만기일		지급장소	처리전말		
							월	일	월	일		월	일	전말
7	31	매입대금	11,000,000		(주)이지	(주)이지	7	31	10	30	기업강남			
7	31	매입대금	11,000,000		(주)이지	(주)이지	7	31	10	30	기업강남			
7	31	매입대금	11,000,000		(주)이지	(주)이지	7	31	10	30	기업강남			

월별로 회사가
내야 하는 세금

제5장

각종 세금의 신고와 납부

구 분	신고기간
급여신고 : 정직원, 일용직(알바), 3.3%(인적용역), 8.8%(기타) 포함	• 원칙적으로 매월 신고 : 지급 월의 다음 달 10일까지 신고와 납부 • 반기별 납부 대상 회사의 경우 : 직전년도 상시 고용인원이 20명 이하의 경우 반기별 납부자로 지정됨 　1~6월 지급분 : 7월 10일까지 신고와 납부 　7~12월 지급분 : 다음 해 1월 10일까지 신고와 납부
연말정산(정직원)	• 2월분 급여지급 시 : 3월 10일 신고와 납부 • 중도퇴사 시 : 퇴사일이 속하는 다음 달 10일 신고와 납부
일용직 지급명세서 제출	지급일이 속하는 달의 다음 달 말일까지 제출
사업장현황 보고	다음 연도 2월 10일 보고서 제출
증여세	증여일이 속하는 달의 말일로부터 3개월 이내
상속세	상속개시일이 속하는 달의 말일로부터 6개월 이내
간이지급명세서	사업소득, 인적용역 기타소득은 다음 달 말일까지 제출. 근로소득 간이지급명세서 제출(1월 31일, 7월 31일)

구 분	신고기간		
종합부동산세	매년 12월 1일~12월 15일		
부가가치세	1기 예정	1분기 거래분	4월 1일~4월 25일 신고와 납부(법인)
	1기 확정	2분기 거래분	7월 1일~7월 25일 신고와 납부(법인 및 개인)
	2기 예정	3분기 거래분	10월 1일~10월 25일 신고와 납부(법인)
	2기 확정	4분기 거래분	다음 해 1월 1일~1월 25일 신고와 납부(법인 및 개인)
	※ 직전 과세기간 과세표준 1.5억 원 미만 법인사업자 예정 고지		
법인세 신고	사업연도 종료 후 3월 말일까지 : 12월 말 법인의 경우 3월 말일까지 신고		
소득세 신고	다음 해 5월 1일~5월 31일 신고와 납부		
증권거래세(주식양도)	비상장 주식 거래나 상장주식을 장외거래로 매도할 때 매 반기분의 세액을 반기 말일부터 2개월 이내에 신고와 납부(8월 말일, 2월 말일)		
양도소득세(주식양도)	주식을 양도한 경우 양도일이 속하는 분기 종료 후 2개월 이내 : 양도차익이 없는 경우에도 신고해야 한다.		
양도소득세(부동산)	양도일이 속하는 달의 말일로부터 2개월 이내 (예 : 5월 1일 양도 시 7월 말일)		

매달 10일 원천소득세 신고·납부

급여 신고는 급여를 지급한 달의 다음 달 10일까지 한다. 만약 급여 지급일이 12월 31일이라면 1월 10일까지 근로소득세를 신고하면 된다.

그러나 급여 지급일이 1월 10일이면 2월 10일까지 근로소득세를 신고하면 된다.

급여 신고 시에는 먼저 급여 대장을 회사의 서식에 맞게 작성하고, 4대 보험금액을 책정한 후 원천징수이행상황신고서를 작성해서 제출하면 된다. 요즘은 수기보다는 전산에 의한 처리가 보편화 되어있으므로 전자신고로 대체하는 것이 바람직할 것이다.

원천징수를 미납할 경우는 원천징수납부지연가산세를 납부해야 하므로 가산세를 부담하지 않도록 주의해야 한다.

아래에서는 각종 원천징수 업무에 대한 개괄적인 내용을 설명한다.

1 원천징수의 정의

원천징수란 상대방의 소득 또는 수입금액을 지급할 때 이를 지급하는 자(원천징수의무자)가 그 금액을 받는 사람(납세의무자)이 내야 할 세금을 미리 떼어서 대신 납부하는 제도이다.

원천징수제도는 납세의무자가 개별적으로 해당 세금을 계산해서 직접 내야 하는 불편이 없이 원천징수의무자가 이를 대신 징수하고, 냄으로써 근로자 등 납세자가 편하게 내도록 하기 위한 것이다. 원천징수의 종류에는 완납적 원천징수가 있고, 예납적 원천징수가 있다. 완납적 원천징수는 원천징수로 모든 세금 납부가 종료되는 것을 말하며, 예납적 원천징수는 나중에 정산 과정을 거치는 것을 말한다. 그 예로 근로소득에 대한 원천징수가 있다.

구 분		원천징수 대상 소득	원천징수 대상 제외 소득
세금 부담자(담세자)		소득자	소득자
세금 납부자		소득을 지급하는 자	소득자
세금 납부 절차	세액계산	소득을 지급하는 자	소득자
	신고서 제출	소득을 지급하는 자	소득자
	납부시기	소득 지급 시마다 납부 (분납 효과 발생)	신고 시기에 납부 (일시납부에 따른 부담 발생)

2 원천징수의 시기

원천징수의무자(지급자)는 소득금액 또는 수입금액을 지급하는 때에 원천징수한 후 다음 달 10일까지 납부해야 한다. 다만, 지급시기의제가 적용되는 경우 지급시기가 의제된 때 원천징수 한다.

• 1월부터 11월까지 근로소득을 12월 31일까지 지급하지 않은 경우
→ 12월 31일

- 12월분 근로소득을 다음연도 2월 말일까지 지급하지 않은 경우

→ 2월 말일

그리고 납세의무자(소득자)에게 원천징수영수증을 발급해 주어야 한다.

3 원천징수의 대상 및 주체

원천징수는 원천징수 대상이 되는 소득이나 수입금액을 지급하는 자(개인 또는 법인)가 원천징수를 한다.

원천징수의무자가 원천징수를 해야 하는 소득은 이자소득, 배당소득, 근로소득, 퇴직소득, 강연료 등의 일시적 성질의 기타소득, 인적용역 소득(사업소득), 공급가액의 20%를 초과하는 봉사료 등이 있다.

적용 대상		대상 소득	납부 세목
소득 세법	거주자	이자소득, 배당소득, 사업소득, 근로소득, 연금소득, 기타소득, 퇴직소득	해당 소득에 따라 달라짐 (근로소득세, 퇴직소득세 등)
	비거주자	국내원천소득 중 원천징수 대상 소득(이자, 배당, 선박 등의 임대소득, 사업소득, 인적용역소득, 근로소득, 퇴직소득, 사용료 소득, 토지건물의 양도소득, 유가증권 양도소득, 기타소득)	
법인 세법	내국법인	이자소득, 배당소득(집합투자기구로부터의 이익 중 투자신탁의 이익에 한정)	법인세
	외국법인	국내원천소득 중 원천징수 대상 소득(이자, 배당, 선박 등의 임대소득, 사업소득, 인적용역소득, 토지건물의 양도소득, 사용료 소득, 유가증권 양도소득, 기타소득)	

4 원천징수세액의 납부

원천징수 한 세금은 다음 달 10일까지 은행·우체국 등의 가까운 금융기관에 납부하고, 원천징수이행상황신고서는 세무서에 제출한다.

상시 고용인원 20인 이하인 사업자로서 세무서장의 승인 또는 지정을 받은 자는 반기 익월 10일(7월 10일, 1월 10일)에 납부·제출할 수 있다.

원천징수

구분	법정기한	신고·납부 기한	제출서류
일반	소득 지급일이 속하는 달의 다음 달 10일까지	매월의 경우 다음 달 10일까지	원천징수이행 상황신고서
반기 납부	소득 지급일이 속하는 반기(1월~6월, 7월~12월)의 다음 달 10일까지	1월~6월의 경우 7월 10일까지 7월~12월의 경우 1월 10일까지	

지급명세서 제출

구 분	지급시기	제출기한
일용근로소득	1월~12월	다음 달 말일
이자·배당·연금·기타소득	1월~12월	다음 연도 2월 말일
근로·퇴직·사업·종교인소득·봉사료	1월~12월	다음 연도 3월 10일
이용 경로	홈택스 홈페이지 → 신청/제출	

간이지급명세서 제출

	지급시기	제출기한
사업소득, 인적용역 기타소득	01월~12월	다음 달 말일
근로소득	01월~06월	7월 31일
	07월~12월	1월 31일

연말정산

법정기한	제출서류
다음 연도 2월분 급여를 지급할 때	원천징수이행상황신고서

🪙 원천징수 납부할 세액의 계산

구 분	원천징수 세액
이자와 배당소득	이자·배당 지급액의 14%(지방세 포함 15.4%)(단, 비영업대금의 이익은 25%(27.5%))
근로소득	간이세액표에 의함
사업소득	사업소득지급액의 3%(3.3%)
연금소득	국민연금법 및 공무원연금법, 군인연금법, 사립학교교직원연급법 및 별정우체국법에 의한 연금은 기본세율(기타 다른 연금은 연금소득금액에 5%)
봉사료수입금액	봉사료 지급액의 5%(5.5%)
기타소득	(기타소득 지급액 - 필요경비) × 20%(22%)
( )는 지방소득세를 포함한 세율이다. 소득세를 원천징수 할 때는 소득세 원천징수 세액의 10%를 원천징수 해서 별도로 사업장소재지 시·군·구에 납부해야 한다.	

원천징수액의 신고 · 납부

원천징수의무자는 원천징수 세액을 매달 10일 신고 · 납부 해야 한다.

계속근로자는 근로소득의 경우에는 매월 급여지급 시에 간이세액표에 의해서 원천징수하고, 다음 해 2월 급여지급 시 1년간의 근로소득에 대해서 연말정산을 통해 근로소득세 정산(연말정산)을 실시해야 한다.

간이세액표는 홈택스 홈페이지(http://www.hometax.go.kr)를 통해 다운받거나 자동계산을 이용할 수 있다. 반면 일용근로자는 (일당 - 15만원) × 2.7% × 근무일 수를 원천징수 해서 매달 10일 신고 · 납부를 하며, 연말정산은 안 해도 된다.

그리고 내부관리 장부로 급여대장을 작성하는 데 급여대장은 인건비 관리에 대한 기본적인 자료이다. 회사와 근로자 간에 맺은 근로계약서에 의해서 급여대장을 작성 · 비치해야 4대 보험과 퇴직급여 계산의 기초적인 자료가 된다.

지방소득세 특별징수

원천징수의무자가 다음에 해당하는 소득세 · 법인세를 원천징수한 경우 지방소득세를 소득세 등과 동시에 특별징수한다.

특별징수하는 소득할 지방소득세 납세지

구 분	납세지
근로소득 및 퇴직소득에 대한 소득세 분	근무지를 관할 하는 시 · 군
이자소득 · 배당소득 등에 대한 소득세의 원천징수사무를 본점 또는 주사무소에서 일괄처리하는 경우 소득세 분	그 소득의 지급지를 관할 하는 시 · 군

소득분 지방소득세 표준세율

- 소득세 분 : 소득세액의 10%
- 법인세 분 : 법인세액의 10%

조세조약에 의해 지방소득세가 포함된 제한세율을 적용하는 경우는 다음과 같은 방법으로 소득분 지방소득세를 계산한다.

- 법인(소득)세 = 과세표준(지급액) × 제한세율 × 10/11
- 지방소득세 = 과세표준(지급액) × 제한세율 × 1/11

납부방법

징수일이 속하는 달의 다음 달 10일(반기별 납부 대상 원천징수의무자의 경우 반기 마지막 달의 다음 달 10일까지)까지 지방소득세 특별징수분 납부서 및 영수필통지서[지방세법 시행규칙 별지 제46호 서식]를 작성하여 관할 시·군에 납입한다.

인터넷을 이용한 지방소득세 납부방법

구 분	지방소득세 납부 홈페이지
서울특별시를 제외한 지역	위택스(www.wetax.go.kr)
서울특별시	서울시 이택스(http://etax.seoul.go.kr)

무납부 및 미달납부 가산세

구 분	가산세
지방소득세의 특별징수의무자가 징수하였거나 징수할 세액을 기한 내에 무납부 또는 미달하게 납부한 경우	그 무납부 또는 미달한 세액의 10%에 상당하는 금액
다만 국가, 지방자치단체와 주한미군이 특별징수 의무자의 경우 당해 가산세를 적용하지 않는다.	

5 원천징수 제외 대상

- 소득세 · 법인세가 과세되지 않거나 면제되는 소득
- 과세최저한이 적용되는 기타소득
- 원천징수 배제

원천징수 대상 소득으로서 발생 후 지급되지 아니함으로써 소득세가 원천징수 되지 않은 소득이 종합소득에 합산되어 소득세가 과세된 경우 그 소득을 지급할 때는 소득세를 원천징수 하지 않는다.

- 납세의무자가 이미 종합소득 등 과세표준을 신고한 경우

원천징수 대상 소득을 지급하면서 원천징수를 하지 않았으나 그 소득금액이 이미 종합소득 또는 법인세 과세표준에 합산해서 신고하거나 세무서장 등이 소득세 등을 부과 · 징수한 경우

질 문	답 변
원천징수 하지 않은 경우 원천징수 의무자의 원천징수 세액 납부 여부	이미 소득자가 종합소득세 등 신고 시 합산해서 납부 했으므로 추가 납부할 필요가 없다.

질 문	답 변
원천징수납부지연을 한 경우	원천징수납부지연가산세 부과
지급명세서 제출 의무	원천징수 대상 소득에 대해 원천징수 여부와 관계없이 지급명세서 제출 의무가 있다.
지급명세서를 제출하지 않은 경우	지급명세서 미제출 가산세를 적용한다.

● 소액부징수

소득세 또는 법인세의 원천징수에 있어서 당해 세액이 1,000원 미만일 때는 원천징수를 하지 않는다. 다만, 거주자에게 지급되는 이자소득, 사업소득의 경우 당해 소득에 대한 원천징수 세액이 1,000원 미만이더라도 원천징수를 한다.

일용근로자에게 일당을 한꺼번에 지급하는 경우 소득자별 지급액에 대한 원천징수 세액 합계액을 기준으로 소액부징수 대상 여부를 판단한다. 예를 들어 일당을 매일 지급하면서 원천징수 세액 합계가 1,000원 미만의 경우는 원천징수를 하지 않으나, 1주일 또는 1달 단위로 지급함으로 인해 원천징수 세액 합계가 1,000원을 넘는 경우는 원천징수를 해야 한다.

6 원천징수 의무 불이행에 따른 가산세

원천징수 납부지연 가산세

국세를 징수해서 납부의무를 지는 자가 징수해야 할 세액을 세법에 따른 납부기한까지 납부하지 않거나 과소납부한 때는 그 납부하지 않은 세액 또는 과소납부한 세액에 대해 가산세를 납부한다.

원천징수의무자가 매월분 급여에 대해 간이세액표에 의한 세액보다 과소 납부한 경우, 원천징수납부지연가산세가 적용된다.

• 원천징수 세액 : 미납세액 × 3% + (과소·무납부 세액 × 0.022% × 경과일수)와 미납세액의 10% 중 적은 금액(원천징수이행상황신고 ○ + 납부 X → 가산세 ○, 원천 징수이행상황신고 X + 납부 ○ → 가산세 X)

• 지방소득세 : 국세와 달리 그 납입하지 않은 세액 또는 미달한 세액의 10%를 가산세로 납부한다.

(주의) 신고·납부기한 하루만 경과해도 과소·무납부 세액의 0.022%를 초과 부담한다.

📋 지급명세서 제출불성실가산세

지급명세서를 기한 내에 제출하지 않았거나 제출된 지급명세서가 불분명 한 경우에 해당하거나, 제출된 지급명세서에 기재된 지급금액이 사실과 다른 경우에는 그 제출하지 않은 지급금액 또는 불분명한 지급금액의 1%에 상당하는 금액을 산출세액에 가산해서 징수한다. 다만, 제출기한 경과 후 개인사업자는 3개월 이내, 법인사업자는 1개월 이내에 제출하는 경우에는 지급금액의 0.5%에 상당하는 금액을 결정세액에 가산한다.

가산세 한도는 과세기간 단위로 1억원(중소기업·사업자가 아닌 자는 5 천만원)이다. 단, 고의적으로 위반한 경우 당해 한도를 적용하지 않는다.

❝ 지급명세서 제출 시기 ❞

구 분	지급시기	제출기한
일용근로소득	1월~12월	다음 달 말일
이자·배당·연금·기타소득	1월~12월	다음 연도 2월 말일
근로·퇴직·사업·종교인소득·봉사료	1월~12월	다음 연도 3월 10일

🗂 신고불성실가산세

원천징수의무자가 근로소득 연말정산 부당공제 신고분을 수정해서 신고하는 경우 원천징수의무자는 원천징수 납부불성실가산세를 적용하는 것이며, 납세지 관할 세무서장 또는 지방국세청장은 근로소득자의 당해연도 과세표준 및 세액을 경정해서 과소신고가산세를 적용한다.

근로소득 세액에 대한 연말정산을 하면서 근로소득자가 허위기부금 영수증을 제출하고 부당하게 소득공제를 받아 원천징수의무자가 소득세를 신고·납부한 후, 근로소득자가 이를 수정신고 하는 경우, 근로소득자는 부당과소신고가산세 및 납부·환급불성실가산세를 적용한다.

🗂 수정신고에 따른 신고불성실가산세 감면

- 법정신고기한이 지난 후 1개월 이내에 수정신고 : 90% 감면
- 1~3개월 이내 : 75% 감면
- 3~6개월 이내 : 50% 감면
- 6개월~1년 이내 : 30% 감면
- 1년~1년 6개월 이내 : 20% 감면
- 1년 6개월~2년 이내 : 10% 감면

7 원천징수세액의 납세지

원천징수의무자	소득세 납세지	법인세 납세지
① 거주자	• 거주자의 주된 사업장의 소재지. 다만, 주된 사업장 외의 사업장에서 원천징수하는 경우 그 사업장의 소재지 • 사업장이 없는 경우에는 거주자의 주소지 또는 거소지	

원천징수의무자		소득세 납세지	법인세 납세지
② 비거주자		• 비거주자의 주된 국내사업장의 소재지. 다만, 주된 국내사업장 외의 국내사업장에서 원천징수를 하는 경우는 그 국내사업장의 소재지 • 국내사업장이 없는 경우에는 비거주자의 거주지 또는 체류지	
③ 법인	일반	㉠ (원칙)본점 또는 주사무소의 소재지 ㉡ 법인의 지점·영업소 그 밖의 사업장이 독립채산제에 따라 독자적으로 회계사무를 처리하는 경우 그 사업장의 소재지* (* 독립채산제 사업장의 소재지가 국외에 있는 경우 제외)	본점 또는 주사무소의 소재지. 다만, 국내에 본점이나 주사무소가 소재하지 않은 경우 : 사업의 실질적 관리장소 • 법인으로 보는 단체 : 당해 단체의 사업장소재지(사업장이 없는 단체의 경우 대표자 또는 관리인의 주소) • 외국법인 : 당해 법인의 주된 국내사업장 소재지 ㉡에 해당하는 경우 소득세법과 동일
	본점일괄납부 승인 사업자 단위로 등록한 경우	법인의 지점·영업소 그 밖의 사업장이 독립채산제에 따라 독자적으로 회계사무를 처리하는 경우라도 법인의 본점 또는 주사무소의 소재지를 원천징수 세액의 납세지로 할 수 있다.	
④ 비거주자의 국내원천소득의 원천징수의무자(① ~ ③의 납세지를 가지지 아니한 경우)		• 유가증권 양도소득의 경우 유가증권을 발행한 내국법인 또는 외국법인의 국내사업장의 소재지 • 그 외의 경우 국세청장이 정하는 장소	

8 기타소득의 원천징수

기타소득의 종류

기타소득은 이자소득 · 배당소득 · 사업소득 · 근로소득 · 연금소득 · 퇴직소득 및 양도소득 외의 소득을 말한다.

- 상금 · 현상금 · 포상금 · 보로금 또는 이에 준하는 금품
- 복권 · 경품권 기타 추첨권에 의하여 받는 당첨금품
- 「사행행위 등 규제 및 처벌특례법」에서 규정하는 행위에 참가해서 얻은 재산상의 이익
- 「한국마사회법」에 따른 승마투표권, 「경륜 · 경정법」에 따른 승자투표권, 「전통소싸움경기에 관한 법률」에 따른 소싸움 경기투표권 및 「국민체육진흥법」에 따른 체육진흥투표권의 구매자가 받는 환급금
- 저작권법에 의한 저작권 또는 저작인접권을 상속 · 증여 또는 양도받은 자가 그 저작권 또는 저작인접권을 타인에게 양도하거나 사용하게 하고 받는 대가
- 영화필름, 라디오 · 텔레비전 방송용 테이프 또는 필름의 자산 또는 권리의 양도 · 대여 또는 사용의 대가로 받는 금품
- 광업권 · 어업권 · 산업재산권 · 산업정보, 산업상 비밀, 상표권 · 영업권 **(점포임차권 포함)**, 토사석(土砂石)의 채취 허가에 따른 권리, 지하수의 개발 · 이용권 그 밖에 이와 유사한 자산이나 권리를 양도하거나 대여하고 그 대가로 받는 금품
- **물품 또는 장소를 일시적으로 대여하고 사용료로서 받는 금품**
- 지역권 · 지상권(지하 또는 공중에 설정된 권리 포함)을 설정하거나 대

여하고 받는 금품

- **계약의 위약 또는 해약으로 인하여 받는 위약금과 배상금**

- 유실물의 습득 또는 매장물의 발견으로 인하여 보상금을 받거나 새로 소유권을 취득하는 경우 그 보상금 또는 자산

- 소유자가 없는 물건의 점유로 소유권을 취득하는 자산

- 거주자·비거주자 또는 법인과 특수관계에 있는 자가 그 특수관계로 인하여 당해 거주자·비거주자 또는 법인으로부터 받는 경제적 이익으로서 급여·배당 또는 증여로 보지 않는 금품. 다만, 우리사주 조합원이 당해 법인의 주식을 그 조합을 통해서 취득한 경우 그 조합원이 소액주주에 해당하는 자인 때에는 그 주식의 취득가액과 시가와의 차액으로 인해서 발생하는 소득을 제외

- 슬롯머신(비디오게임 포함) 및 투전기 기타 이와 유사한 기구를 이용하는 행위에 참가해서 받는 당첨 금품·배당금품 또는 이에 준하는 금품 문예·학술·미술·음악 또는 사진에 속하는 창작품(정기간행물에 게재하는 삽화 및 만화와 우리나라의 창작품 또는 고전을 외국어로 번역하거나 국역하는 것 포함)에 대한 **원작자로서 받는 소득(원고료, 저작권사용료인 인세, 미술·음악 또는 사진에 속하는 창작품에 대하여 받는 대가)**

- **재산권에 관한 알선수수료**

- **사례금**

- 소기업·소상공인 공제부금의 해지일시금

- 다음의 어느 하나에 해당하는 인적용역을 일시적으로 제공하고 지급받는 대가

가. **고용관계 없이 다수인에게 강연을 하고 강연료 등 대가를 받는 용역**
나. 라디오·텔레비전방송 등을 통한 해설·계몽 또는 연기의 심사 등을

하고 보수 또는 이와 유사한 성질의 대가를 받는 용역

다. 변호사 · 공인회계사 · 세무사 · 건축사 · 측량사 · 변리사 그 밖의 전문적 지식 또는 특별한 기능을 가진 자가 당해 지식 또는 기능을 활용해서 보수 또는 그 밖의 대가를 받고 제공하는 용역

라. 그 밖에 고용 관계없이 수당 또는 이와 유사한 성질의 대가를 받고 제공하는 용역

- **법인세법에 의해서 기타소득으로 처분된 소득**
- 연금계좌의 운용실적에 따라 증가된 금액과 그 밖에 연금계좌에 이체 또는 입금되어 해당 금액에 대한 소득세가 이연(移延)된 소득으로서 대통령령으로 정하는 소득금액을 그 소득의 성격에도 불구하고 연금외수령한 소득
- 퇴직 전에 부여받은 주식매수선택권을 퇴직 후에 행사하거나 고용 관계없이 주식매수선택권을 부여받아 이를 행사함으로써 얻는 이익
- 뇌물
- 알선수재 및 배임수재에 의하여 받는 금품
- 개당 · 점당 또는 조당 양도가액이 6천만 원 이상인 서화 · 골동품(양도일 현재 생존해 있는 국내 원작자의 작품은 제외)의 양도로 발생하는 소득

📋 기타소득의 수입시기

- 광업권 · 어업권 · 산업재산권 · 산업정보, 산업상 비밀, 상표권 · 영업권(점포임차권을 포함), 토사석(土砂石)의 채취 허가에 따른 권리, 지하수의 개발 · 이용권, 그 밖에 이와 유사한 자산이나 권리를 양도하거나 대여하고 그 대가로 받는 금품 (자산 또는 권리를 대여한 경우의 기타소득은

제외) : 그 대금을 청산한 날, 자산을 인도한 날 또는 사용·수익일 중 빠른 날. 다만, 대금을 청산하기 전에 자산을 인도 또는 사용·수익하였으나 대금이 확정되지 아니한 경우 그 대금 지급일

- 계약금이 위약금·배상금으로 대체되는 경우의 기타소득 : 계약의 위반 또는 해지가 확정된 날
- 법인세법의 규정에 의해서 기타소득으로 처분된 소득 : 그 법인의 해당 사업연도의 결산확정일
- 그 외의 기타소득 : 그 지급받은 날

📁 원천징수 세액

원천징수의무자가 기타소득을 지급하는 때에는 그 기타소득금액에 원천징수 세율을 적용해서 계산한 소득세를 원천징수 한다.

🍒🍒 기타소득 원천징수세액 💬💬

기타소득 지급액 - 필요경비 = 기타소득금액

기타소득금액 × 20% = 원천징수 세액

예를 들어 원고료 750,000원을 받았다면 기타소득금액은 750,000원 - (750,000원 × 60%) = 30만 원이고 원천징수 세액은 30만원 × 20% = 6만원이 된다.

기타소득금액

기타소득금액은 해당 과세기간의 총수입금액에서 이에 소요된 필요경비를 공제한 금액으로 하며, 필요경비에 산입할 금액은 해당 과세기간의

총수입금액에 대응하는 비용으로서 일반적으로 용인되는 통상적인 것의 합계 금액이다.

기타소득의 필요경비

[전체 금액을 필요경비에 인정하는 경우]

• 승마투표권 · 승자투표권 등 구매자에게 지급하는 환급금 : 그 구매자가 구입한 적중된 투표권의 단위투표금액

• 슬롯머신 등을 이용하는 행위에 참가하고 받는 당첨금품 등 : 그 당첨금품 등의 당첨 당시에 슬롯머신 등에 투입한 금액

[80%만 필요경비로 인정하는 경우]

다음의 어느 하나에 해당하는 경우 거주자가 받은 금액의 80%에 상당하는 금액을 필요경비로 본다. 다만, 실제 소요된 경비가 80%를 초과하면 그 초과하는 금액도 필요경비에 포함한다.

• 「공익법인의 설립 · 운영에 관한 법률」의 적용을 받는 공익법인이 주무관청의 승인을 얻어 시상하는 상금 및 부상과 다수가 순위 경쟁하는 대회에서 입상자가 받는 상금 및 부상

• **계약의 위약 또는 해약으로 인하여 받는 위약금과 배상금 중 주택입주 지체상금**

[60%만 필요경비로 인정하는 경우]

• 지역권 · 지상권(지하 또는 공중에 설정된 권리 포함)을 설정하거나 대여하고 받는 금품

• 문예 · 학술 · 미술 · 음악 또는 사진에 속하는 **창작품(정기간행물에 계**

재하는 삽화 및 만화와 우리나라의 창작품 또는 고전을 외국어로 번역하거나 국역하는 것 포함)에 대한 원작자로서 받는 소득으로서 다음에 해당하는 것

가. 원고료

나. 저작권사용료인 인세

다. 미술·음악 또는 사진에 속하는 창작품에 대하여 받는 대가

● 다음의 인적용역을 일시적으로 제공하고 지급받는 대가

가. **고용 관계없이 다수인에게 강연을 하고 강연료 등의 대가를 받는 용역**

나. 라디오·텔레비전방송 등을 통하여 해설·계몽 또는 연기의 심사 등을 하고 보수 또는 이와 유사한 성질의 대가를 받는 용역

다. 변호사·공인회계사·세무사·건축사·측량사·변리사 그 밖의 전문적 지식 또는 특별한 기능을 가진 자가 당해 지식 또는 기능을 활용하여 보수 또는 그 밖의 대가를 받고 제공하는 용역

라. 그밖에 고용 관계없이 수당 또는 이와 유사한 성질의 대가를 받고 제공하는 용역

● 기타소득으로 보는 서화·골동품의 양도로 발생하는 소득의 경우

거주자가 받은 금액의 80%(서화·골동품의 보유기간이 10년 이상의 경우는 90%)에 상당하는 금액과 실제 소요된 경비 중 큰 금액을 필요경비로 한다.

기타소득의 원천징수 세율

기타소득 금액에 20%를 곱한 금액을 원천징수 한다. 다만, 복권 및 복권기금법 제2조에 따른 복권 당첨금 등에 해당하는 소득금액이 3억원을 초과하는 경우 그 초과하는 분에 대해서는 30%를 적용한다.

구 분	원천징수 세율
일반적인 기타소득	20%
복권 당첨금과 승마투표권 등의 구매자가 받는 환급금, 슬롯머신 당첨 금품 등의 소득금액이 3억원을 초과하는 경우	30%
연금계좌에서 다음에 해당하는 금액을 연금외수령 하여 기타소득으로 과 세하는 경우 ① 세액공제를 받은 연금납입액 ② 연금계좌의 운용실적에 따라 증가된 금액	15%
종교인소득	종교인소득 간이세액표

종합과세와 분리과세

기타소득에 대한 세금의 납부는 세 종류로 나누어진다.

첫째, 원천징수로 모든 세무상 절차가 종결되는 것이 있고,

둘째, 원천징수와 별도로 나중에 종합소득세 신고를 해야 하는 소득이 있는가 하면,

셋째, 일정 금액 이상의 경우 원천징수를 통한 종결과 종합소득세를 선 택할 수 있는 소득이 있다.

기타소득의 세금납부방법

분리과세　종합과세　분리과세 또는 종합과세

**무 조 건
분리과세**

다음의 기타소득은 원천징수로 납세의무가 종결된다.

- 서화·골동품의 양도로 발생하는 기타소득
- 「복권 및 복권기금법」 제2조에 규정된 복권의 당첨금
- 승마투표권 및 승자투표권 구매자가 받는 환급금
- 슬롯머신 등을 이용하는 행위에 참가하여 받는 당첨금품 등
- 위의 소득(서화 등 제외)과 유사한 소득으로서 기획재정부령이 정하는 소득

**무 조 건
종합과세**

다음의 기타소득은 원천징수 대상이 아니므로 종합소득 과세표준에 합산해서 신고한다.

- 뇌물
- 알선수재 및 배임수재에 의하여 받는 금품

**선 택 적
분리과세**

무조건 분리과세·종합과세를 제외한 기타소득금액의 합계액이 300 만 원이하[60% 필요경비 인정받는 소득의 경우 기타소득으로 지급받는 금액 기준 750만 원]이면서 원천징수 된 소득이 있는 거주자는 종합소득 과세표준에 합산할 것인지 분리과세로 납세의무를 종결할 것인지 선택할 수 있다.

(기타소득금액 합계액이 300만원 초과한 경우 종합소득 과세표준에 합산신고)

🪙 기타소득세를 안 내도 되는 경우(기타소득의 과세최저한)

다음의 어느 하나에 해당하는 경우는 당해 소득에 대한 소득세를 과세하지 않는다.

● 「한국마사회법」에 따른 승마투표권, 「경륜·경정법」에 따른 승자투표권, 「전통소싸움경기에 관한 법률」에 따른 소싸움 경기투표권 및 「국민체육진흥법」에 따른 체육진흥투표권의 구매자가 받는 환급금으로서 매건마다 승마투표권·승자투표권·소싸움 경기투표권·체육진흥투표권의 권면에 표시된 금액의 합계액이 10만원 이하이고 단위투표금액 당 환급금이 단위투표금액의 100배 이하인 경우

● 슬롯머신(비디오게임 포함) 및 투전기 기타 이와 유사한 기구를 이용하는 행위에 참가하여 받는 당첨 금품·배당금품 또는 이에 준하는 금품이 매 건 별로 500만 원 미만인 경우

● 그 외의 **기타소득금액이 매건 마다 5만 원 이하인 경우**

예를 들어 강연료 등 일시적인 인적용역 제공 대가로 125,000원을 받은 경우 기타소득금액은 5만 원[125,000원(기타소득) − 125,000원 × 60%(필요경비)]으로 과세최저한에 해당한다.

기타소득금액이 125,000원을 초과하는 경우 기타소득지급액 × 8.8%를 원천징수 한다(지방소득세 포함).

💼 원천징수영수증 교부

원천징수의무자는 이를 지급하는 때에 그 소득금액 기타 필요한 사항을 기재한 원천징수영수증을 그 받는 자에게 발급해야 하며, 이때 당해 소득을 지급받는 자의 실제 명의를 확인해야 한다.

원고료, 고용 관계없이 다수 인에게 강연하고 강연료 등의 대가를 받는 용역, 라디오 · 텔레비전방송 등을 통해서 해설 · 계몽 또는 연기의 심사 등을 하고 보수 또는 이와 유사한 성질의 대가를 받는 용역의 경우 100만원(필요경비를 공제하기 전의 금액) 이하를 지급하는 경우는 지급받는 자가 원천징수영수증의 발급을 요구하는 경우를 제외하고는 이를 발급하지 않을 수 있다.

🗂 지급명세서 제출

제출자

소득세 납세의무가 있는 개인에게 기타소득에 해당하는 금액을 국내에서 지급하는 자는 지급명세서를 제출해야 한다. 이 경우 국내에서 지급하는 자에는 법인을 포함하며, 소득금액의 지급을 대리하거나 그 지급을 위임 또는 위탁받은 자, 원천징수 세액의 납세지를 본점 또는 주사무소의 소재지를 하는 자와 부가가치세법에 의한 사업자 단위 과세사업자를 포함한다.

지급명세서 제출 제외 대상

● 비과세되는 기타소득

● 복권 · 경품권 그 밖의 추첨권에 의해서 받는 당첨 금품에 해당하는 기타소득으로서 1건당 당첨 금품의 가액이 10만 원 이하인 경우

● 「한국마사회법」에 따른 승마투표권, 「경륜 · 경정법」에 따른 승자투표권, 「전통소싸움경기에 관한 법률」에 따른 소싸움 경기투표권 및 「국민체육진흥법」에 따른 체육진흥투표권의 구매자가 받는 환급금에 해당하는

기타소득으로서 1건당 환급금이 500만 원 미만(체육진흥투표권의 경우 10만 원 이하)인 경우

● 과세최저한이 적용되는 기타소득. 다만, 다음의 경우 과세최저한에 적용되더라도 지급명세서를 제출해야 한다.

가. 문예 · 학술 · 미술 · 음악 또는 사진에 속하는 창작품(정기간행물에 게재하는 삽화 및 만화와 우리나라의 창작품 또는 고전을 외국어로 번역하거나 국역하는 것 포함)에 대한 원작자로서 받는 원고료, 저작권사용료인 인세(印稅), 미술 · 음악 또는 사진에 속하는 창작품에 대해서 받는 대가

나. 다음의 인적용역을 일시적으로 제공하고 지급받는 대가

– 고용 관계없이 다수 인에게 강연하고 강연료 등의 대가를 받는 용역

– 라디오 · 텔레비전방송 등을 통하여 해설 · 계몽 또는 연기의 심사 등을 하고 보수 또는 이와 유사한 성질의 대가를 받는 용역

– 변호사 · 공인회계사 · 세무사 · 건축사 · 측량사 · 변리사 그 밖의 전문적 지식 또는 특별한 기능을 가진 자가 당해 지식 또는 기능을 활용하여 보수 또는 그 밖의 대가를 받고 제공하는 용역

– 그밖에 용역으로서 고용 관계없이 수당 또는 이와 유사한 성질의 대가를 받고 제공하는 용역(재산권에 관한 알선수수료, 사례금 및 위의 가에서 규정하는 용역 제외)

제출시기

● 그 지급일이 속하는 연도의 다음 연도 2월 말일까지

● 원천징수의무자가 휴업 또는 폐업한 경우는 휴업일 또는 폐업일이 속하는 달의 다음다음 달 말일까지

소득금액이 연 300만원 미만이라면 본인 의사에 따라 종합과세나 분리과세 중 유리한 것을 선택하도록 하고 있다.

이때 둘 중 하나를 선택하는 기준은 한계세율이다. 만일 근로소득 등 종합소득에 대한 한계세율이 지방소득세를 제외한 원천징수 세율(20%)보다 높으면 분리과세, 낮으면 종합과세를 선택하는 것이 유리하다. 예를 들어 근로소득 등 종합소득세율을 24% 적용 받는다면 기타소득금액을 합산하지 않는 것이 더 유리하다. 합산하게 되면 20%가 아닌 24%가 적용되기 때문이다.

- 종합소득 기본세율 24% 적용부터 : 분리과세가 유리
- 종합소득 기본세율 24% 이하 적용 : 종합과세가 유리

📋 권리금(영업권) 등 기타소득의 원천징수

권리금을 지급하는 사업자는 지급하는 권리금을 비용 처리하기 위해서는 세금계산서를 받거나 원천징수를 해야 한다.

그러나 통상적으로 권리금을 받는 사업자는 세금계산서의 발행을 꺼리고, 중개인이 관행상 세금계산서를 받지 않는 것으로 유도하는 경우가 많으므로 원천징수를 하는 것이 좋은 방법이다. 다만, 이도 여의치 않을 경우는 권리금을 반드시 통장으로 송금하고 증빙불비에 따른 가산세를 부담하더라도 비용으로 인정받아야 나중에 세금을 덜 납부한다.

👄👄 권리금의 비용인정 방법 💬💬

1. 권리금을 받는 사업자에게 세금계산서를 받는 방법
2. 세금계산서를 받지 못한 경우 기타소득 원천징수액을 차감한 후 권리금을 지급하는 방법
3. 1과 2 모두 어려운 경우 권리금을 통장으로 송금한 후 증빙불비에 따른 가산세를 부담하고 비용으로 인정받는 방법

개인사업자가 사업을 양도하면서 영업권의 대가를 받는 경우 토지, 건물과 함께 양도되지 않는 권리금 양도에 해당하는 경우는 기타소득에 해당한다.

당해 과세기간에 권리금의 지급자가 대가 지급 시 기타소득세를 원천징수할 때 지급하는 금액의 60%를 필요경비로 차감한 금액의 20%(지방소득세 2%(기타소득세액의 10%) 별도)를 원천징수하고 다음 달 10일까지 원천징수한 소득세를 신고·납부 한다.

👄👄 기타소득 원천징수 세액 💬💬

기타소득 지급액 - 필요경비(기타소득 지급액의 60%) = 기타소득금액

기타소득금액 × 20% = 원천징수 세액(2018년 4월~ : 6.6%, 2019년부터는 8.8%)

예를 들어 원고료 1억원을 받았다면 : 880만 원 원천징수 후 91,200,000원 지급

기타소득금액 = 1억원 - (1억원 × 60%) = 4천 원

원천징수세액 = 4천원 × 20% = 8백만 원

지방소득세액 = 8백만원 × 10% = 80만 원

영업권리금은 비용으로 바로 처리되는 것은 아니며, 무형고정자산으로 장부상 계상하고 무형고정자산에 대해서 감가상각을 통해서 비용으로 계상된다.

장부상 기록되지 않은 영업권 취득가액은 영업권 양도 시 수입에 대응하는 비용으로 처리할 수 없다.

영업권리금 소득자는 소득이 발생한 연도의 다음연도 5월에 해당 과세기간의 사업소득 등 다른 종합소득과 합산해서 종합소득세 신고를 해야 한다.

> 개인사업자가 사업용 점포 임차시 전 임차인에게 지급한 권리금은 소득세법상 감가상각 대상인 무형고정자산(영업권)에 해당하는 것이나, 당해 사업장을 임차한 처음 과세기간의 장부상 반영되지 아니한 권리금은 기업회계기준 상의 일반원칙에 위배 되는 것으로써 감가상각 대상 자산으로 볼 수 없는 것임(소득 46011-3222, 1997.12. 10).

9 사업소득의 원천징수

📂 원천징수 대상 사업소득

다음의 원천징수 대상 사업소득을 지급하는 경우 이를 지급하는 자는 소득세를 원천징수를 해야 한다.

● 의료보건 용역(수의사의 용역 포함). 다만, 약사법에 의한 약사가 제공하는 의약품의 조제 용역의 공급으로 발생하는 사업소득 중 의약품 가격이 차지하는 비율에 상당하는 금액에 대해서는 원천징수에서 제외된다.

● 저술가·작곡가 등이 직업상 제공하는 인적용역

📂 원천징수의무자

사업자, 법인세의 납세의무자, 국가·지방자치단체 또는 지방자치단체조합, 민법 기타 법률에 의하여 설립된 법인, 법인격 없는 법인으로 보는 단체 등은 원천징수 대상 소득을 지급할 때 원천징수를 해서 지급하는 달이 속하는 달의 다음 달 10일까지 신고·납부 해야 한다.

📂 원천징수 세액

원천징수 대상 사업소득의 수입금액을 지급하는 때에는 그 지급금액에 3%를 곱한 금액으로 한다.

❤❤ 사업소득 원천징수세액 ❤❤

사업소득 수입금액 × 3% = 원천징수 세액

원천징수의무자는 원천징수한 소득세를 그 징수일이 속하는 달의 다음 달 10일까지 원천징수 관할 세무서·한국은행 또는 체신 관서에 납부해야 한다. 반면, 반기납부 원천징수의무자는 원천징수 한 소득세를 그 징수일이 속하는 반기의 마지막 달의 다음 달 10일까지 납부한다.

📂 원천징수영수증 발급

• 원천징수의무자는 사업소득에 대한 수입금액을 지급하는 때에 그 수입액 등을 기재한 원천징수영수증을 발급해야 한다.

- 사업소득에 대해 연말정산 하는 경우 연말정산 일이 속하는 달의 다음 달 말일까지 사업소득 연말정산 분에 대한 원천징수영수증을 발급한다.

💳 지급명세서의 제출

- 원천징수 대상 사업소득을 국내에서 지급하는 자는 지급명세서를 그 지급일이 속하는 연도의 다음 연도 3월 10일까지 제출한다.
- 지급명세서와 별도로 간이지급명세서를 다음 달 말일 매월 제출해야 한다.
- 연말정산 대상 사업소득에 대한 수입금액을 지급하지 않아 지급시기 의제 규정이 적용되는 경우는 해당 과세기간의 소득금액 또는 수입금액에 대한 과세연도 종료일이 속하는 연도의 다음연도 3월 10일까지 제출한다.
- 원천징수의무자가 휴업 또는 폐업한 경우는 휴업일 또는 폐업일이 속하는 달의 다음다음 달 말일까지 지급명세서를 제출한다.
- 다음의 경우 연간 지급된 소득금액 또는 수입금액의 합계액에 대한 지급명세서를 제출한다.
① 「국민건강보험법」에 의한 국민건강보험공단 또는 「산업재해보상보험법」에 의한 근로복지공단이 「의료법」에 의한 의료기관 또는 「약사법」에 의한 약국에게 요양급여 비용 등을 지급하는 경우
② 「방문판매 등에 관한 법률」에 의하여 다단계판매업자가 다단계판매원에게 후원수당을 지급하는 경우

기타소득과 사업소득의 구분과 세금비교

● 사업소득 : 용역의 제공이 고용 관계없이 독립된 자격으로 계속적, 반복적으로 직업상 용역을 제공하고 성과에 따라 지급받는 금액은 사업소득에 해당하는 것으로 지급하는 자는 사업소득의 3%(0.3% 지방소득세 별도)를 원천징수 하는 것이며,

● 기타소득 : 고용 관계없이 독립된 자격으로 일시적, 우발적으로 용역을 제공하고 받는 수당 등은 기타소득에 해당하는 것으로 기타소득의 60%를 필요경비로 공제한 기타소득 금액의 20%(2% 지방소득세 별도)를 원천징수 해야 한다.

2억 원에 대해서 기타소득과 사업소득으로 처리하는 경우 세금효과를 비교해보면 다음과 같다.

기타소득 원천징수 금액 = 2018년 4월 ~ : 6.6%, 2019년 ~ : 8.8%

▌소득금액 : 2억 원 - (2억 원 × 60%) = 8,000만 원

▌원천징수 금액 : 8,000만 원 × 22% = 1,760만 원

▌과세 방법 : 위의 기타소득 금액(8,000만 원)은 300만 원이 넘는다. 따라서 소득금액 8,000만 원을 근로소득 등 다른 소득에 합산해서 과세하고, 이미 납부한 1,760만 원은 기납부세액을 공제한다.

▌소득금액 : 2억 원 - 실제 들어간 필요경비

▌원천징수 금액 : 2억 원 × 3.3%(사업소득 원천징수) = 660만 원

▌과세 방법 : 사업소득은 무조건 종합과세하는 소득이다. 따라서 소득금액을 다른 소득에 합산해서 과세하고, 이미 납부한 660만 원은 기납부세액으로 공제한다.

이처럼 같은 금액이라 하더라도 어떻게 분류하느냐에 따라 세금의 차이를 낳게 된다. 이러한 차이는 필요경비와 협력의무에서 비롯된다. 즉, 기타소득으로 보면 필요경비도 60%로 인정받을 수 있을 뿐 아니라 장부를 작성해야 할 의무도 없다. 하지만 사업소득으로 보면 필요경비는 실제 들어간 것을 장부로 입증해야 하며, 입증할 수 없다면 정부가 정한 기준을 이용해야 한다. 이 경우 필요경비율이 60%에 훨씬 미치지 못하게 되어 결국 세금이 많이 늘어날 수밖에 없다.

개인과 법인 간의 자금거래에 대한 원천징수

구분	원천징수
법인이 개인에 대여	• 이자 지급 시 원천징수를 해야 한다(27.5%). 단, 이미 신고한 법인의 과세표준에 포함된 미지급소득은 원천징수하지 않아도 된다. • 무상대여 ➡ 특수관계가 없는 자 : 정당한 사유 없이 시가의 30% 차액에 대해서 기업업무추진비(= 접대비) 또는 비지정기부금으로 본다. ➡ 특수관계자 : 시가와의 차액이 3억원 이상이거나 시가의 5% 이상의 경우에 차액을 익금산입한다. • 무상대여 시 증여세 ➡ 특수관계자에게 대부 금액이 1년간 1억 원 이상인 경우로서 당좌대출이자율 이하로 대부 시 적용된다.
개인이 법인에 대여	• 이자지급 시 원천징수 해야 한다(27.5%). <무상대여> ➡ 개인 측 : 대금업을 하는 경우에만 부당행위계산 적용. 즉, 이자소득은 부당행위계산 대상이 아니다. ➡ 법인 측 : 시가보다 낮은 이율의 차입이므로 부당행위계산이 적용되지 않는다. <무상대여 시 증여세> ➡ 결손금이 있는 법인의 경우 최대 주주 증여세 대상이 될 수 있다(가능성은 낮음).
법인이 법인에 대여	법인이 개인에 대여한 경우와 동일하게 처리

위의 표에서 특수관계자(일반적인 경우)란 다음의 자를 말한다.

• 주주 등

1. 실제 경영자와 친족

2. 주주와 친족(1% 미만 보유 소액주주 제외)

3. 임원, 사용인, 주주의 사용인과 이들과 생계를 같이하는 친족

4. 위 주주 등이 30% 이상 출자한 다른 법인

5. 위 4의 법인이 50% 이상 출자한 다른 법인

6. 당해 법인에 50% 이상을 출자하고 있는 법인에 50% 이상을 출자하고 있는 법인이나 개인

📁 특수관계자 업무 무관 대여금이 있는 법인

부채에 대한 이자비용은 손금으로 인정받지 못한다. 금융기관 ➡ 갑법인 대출 ➡ 을법인 차입한 경우 갑 법인에서 금융기관에 지급한 이자가 부인된다. 특수관계자에 대해서 인정이자를 계상해야 한다. 즉, 가지급금에 대한 법정이자에 상당하는 부분은 소득으로 보아 상여로 처분해야 한다. 일반적으로 이를 피하고자 미수이자를 계상하고 상여 처분을 회피하는 처리를 하는데 이 방법의 문제는 1년이 지나면 이를 반드시 현금으로 회수해야 한다는 것이다. 1년 내 현금으로 미수이자를 회수하지 않으면 이 역시 상여로 처리된다. 이를 회피하기 위해서 실무적으로 1년이 되는 시점에 현금으로 회수했다가 다시 빌려준 것으로 처리(즉, 이자를 다시 대여금에 가산하는 것이다) 하는 방법을 사용한다. 즉, 대여금이 매년 늘어난 것 중 일부의 원인이 이자가 가산되는데, 있다는 것이다.

- ➡ 당좌대출이자율과 가중평균차입이자율 중 선택해서 적용한다.
- ➡ 상환기간과 이자율 약정이 없는 경우 : 익금산입 상여 처분한다.
- ➡ 1년 이내 회수하지 않은 인정이자 미수금 : 상여 처분한다.

분기마다 부가가치세 신고·납부

1 부가가치세 과세기간 및 신고기한

		과세기간	신고기한
1기	예정	1월 1일~3월 31일(일반 개인사업자는 납부만 한다.)	4월 25일
	확정	1월 1일~6월 30일(일반 개인사업자) 4월 1일~6월 30일(법인사업자)	7월 25일
2기	예정	7월 1일~9월 30일(일반 개인사업자는 납부만 한다.)	10월 25일
	확정	7월 1일~12월 31일(일반 개인사업자) 1월 1일~12월 31일(간이 개인사업자) 간이과세자는 7월 25일 예정부과액(세금계산서 발행 사업자는 신고)을 납부하고 1월 25일 1번만 신고한다. 10월 1일~12월 31일(법인사업자)	1월 25일

📂 법인사업자

법인사업자는 모두 부가가치세법상 일반과세자에 해당하므로, 매출과 매입 자료를 정리한 후 예정 및 확정신고 · 납부 한다.

📑 개인사업자

개인사업자는 간이과세자와 일반과세자로 구분이 된다.

간이과세자는 7월 25일 관할 세무서에서 부과하는 예정 부과액(세금계산서 발행 사업자는 신고)을 납부만 하면 되고, 다음 해 1월 25일에 1월 1일~12월 31일의 매출과 매입 자료를 정리한 후 7월 25일 예정부과 · 납부액을 차감한 후 확정신고 · 납부를 한다. 반면, 개인사업자 중 일반과세자의 경우 세무서에서 예정 신고 · 납부 기간에는 예정고지서를 통보받게 되면 25일까지 금융기관에 납부만 하면 되며, 확정 신고 · 납부기간에는 예정 및 확정신고 · 납부기간 매출과 매입 자료를 신고한 후 예정고지액을 차감한 금액을 확정 납부한다.

		부가가치세의 신고 · 납부	신고 · 납부기한
간 이 과세자	예정부과	7월 25일 관할 세무서에서 예정부과 한 금액 납부(단, 세금계산서 발행사업자는 신고와 납부)	7월 25일
	확정신고	1월 1일~12월 31일의 부가가치세 - 예정부과 납부한 금액을 1년에 1번 확정신고 후 납부	다음 해 1월 25일
일 반 과세자	예정고지	예정 신고 · 납부 기간에는 관할 세무서에서 예정고지 한 금액 납부	4월 25일과 10월 25일
	확정신고	확정신고 기간의 부가가치세 - 예정고지납부액을 1년에 2번 확정신고 후 납부	7월 25일과 다음 해 1월 25일

2 부가가치세 신고 시 유의 사항

부가가치세 신고는 수입금액의 확정 및 고정비용에 대한 거래명세가 되므로 이에 대한 관리가 철저히 이루어져야 한다.

세금계산서의 관리 요령을 살펴보면 다음과 같다.

첫째, 고정거래처에 대한 월합계 매출·매입 세금계산서 매수 확인

고정거래처의 거래 및 임대료, 전기료, 관리비, 통신비, 기장료 등 매월 정기적인 거래의 세금계산서 매수와 금액을 확인해서 누락 하는 것이 없는지 반드시 확인한다.

둘째, 거래처의 사업자등록번호 및 공급가액의 내용 확인

상호가 같은 경우나 지점과 거래하는 경우는 사업자등록번호가 다르더라도 이를 동일한 것으로 입력할 수 있으므로 반드시 사업자등록번호를 확인해야 하며, 아울러 구매확인서 등을 발행하는 영세율 적용 업체는 구매확인서와 세금계산서의 금액을 반드시 대사해야 한다.

셋째, 팩스로 받는 경우의 세금계산서 문제

팩스로 받을 경우는 매출과 매입의 구별이 어려우므로 반드시 공급자와 공급받는 자를 구별해서 처리해야 하며, (-)세금계산서가 있는지도 확인해야 한다.

넷째, 폐업자, 비사업자, 면세사업자의 세금계산서 유무

면세사업자 및 폐업한 공급자로부터 받은 세금계산서 상 매입세액은 불공제되며, 각종 가산세가 부과될 수 있다.

고정거래처뿐만 아니라 최초 거래를 시작할 경우는 국세청 홈페이지에 거래상대방의 과세유형 및 폐업 여부를 조회해서 거래 후 피해가 없도록 해야 한다.

다섯째, 위장 및 가공 혐의의 거래관리

일시적이고 단기간의 고액 거래, 고정거래처가 아닌 자와의 고액 거래, 매입과 매출이 동시에 발생하는 거래, 취급 업종과 다른 무관한 거래, 원거리 사업자와의 잦은 거래, 거래 횟수가 적으면서 거래금액이 일정 단위로 표시되는 거래 등 세무서에서 위장 및 가공 거래로 분류될 수 있으므로 세금계산서 검토 시 유의해야 한다.

여섯째, 부가가치율 관리

당해 사업자의 부가가치율이 동업자 평균 부가가치율에 미달하거나 초과하는 경우 실물 거래 없이 세금계산서를 받거나 발행한 거래가 없는지 검토해야 한다. 고액의 매출, 매입 세금계산서가 있는 경우에는 대금 수수 증빙이나 거래명세표, 입금증, 계약서 등 부대 증빙서류를 꼼꼼히 챙겨 놓아야 한다.

일곱째, 영세율 등에 대한 조기환급 신고

영세율이 적용되는 경우는 반드시 전자신고 후에 관련 서류를 제출해야 한다. 만약 제출하지 못했을 때는 가산세가 붙는다.

고정자산을 취득하였을 때는 관련 세금계산서와 계약서, 거래명세표 및 입금표 등 차후 환급 조사에 대비해서 관련 서류를 준비해 두어야 한다. 조기환급 신고할 때 미리 국세환급계좌 신고를 해두면 환급세액을 편리하게 수령할 수 있다.

2월에 면세사업자는 사업장 현황 신고

부가가치세가 면제되는 개인사업자는 직전연도 연간 수입금액 및 사업장 현황을 사업장 관할 세무서에 신고해야 한다.

1 사업장현황신고 대상자

사업장현황신고 대상자	사업장현황신고 제외자
• 병·의원, 치과, 한의원 등 의료업자 • 예체능 계열 학원, 입시학원, 외국어학원 등 학원사업자 • 법정 도매시장 중도매인 등 농·축·수산물도·소매업자 • 가수·모델·배우 등 연예인 • 대부업자, 주택임대사업자, 주택(국민주택규모 이하)신축판매업자 • 기타 부가가치세가 면제되는 재화 또는 용역을 공급하는 모든 사업자	부가가치세 면세사업자 중 소규모 영세사업자 등 아래의 경우에는 납세편의 등을 위해서 사업장 현황 신고대상에서 제외하고 있다. • 복권, 담배, 연탄, 우표·인지 등 소매업자 • 부가가치세 면세 대상인 인적용역 제공자 (보험모집인 등) • 납세조합 가입자(납세조합에서 일인별 수입금액명세서를 제출)

직전 연도 연간 수입금액에 대한 사업장 현황 신고의 신고기한은 당해연도 2월 10일까지이며, 당해 연도 1월 2일부터 2월 10일 사이에 사업장 관할 세무서에 신고하면 된다.

신고 시 사업장 현황 신고서와 수입금액검토표, 매출·매입처별 계산서합계표 및 매입처별 세금계산서합계표를 제출한다.

사업장 현황 신고는 인터넷 홈택스(www.hometax.go.kr)를 통해 전자신고가 가능하며, 홈택스 미가입자는 안내문에 기재된 홈택스 가입용 번호(PIN)를 이용해서 전자신고를 할 수 있다.

3월에는 법인세 신고·납부

1 법인세 신고기한

사업연도 종료일로부터 3월까지 신고해야 한다.

2 법인세 절세를 위한 부서별 활동 및 증빙 관리

모든 거래에는 외부 거래문서, 내부 관리문서, 증거서류의 3박자가 맞아 떨어져야 세무상 문제가 발생하지 않는다.

구 분	문서 종류
외부 법정지출증빙	세금계산서, 계산서, 신용카드매출전표, 현금영수증
내부 관리문서	거래명세서, 지출결의서 등 내부 결제문서
거래증거 서류	금융거래확인(이체확인서 등), 입금증, 거래확인서

🗂 구매부

구매부는 주로 원자재를 구입하는 역할을 담당한다. 자재부와 통합 되어 있는 모습을 보이기도 한다.

주요 활동	종류	지출증빙 활동
매입	현금매입 (예) 위탁구입, 할부구입, 신용 카드구입, 외화구입(수입)	현금일보 및 지출장 구비 통장지급내역 확인(이체확인서)
	외상매입	매입처별 원장과 대사
	지급어음	어음장과 대사
	선급금	거래처별 원장 대사
	재고자산	재고수불부 대사(주로 자재부에서 행함)

총무부

총무(직)부의 직무 내용은 회사건물 및 시설물, 사무용품, 차량 등의 자산과 재산을 구입·처리·보관하며, 회사의 각종 규정과 관계 법규를 제정·적용한다. 또한, 서식 및 문서를 작성·보존하며 주식 및 사채의 발행, 사내 행사 주관 근무 환경 조성 등 다른 부서의 할당 직무 이외에 대·소사를 도맡아 처리하는 부서이다. 소규모의 기업은 크게 총무부와 영업부 그리고 생산 관련 부서로 구분된다고 볼 수 있다.

주요 활동	종류	지출증빙
고정자산 구입	비품구입	세금계산서 등 법정지출증빙 및 지출결의
	유형자산	서 대사
	무형자산	산업재산권 등 양수도 계약서

주요 활동	종류	지출증빙
고정자산 구입	미지급금	거래처원장
	미수금	유형자산 처분 후 미수금 관리 대장
기타 활동	자본적 지출	세금계산서 및 계약서 확인
	사업상 증여, 개인적 공급	재고자산 등의 대체 확인
	비영업용소형승용차 구입	매입세액불공제 확인

영업부

영업부는 주요 제품이나 상품을 외부의 거래처에 판매하는 업무를 한다.

주요 활동	종류	지출증빙
매출	현금 매출(예) 위탁매출, 할부 매출, 신용카드 매출, 외화매출 등	통장과 대사
	외상 매출	매출 거래처별 원장과 대사
	받을어음	어음대장과 대사, 할인 여부 확인
	선수금	거래처원장(중간지급조건부 등 세금계산서 발행 유의 사항 체크)
	매출 차감 계정 확인	매출환입, 매출에누리, 거래할인, 수량할인, 매출할인 사항 체크
	영업외수익	판매장려금 확인
접대	기업업무추진비(= 접대비)	법인카드사용 내역 확인

📂 경리부

모든 지출 등을 지출결의서를 통해서 전표 처리하는 부서이다.

주요 활동	종류	지출증빙
지출관리	관리비	소액현금 제도 확인, 3만 원 초과 법인카드사용 (개인신용카드 사용) 급여, 복리후생비, 소모품비, 임차료 지출결의서
	판매비	출장비, 여비교통비, 광고비 지출결의서 출장비와 여비교통비는 지급규정에 의해 복명서를 작성한 후 지출 정산
	세금 납부 활동	법인세 관리, 부가가치세대급금과 예수금 관리
	선급비용, 미지급비용	거래처별 원장으로 관리
	일일 현금관리	현금예산관리, 현금출납장과 자금관리표 작성
재무활동	재무활동(사채발행, 증자, 차입)	각 활동별 계약서 및 법무 서류 작성
매출관리	소매 매출	현금매출장, 신용카드매출명세서, 현금영수증명세서
	세금계산서 매출	세금계산서 철
	계산서 매출	계산서 철
매입관리	소매매입	간이영수증, 현금영수증
	세금계산서	세금계산서 철(증거서류 같이 준비)
	계산서	계산서 철(증거서류 같이 준비)
원천징수	근로소득세	근로소득세 철 및 4대 보험 관리대장
	기타소득 등	기타소득, 사업소득에 대한 원천징수 철

3 결산 시 준비 서류

아래의 체크리스트를 가지고 결산에 필요한 모든 서류를 준비한다.

❶ 과세기간동안의 모든 수입, 지출증빙, 전표, 입금표, 카드영수증이 없을시 카드사용내역서 준비

❷ 과세기간 종료일 현재의 거래처별 외상매출금, 미수금, 미수수익

❸ 과세기간 종료일 현재의 거래처별 외상매입금, 미지급금, 미지급비용

❹ 자산(차량운반구, 기계장치 등)취득 및 처분 내역(변동내역)

❺ 받을어음 및 지급어음 대장 및 할인 내역

❻ 사업연도 종료일 현재의 재고자산 현황

❼ 근로소득세 철과 각종 4대 보험 관련 서류

❽ 부가가치세 신고서 내역(특히 수입금액과 차이가 나는 항목 유의)

• 가공매입 · 매출 여부 및 위장매입 · 매출 여부 파악

• 업종별 부가가치율의 파악

• 폐업자와 휴업자와의 거래 여부 확인

❾ 업종별 추가 서류

• 도소매업 : 판매장려금, 매출할인, 매입할인 등 영업외수익, 비용의 서류

• 건 설 업 : 현장별 도급계약서(장기공사가 있을시 주의 요망 : 부가가치세신고 시 수취)

• 수출입 관련업 : 수출신고필증, 수입신고필증, 구매확인서 및 신용장

❿ 기타 증거서류 준비

📂 법인 추가 서류

❶ 법인의 모든 통장, 법인카드 사용내역서

법인통장에는 계좌이체 명세서를 쓰게 해서 법인통장 내역 검토

❷ 법인등기부등본, 주주명부(주주변동 확인)

❸ 추가 지출결의서나 여비교통비 지급 규정 확인

📋 법인세 신고 시 기본 체크리스트

번호	항목
1	전기의 가지급금 이상의 자산이 증가 여부
2	주식변동사항이 유무(증자, 감자, 양수도 여부 확인)
3	이사와 감사 : 성명 및 주민등록번호. 대표이사는 주민등록주소지 변경도 2주 이내에 등기를 다시 해야 한다. 구비서류 : 인감도장 날인, 인감증명, 주민등록등본 1통
4	등기부등본상의 변경 사항(예 : 대표이사의 주소지 변경 혹은 대표이사 변경 등) 검토
5	중소기업 여부 판단
6	각종 공제 및 감면 여부 확인

💰 결산의 일반적인 순서

❶ 매출, 매입 전표 입력 완료(수입금액 확정)

● 매출 : 수입금액에 대한 검사 및 신용카드 금액, 현금 수입금액 확인

● 매입 : 가공매입이나 위장매입이 있는지 확인

❷ 부가가치세 신고서 입력

● 전자신고 시 확인증 수수할 것

● 부가가치세 대급금, 예수금 정리

❸ 급여자료입력

● 4대 보험의 적정한 산정 여부

● 근로소득세 지급 내역과 통장의 내역 확인(법인인 경우)

❹ 통장정리(법인)

❺ 자산과 부채 과목 정리

● 자산 : 외상매출금, 미수금, 미수수익, 재고자산, 선급금 정리

● 부채 : 외상매입금, 미지급금, 미지급비용, 선수금 정리

❻ 어음, 입금표 등 입력

❼ 일반전표 입력

❽ 보험료, 대출금이자, 차량할부금이자, 증빙이 없는 비용(임대료 등)입력

❾ 합계잔액시산표에서 계정별 원장 확인

❿ 거래처원장에서 자산, 부채 거래처별 잔액확인

⓫ 고정자산등록(회사등록 전년도에서 이월 후, 당해 취득 분 입력, 내용연수, 감가상각방법 선택)

⓬ 미상각분 감가상각 계산에서 유형자산 명세 출력

⓭ 결산자료 입력 : 대손충당금, 감가상각비 입력, 제조업과 건설업은 제조(공사)원가를 이어준다.

⓮ 현금 및 예금정리 : 가지급금 등 추가

⓯ 합계잔액시산표에서 가지급금과 가수금의 적절한 대체 및 기타 활동

● 손익계산서, 제조(공사)원가 명세서, 이익잉여금처분계산서(법인만), 재무상태표를 차례로 작성

● 재무제표 출력 후 검토

● 표준재무제표 작성

결산이 모두 끝나면 세무조정 단계로 들어간다.

개인사업자는 5월에 종합소득세 확정신고·납부

종합소득(이자 · 배당 · 사업 · 근로 · 연금 · 기타소득)이 있는 사람은 다음 해 5월 1일~5월 31일까지 종합소득세를 신고 · 납부 해야 한다.

성실신고 확인 대상 사업자가 성실신고 확인서를 제출하는 경우 다음 해 6월 30일까지 신고 · 납부가 가능하다.

종합소득이 있더라도 다음의 경우에 해당하면 소득세를 신고하지 않아도 된다.

● 근로소득만이 있는 사람으로서 연말정산을 한 경우

● 직전 연도 수입금액이 7,500만 원 미만인 보험모집인 또는 방문판매원 등으로 소속 회사에서 연말정산을 한 경우

● 비과세 또는 분리과세(원천징수만으로 납세의무가 종결되는 세금) 되는 소득만이 있는 경우

● 연 300만 원 이하인 기타소득이 있는 자로서 분리과세를 원하는 경우

종합소득세 신고 시 지방소득세 소득분도 함께 신고해야 한다. 소득세 신고서에 지방소득세 소득 분 신고내용도 함께 기재해서 신고하고, 세금은 별도의 납부서에 의해서 5월 31일까지 납부하면 된다.

소득세의 계산 구조

총수입금액	손익계산서상 비용 ± 총수익금액 조정
- 필요경비	손익계산서상 비용 ± 필요경비 세무조정
- 결손금 공제	당기 사업소득에서 발생한 결손금 공제
- 이월결손금	당기 이전 발생한 이월결손금 공제(15년간 공제함)
= 종합소득금액	무기장 시에는 기준경비율에 의해 계산한 금액을 말한다.
- 소득공제	인적공제, 특별소득공제, 국민연금 소득공제, 기타의 소득공제(소기업·소상공인 소득공제)
= 과세표준	
× 세율	기본세율
= 산출세액	
- 세액공제	소득세법상 세액공제, 조세특례제한법상 세액공제
- 세액감면	
= 결정세액	
+ 가산세	
+ 추가납부세액	
= 총결정세액	자진납부 할 지방소득세 과세표준 금액
- 분납할세액	
= 차감납부할세액	

8월에는 법인세 중간예납 신고·납부

1 중간예납기간

사업연도 개시일부터 6월간을 중간예납기간으로 해서 2월 이내에 신고
·납부해야 한다. 예를 들어 12월 말 법인의 경우 1월 1일~6월 30일을
중간예납 기간으로 해서 8월 31일까지 신고·납부를 해야 한다.

법인세 중간예납은 홈택스 홈페이지(http://www.hometax.go.kr)에 접속
하여 인터넷을 통해 신고(전송)할 수 있으며, 중간예납 전자신고를 하는
경우 별도의 서류 제출 없이 신고가 종결된다.

2 중간예납 의무가 없는 자

• 당해 사업연도 중 신설법인(합병 또는 분할에 의한 신설법인은 제외)

• 중간예납 기간에 휴업 등의 사유로 사업수입금액이 없는 법인

• 청산법인 및 국내사업장이 없는 외국 법인

• 이자소득만 있는 비영리법인. 다만, 당해 사업연도 중에 이자소득 이외의
수익사업이 최초로 발생한 비영리법인은 중간예납 신고·납부의무가 있다.

- 직전 사업연도 법인 세액이 없는 유동화 전문회사,「자본시장과 금융투자업에 관한 법률」에 따른 투자회사·투자목적회사, 기업구조조정투자회사, 문화산업전문회사 등
- 각 사업연도의 기간이 6개월 이하인 법인
- 법인세가 전액 면제되는 외투기업
- 「고등교육법」 제3조에 따른 사립학교를 경영하는 학교법인과 「산업교육진흥 및 산학연협력촉진에 관한 법률」에 따른 산학협력단
- 직전 사업연도의 중소기업으로서 직전 사업연도의 납부 실적 기준으로 계산한 금액이 50만 원 미만이 내국법인

3 중간예납 세액의 계산

○ 전년도의 법인세 산출세액이 있는 법인(흑자법인)

⇨ 직전 사업연도의 납부실적에 의해서 계산

(산출세액 + 가산세 - 공제감면세액 - 원천징수세액 - 수시부과세액) × 6/사업연도월수

○ 전년도의 법인세 산출세액이 없는 법인(적자법인)

⇨ 1월부터 6월까지 실적을 결산해서 중간예납세액을 계산하는 방법

[소득금액(익금 - 손금) - 이월결손금] × 12/6 × 세율 × 6/12 - 공제감면세액 - 원천징수세액 - 수시부과세액

○ 예외

전년도 법인 세액이 있는 법인도 당해 중간예납 기간의 실적을 중간결산해서 8월 31일까지 중간예납 할 수 있다.

중간예납 납부기한 내에 중간 결산에 의해서 신고하지 않은 경우는 직전 사업연도 법인세의 1/2을 중간예납세액으로 납부해야 한다.

11월에는 소득세의 중간예납

소득세는 세수를 조기에 확보하고 납세자에게는 분납의 효과를 거두고자 중간예납 제도를 두어 전년에 납부한 세액의 1/2을 고지에 의해서 11월 30일까지 납부하도록 되어있다.

따라서 소득세 확정신고 시에는 연간 총소득에 대한 납부할 세금에서 중간예납 세액을 차감하고 남은 금액을 납부하거나 환급받게 된다. 다만, 신규사업자는 중간예납 의무가 없으며 또한 전년도에 냈거나 납부할 세액이 없는 경우에는 1월 1일~6월 30일까지의 기간에 대해서 가결산에 의하여 실적 신고를 해야 하고 중간예납을 해야 할 자가 중간예납추계액이 기준액의 30%에 미달하는 경우는 11월 1일~11월 31일까지 추계액 신고를 할 수 있다.

1 ＼ 중간예납 세액의 계산

아래 산출식에 따라 중간예납 세액이 계산되며, 중간예납 대상 납세자에게는 관할 세무서에서 납세고지서로 고지한다.

66 중간예납세액 99

중간예납세액 = 중간예납기준액 × 1/2 - [중간예납기간 중의 토지 등 매매 차익 예정신고납부세액]

중간예납 기준액 = [전년도 중간예납 세액 + 확정신고 자진납부 세액 + 결정·경정한 추 가납부세액(가 산세 포함) + 기한후·수정신고 추가자진납부세액 (가산세 포함)] - 환급세액

---

2 중간예납 세액의 고지·납부 및 분납

중간예납 세액은 11월 1일 납세고지서를 발부하며, 11월 30일까지 납부하면 된다. 중간예납 세액이 1천만 원을 초과하는 경우 분납도 가능하다.

66 소득세법과 법인세법의 중간예납 비교 99

구분	소득세법	법인세법
중간예납기간	1월 1일~6월 30일	사업개시일로부터 6개월
납부기한	매년 11월 30일까지	중간예납기간 종료일부터 2개월 이내
실적에 의한 중간예납	중간예납 추계액이 중간예납기준액의 30%에 미달하는 경우에만 선택 가능	모든 법인은 실적에 의한 중간예납을 선택할 수 있다.
소액부징수 규정	중간예납세액이 50만 원미만	소액부징수 규정이 없음

누구나 가능한 세금을 확 줄이는 나만의 절세노트

1 가장 기본은 세금에 대한 기본지식 습득!

세금은 비과세되는 예외적인 경우를 제외하고는 개인이나 법인에게 생기는 모든 소득에 따라붙는다. 물건을 판매하거나 구입하는 경우 부가가치세가 사업 과정에서 발생한 소득에 대해서는 개인은 소득세, 법인은 법인세를 신고·납부 해야 한다. 따라서 사업자는 납부해야 할 세금에 대한 신고·납부 시기와 계산 방법 등 기본적인 세금 지식을 알고 있어야 각종 공제 혜택 및 가산세 등 불이익을 받지 않는다.

2 세금에 대해 아무것도 모르면 지출증빙이라도 철저히 챙기자!

세금은 소득에서 지출한 비용을 뺀 순수한 소득에 대해서 내게 된다. 따라서 소득과 관련되어 지출한 비용이 많다면 세금도 적게 낸다.

그리고 사업자가 지출한 사실을 증명하는 서류는 지출증빙이라고 하는데 지출증빙에는 세금계산서, 신용카드영수증, 현금영수증, 계산서 등이 있다. 결과적으로 비용을 많이 인정받기 위해서는 세금계산서, 신용카드영수증, 현금영수증, 계산서 등을 잘 챙겨야 한다.

❝ 현금영수증은 반드시 지출증빙용으로 ❞

일반과세자로부터 재화 등을 공급받고 부가가치세가 별도 구분된 현금영수증(지출증빙용)을 받은 경우 매입세액공제를 받을 수 있다. 단, 사업자는 지출증빙용 현금영수증을 받아야 한다. 따라서 판매자가 현금영수증을 발행하기 전에 반드시 지출증빙용으로 발행해 달라고 요구한다.

3 장부기장은 기본으로 한다.

장부기장을 하면 기장한 장부에 근거해서 세액을 계산하므로 지출한 비용을 제대로 인정받을 수 있지만, 장부기장을 하지 않으면 정부에서 정한 단순경비율, 기준경비율에 의한 방법으로 세액을 계산하므로, 비용을 제대로 인정받지 못해서 세금 부담이 커질 수 있다. 또한, 장부기장을 한 경우에는 손해가 발생한 경우 이를 다음 사업연도의 세금 계산 시 공제해 주는 혜택이 있다.

4 고정자산 취득 시에는 조기환급을 생각하라

고정자산 취득 시 사업자금의 부담을 덜어주기 위해서 국세청에서는 고정자산 취득 등 시설·장치 투자의 경우 발생한 날의 다음 달 25일까지 부가가가치세 조기환급 신청을 통해서 신청일로부터 15일 내 조기환급을 받을 수 있다. 또한, 인테리어 사업자를 선정할 때 무허가 인테리어 사업자 및 간이과세자가 많으므로 인테리어 사업자 선정 시에도 주의해야 한다.

부가가치세법상 일반과세자인 인테리어 업체로부터 매입 세금계산서를 받는다면 부가가치세 신고 시 매입세액공제 혜택을 받을 수 있으므로, 계약체결 전에 사업자등록증 등을 통해 세금계산서 발행 가능 여부를 확인해야 한다. 반면, 매입 세금계산서 등 법정지출증빙을 받지 못한 경우에는 계약서 등 관련 서류를 잘 보관해야 한다.

그리고 대금은 금융기관(은행)을 통해서 거래하고 거래증빙을 보관해야 한다. 그래야만 적격증빙미수취에 따른 가산세는 물겠지만, 자산으로는 인정받아 장래에 비용처리를 할 수 있다.

5 고정자산 보유 시에는 내용연수와 감가상각방법을 고려하라

사용기간 동안 비용처리를 하는 감가상각에 있어서 중요한 요소는 몇 년 동안 비용처리를 할 것이냐 하는 '내용연수'와 '감가상각 방법'이 있다.

📂 내용연수

내용연수를 사업자가 마음대로 선택하게 한다면 이를 이용해서 조세회피를 할 수 있으므로 세법에서는 자산의 종류에 따라서 일정기간을 주고 그 범위 안에서 선택하도록 하고 있다.

인테리어나 시설, 비품과 같은 자산들은 세법상의 내용연수가 5년으로 되어있는데, 사업자가 4~6년의 범위에서 신고를 통해 선택할 수 있다. 비용처리 하는 총액은 결국 같겠지만, 내용연수를 달리하는 경우 매년의 비용처리금액은 달라지는 것이다.

예를 들어 내용연수를 4년으로 하는 경우 조기에 많은 금액을 비용으로 처리할 수 있지만 6년을 선택하는 경우 서서히 비용처리가 가능하다. 따라서 사업자는 창업 후 발생할 이익구조를 생각해서 사업 초기에 수익이 많이 발생되는 경우에는 4년으로, 일정기간 후에 수익이 많이 발생하는 경우 6년을 선택하는 것이 종합소득세 부담 측면에서 유리할 수 있다.

📋 감가상각방법

감가상각방법은 다양하지만, 실무상 감가상각방법은 일반적으로 정액법과 정률법 중 하나를 사용한다.

정액법은 취득가액을 내용연수로 균등하게 나누는 방법이다. 예를 들어 취득가액이 100만원인 시설을 5년의 내용연수로 정액법으로 신고하면 매년 20만원(100만원/5년)을 감가상각비로 비용처리 할 수 있다. 반면 정률법은 매년 자산이 일정비율로 사용된다고 생각하는 것이다. 즉 취득가액에서 이미 비용 처리한 감가상각액을 제외한 잔존가액에 일정비율을 곱하는 방식으로 계산한다. 따라서 정액법에 비해 정률법은 초기에 비용처리 할 수 있는 금액이 많고 시간이 지날수록 비용처리 금액이 줄어든다.

따라서 사업 초기에 수익이 많이 발생하는 경우는 정률법을 적용하고, 일정기간 후에 수익이 많이 발생하는 경우 정액법을 선택하는 것이 종합소득세 부담 측면에서 유리할 수 있다.

감가상각을 통한 비용처리와 즉시 비용처리의 차이점은 감가상각을 통한 비용처리의 경우 내용연수동안 서서히 비용으로 인정받는 반면, 즉시 비용처리는 지출한 시점에 바로 비용처리를 함으로써 단기간에 세금 절감 효과를 볼 수 있다.

1. 100만원 이하 감가상각자산은 즉시비용(즉시상각)처리 가능

다음의 것을 제외하고 그 취득가액이 거래 단위별로 100만원 이하인 감가상각자산에 대해서는 이를 그 사업에 사용한 날이 속하는 사업연도의 손금으로 계상한 것에 한해서 이를 손금산입한다.

1. 그 고유업무의 성질상 대량으로 보유하는 자산

2. 그 사업의 개시 또는 확장을 위하여 취득한 자산

거래단위란 이를 취득한 법인이 그 취득한 자산을 독립적으로 사업에 직접 사용할 수 있는 것을 말한다.

2. 100만원 이상 감가상각자산을 즉시비용(즉시상각)처리 가능한 경우

거래단위별로 100만원 이상이더라도 손금에 산입한다.

1. 어업에 사용되는 어구(어선 용구를 포함한다)

2. 영화필름, 공구(금형을 포함한다), 가구, 전기기구, 가스기기, 가정용 기구·비품, 시계, 시험기기, 측정기기 및 간판

3. 대여사업용 비디오테이프 및 음악용 콤팩트디스크로서 개별자산의 취득가액이 30만원 미만인 것

4. 전화기(휴대용 전화기를 포함한다) 및 개인용 컴퓨터(그 주변기기를 포함한다)

공공요금도 누락하지 말고 매입세액공제 받자

전기요금 등 사업과 관련된 공공요금은 대부분 세금계산서 겸용 서식으로 내므로 부가가치세 신고 시 이를 제출하면 매입세액을 공제받아 세부담을 줄일 수 있다.

🗋 전기료, 전화료, 사업용 핸드폰 요금의 부가가치세 공제

사업자가 사업자등록증을 한국전력공사 및 전화 사업자에 제시, 신고하면 각각의 요금고지서에 사업자등록번호가 기재되어 나오는데 이는 매입세금계산서와 같으므로 해당 부가가치세를 공제받을 수 있다.

❝❝ 전기요금 명의변경을 통한 절세 ❞❞

한전에서 받은 전기료 납부통지서를 보면 명의자가 건물주로 되어 있거나 이전 임차인의 명의로 되어 있는 경우는 실지 본인이 부담한 부가가치세라도 매입세액으로 공제받을 수 없다.

이럴 경우는 먼저 한전에 전기사용자 명의변경이 가능한지? 여부를 알아보고 즉시 본인의 사업자 명의로 전기사용자 명의변경을 해야 한다.

명의변경은 다음의 구비서류를 갖추어 관할 한전에 우편이나 Fax로 신청하면 된다.

- 전기 사용 변경신청서
- 관인 임대차계약서 사본
- 주민등록증 사본
- 사업자등록증 사본

만약 건물주(명의자) 명의로 되어 있어 전기사용자 명의를 변경할 수 없다면 건물주(명의자)가 한전으로부터 세금계산서를 받아 매입세액을 공제받고, 임차인이 실질적으로 사용한 전기요금과 부가가치 세액을 건물주(명의자)에게 지급할 때 건물주로부터 세금계산서를 받아 매입세액공제를 받는 방법을 선택한다.

🪙 도시가스 요금 등의 부가가치세 공제

LPG 가스, 도시가스, 기타 유류대를 세금계산서로 받으면 부가가치세가 공제된다.

그러나 비업무용소형승용차(9인승 미만)의 유류대 등은 매입세액공제는 되지 않으나 법인세나 종합소득세 신고 시 유류대 + 부가가치세가 비용으로 인정된다.

7 | 임대차계약서는 이중계약서를 쓰지 마라!

사무실 임차료나 관리비를 지급하면서 세금계산서를 받는 경우 부가가치세 신고 시 매입세액공제를 받을 수 있다. 따라서 건물주가 계약서 작성시 이중계약을 요구하는 경우 이중계약서를 쓰면 장래에 불이익의 위험이 있다. 예를 들어 실제 임대료가 매월 200만 원(부가가치세 20만 원)인데, 100만 원(부가가치세 10만 원)으로 이중계약서를 쓴 후 계약서를 세무서에 신고한 경우는 부가가치세를 10만 원 적게 공제받는 불이익이 있다.

8 | 납부할 돈이 없어도 신고기한 내에 신고는 필수

돈이 없어 세금을 낼 수는 없어도 신고는 제때 해야 한다.

신고기한 내에 자금을 마련하지 못하는 경우도 신고라도 해두어야 무신고에 따른 가산세는 막을 수 있다.

반드시 챙겨야 하는 적격증빙

회사경비를 지출할 때 반드시 챙겨야 하는 증빙

1 법정지출증빙의 종류

세법에서 말하는 법정지출증빙의 종류를 살펴보면 다음과 같다.

구 분			종 류
법 정 지출증빙	과 세	일반과세자	세금계산서(세금계산서 발급 간이과세자도 발행), 신용 카드매출전표, 현금영수증, 일정한 형식의 지로용지
		간이과세자	
		면세	계산서, 신용카드매출전표, 현금영수증, 일정한 형식의 지로용지
비법정지출증빙			거래명세서, 지출결의서, 입금표 등 내부거래 문서

2 법정지출증빙 규정을 지켜야 하는 거래

세법에서 말하는 증빙수취규정은 영리 목적 거래에만 적용된다. 따라서 비영리 목적의 거래나 실질적으로 비사업자인 개인과의 거래, 국가·지방자치단체와의 거래에 있어서 증빙수취규정이 적용되지 않는다.

구 분	내 용
영리 목적 거래	증빙수취규정이 적용된다.
비영리 목적의 거래나 실질적으로 비사업자인 개인과의 거래, 국가·지방자치단체와의 거래	증빙수취규정이 적용되지 않는다.

3 ▶ 법정지출증빙 규정이 적용되는 금액 기준

영리목적의 거래를 하는 경우 무조건 증빙수취규정이 적용되는 것이 아니며, 비용은 3만 1원(경조사비는 20만 1원)부터 증빙수취규정이 적용되므로 동 금액 거래분만 법정지출증빙을 받아서 보관하면 되며, 동 금액 이하는 법정지출증빙을 받지 않고 지출 사실만 증명하면 된다.

구 분		법정지출증빙
기업업무추진비(= 접대비)	일반	건당 3만 원까지는 간이영수증도 법정지출증빙이 되나, 3만 1원부터는 반드시 세금계산서, 신용카드매출전표, 현금영수증, 일정한 형식의 지로용지 중 하나가 법정지출증빙이 되며, 특히 법인의 신용카드매출전표는 법인카드여야 한다.
	거래처 경조사비	20만 원까지는 청첩장 등 경조사를 증명할 수 있는 서류가 법정지출증빙이 되나 20만 원을 초과하는 경우 세금계산서, 신용카드매출전표, 현금영수증, 일정한 형식의 지로용지 중 하나가 법정지출증빙이 된다.

구 분	법정지출증빙
기업업무추진비(= 접대비) (경조사비 포함)를 제외한 일반비용	건당 3만 원까지는 간이영수증도 법정지출증빙이 되나, 3만 1원부터는 반드시 세금계산서, 신용카드매출전표, 현금영수증, 일정한 형식의 지로용지 중 하나가 법정지출증빙이 된다.

4 지출내용별로 법정지출증빙으로 인정되는 경우

구 분		법정지출증빙
비용의 지 출	인건비 지출	원천징수영수증
	경조사비 지출	청첩장 등(20만 원 이하), 20만 원 초과부터는 세금계산서 등 법정지출증빙을 받아야 한다.
	인건비와 경조사비를 제외한 비용 및 일반 기업업무추진비	세금계산서, 계산서, 신용카드매출전표, 현금영수증, 일정 형식의 지로용지
자 산 구 입	세금계산서, 계산서, 신용카드매출전표, 현금영수증, 일정 형식의 지로용지를 받아야 하나 일부 거래에 대해서는 계약서가 증빙이 되거나 안 받아도 되는 경우가 있다.	

5 법정지출증빙을 받지 못한 경우 처리 방법

구 분		법정지출증빙
기업업무추진비(= 접대비)	비용인정	비용인정 자체가 안 된다.
	가 산 세	비용인정이 안 되는 대신 가산세 부담은 없다.
일반비용	비용인정	다른 증빙으로 소명되는 경우 비용인정은 된다.
	가 산 세	비용인정 되는 대신 2%의 증빙불비가산세를 법인세 또는 소득세 납부 시 같이 납부한다.

세금계산서 발행

세금계산서는 일반적으로 가장 신뢰성 있는 증빙으로 모든 세무상 증빙은 세금계산서로 명칭이 통용된다고 보아도 과언이 아니다. 이는 공급가액에 부가가치세가 별도로 표기되는 형식으로 구매자가 판매자에게 세금계산서를 받기 위해서는 구입가격에 부가가치세를 별도로 부담해야 한다.

세금계산서는 일반과세자와 발급 가능 간이과세자가 발행하며, 연 매출 4,800만 원 미만 간이과세자나 면세사업자는 세금계산서를 발행하지 못한다. 물론 영세율에 대해서는 세율을 0%로 해서 세금계산서를 발행한다.

그리고 법인과 직전연도 과세분과 면세분 공급가액의 합계액이 8천만 원원 이상인 개인사업자는 세금계산서 발행 시 반드시 전자세금계산서를 발행해야 한다. 따라서 직전연도 과세분과 면세분 공급가액의 합계액이 8천만 원 이하인 개인사업자는 수기로 작성한 세금계산서를 발행해도 된다. 전자세금계산서와 수기 세금계산서는 양식이 차이가 있는 것이 아니라 양식은 동일하나 전자세금계산서는 인터넷으로 작성해 이를 국세청과 상대방에게 전자적 방법으로 전송하는 것이고, 수기 세금계산서는 국세청과 상대방에게 전자적 방법으로 전송하지 않고 직접 또는 우편으로 제출한다는 점에서만 차이가 있다.

세금계산서

일반적으로 가장 신뢰성 있는 증빙

모든 세무상 증빙은 세금계산서로 명칭 통용

세금계산서 합계(청구, 영수)금액

공급가액(가격)   +   부가가치세(공급가액의 10%)

- **과세사업자**가 발행
- **영세율**에 대해서는 **세율을 0%**로 해서 세금계산서 발행
- **법인**과 직전연도 과세분과 면세분 공급가액의 합계액이 **8천만 원 이상인 개인사업자**는 세금계산서 발행 시 반드시 **전자세금계산서**를 발행
- ➡ **직전연도 과세분과 면세분 공급가액의 합계액이 8천만 원** 이하인 **개인사업자**는 수기로 작성한 세금계산서를 발행해도 됨

VS
"양식의 형식은 동일"

전자세금계산서   수기세금계산서

인터넷으로 작성해 이를 국세청과 상대방에게 전자적 방법으로 전송하는 것

직접 손으로 작성해 이를 국세청과 상대방에게 직접 또는 우편으로 제출하는 것

❝❝ 세금계산서 필수 기재 사항 ❞❞

[세금계산서 발행 시 반드시 기록되어 있어야 할 사항]
- 공급하는 사업자의 등록번호와 성명 또는 명칭
- 공급받는 자의 등록번호
- 공급가액과 부가가치세
- 작성 연월일(발행일자를 말하며, 부가가치세법상 공급시기, 거래시기를 말한다)

계산서 발행

계산서는 면세 물품이나 면세용역에 대해서 발행하는 법정지출증빙이다. 세금계산서는 공급가액과 부가가치세가 구분되어 표기되는 형식으로 과세물품이나 용역을 제공할 때 발행하는 법정지출증빙인 반면, 계산서는 공급가액과 부가가치세가 구분되어 표기되지 않고 공급가액만 표기된다. 세금계산서 또는 계산서 발행과 관련해서 실무자들이 주의해야 할 사항은 사업자등록증상 과세사업자는 무조건 세금계산서를 발행하고, 면세사업자는 무조건 계산서를 발행해야 하는 것이 아니다. 즉, 사업자등록상 과세사업자라고 해도 판매한 물품이 면세 물품인 경우는 계산서를 발행해야 하며, 사업자등록증 상 면세사업자라고 해도 판매한 물품이 과세물품인 경우는 세금계산서를 발행해야 한다. 결과적으로 사업 형태에 따라 세금계산서와 계산서 발행을 결정하는 것이 아니라 판매하는 물품이 과세인지 면세인지에 따라 구분하는 것이다. 참고로 사업자등록상 과세사업자는 별도의 절차 없이 세금계산서를 발행할 수 있으나 면세사업자는 과세사업자로 사업자등록을 변경하지 않는 이상 세금계산서를 발행할 수 없다.

구분	사업 형태	전자계산서 의무발급 여부(O,X)	
		여부	내 용
법인 사업자	부가가치세 과세, 면세 구분 없음	O	과세거래는 전자세금계산서, 면세거래는 전자계산서 의 무발급해야 함
개인 사업자	부가가치세 과세 사업만 영위	X	과세사업만 영위하므로 계산서발급 대상 면세 거래가 없음
	부가가치세 과세· 면세사업 겸업	O	직전 과세기간의 총수입금액이 8천만 원 이상의 경우 면세거래에 대해 발급의무
	부가가치세 면세 사업만 영위	O	직전 과세기간의 총수입금액이 8천만 원 이상의 경우 의무발급

- **면세사업자**가 발행
- **공급가액만 표기되고 부가가치세는 별도로 표기되지 않음**

면세사업자에게 면세
물품을 구매하는 경우

부가가치세를 별도로 부담하지 않음

세금계산서의 발행을 요구해도 발행해주지 않음

Q 세금계산서와 계산서는 어떻게 구분하나?

세금계산서 ▶
- 공급가액과 부가가치세가 구분되어 표기되는 형식
- 과세물품이나 용역을 제공할 때 발행하는 법정지출증빙

계 산 서 ▶
- 공급가액과 부가가치세가 구분되어 표기되지 않고 공급가액
만 표기됨
- 면세물품이나 면세용역에 대해서 발행하는 법정지출증빙

신용카드매출전표

신용카드매출전표는 물건이나 서비스를 제공받고 결제를 신용카드로 하면서 대금의 수불 사실을 입증하기 위해서 상호 주고받는 신용카드영수증이다.

또한, 신용카드결제 시 일반적으로 매출전표 상으로 공급가액과 부가가치세가 별도로 표기가 되는 데 결제 시 세금계산서와 달리 부가가치세를 추가로 부담하지 않는 것이 일반적이며, 구입가격의 100/110은 공급가액이 10/110은 부가가치세가 되므로 부가가치세 신고 시 신고서상에 공급가액을 총액으로 적고 총액에 대한 10%를 부가가치세로 적는 실수를 범하지 않아야 한다. 신용카드매출전표에 공급가액(금액)만 표기되고 부가가치세가 별도로 표기되지 않는 경우가 있는데 이는 면세물품을 구입하는 경우나 상대방이 연 매출 4,800만 원 미만 간이과세자인 경우 발행되는 신용카드매출전표로 부가가치세 신고시 매입세액공제를 받을 수 없다. 간혹 연 매출 4,800만 원 미만 간이과세자가 발행한 신용카드매출전표인데, 공급가액(금액)과 부가가치세가 구분표시 된 경우가 있다. 그러나 이는 간이과세자가 단말기 설정이나 조작실수 등으로 잘못발행한 것이므로 매입세액공제를 받으면 안 된다. 확실한 처리방법은 발행자의 사업자등록 내역을 국세청에서 조회한 후 처리하는 것이다.

신용카드 결제

- 세금계산서와 달리 부가가치세를 추가로 부담하지 않음
- 구입가격의 100/110은 공급가액이 10/110은 부가가치세

"부가가치세 신고 시 신고서상에 공급가액을 총액으로 적고 총액에 대한 10%를 부가가치세로 적는 실수 주의"

"신용카드매출전표 자체가 세금계산서와 동일하므로 별도로 세금계산서를 받지 않아도 됨"

Q 신용카드매출전표 상에 공급가액만 표기되고 부가가치세가 별도로 표기되지 않는 경우, 매입세액공제가 가능한가?

면세사업자(면세 물품) 또는 간이과세자에 대한 신용카드매출전표로 부가가치세 신고 시 매입세액공제를 받을 수 없다. 단, 연 매출 4,800만 원 이상 간이과세자는 7월 1일부터 가능

구분	증빙 인정 여부	매입세액공제 여부
기업업무 추진비(= 접대비)	법인은 법인카드만 인정 개인회사는 개인카드도 인정. 단 사업용 신용카드를 등록하고 사업용 계좌와 결제계좌를 연결	매입세액불공제
일반비용	법인카드, 개인카드 모두 인정. 단, 사장의 개인카드는 사업용 신용카드로 등록하고 사업용 계좌와 결제계좌를 연결	매입세액공제. 개인카드 지출 분에 대해서 회사경비 처리 시 개인의 연말정산 시 신용카드 소득공제를 받을 수 없다.

개인사업자는 사업용 신용카드를 반드시 등록하라

개인사업자가 사업용 물품을 구입하는 데 사용할 신용카드를 국세청 현금영수증 홈페이지에 등록하는 제도를 말하며, 등록한 개인사업자는 부가가치세 신고 시 매입세액공제를 받기 위해서 "신용카드매출전표 등 수령명세서"에 거래처별 합계자료가 아닌 등록한 신용카드로 매입한 합계 금액만 기재하면 매입세액공제를 받을 수 있고, 법인 명의로 카드를 발급받은 법인사업자는 별도의 등록 절차 없이 거래처별 합계표를 기재하지 않아도 매입세액공제를 받을 수 있다. 단, 종업원(임직원) 명의의 신용카드로 사업용 물품을 구입하는 경우에는 거래처별 합계를 제출해야 매입세액공제가 가능하다.

1. 사업용 신용카드 등록

국세청 현금영수증 홈페이지 "사업용 신용카드 등록" 코너에서 공인인증서를 이용해서 회원에 가입하고, 사업용으로 사용할 신용카드를 등록하면 된다(최대 5개 신용카드 등록 가능).

> 사업용 신용카드는 개인사업자가 '공인인증서'를 이용해서 홈택스의 전자(세금)계산서 계산서·영수증·카드 > 신용카드 매입 > 사업용 신용카드 등록 및 조회에서 등록한다. 법인사업자는 사업용 신용카드를 등록할 필요가 없다.
> 개인사업자의 신용정보 보호를 위해서 공인인증서에 의한 회원가입을 의무화하였고, 본인 명의 신용카드만 등록할 수 있다.

2. 등록카드 자료의 활용

국세청이 사업용 신용카드의 거래자료를 신용카드사로부터 매 분기 익월 10일에 통보받아 현금영수증 홈페이지에 수록하고, 사업자는 사업자등록번호와 주민등록번호를 입력하면 신고기간별 신용카드 사용 건수 및 사용 금액 집계 조회가 가능하다.

1 신용카드매출전표를 받아도 매입세액불공제 사업자

다음의 일반과세자로부터 신용카드매출전표를 받은 경우는 매입세액공제가 안 된다.

- 미용, 욕탕 및 유사서비스업
- 여객운송업(전세버스 제외)
- 입장권 발행사업자
- 의료법에 따른 의사, 치과의사, 한의사, 조산사 또는 간호사가 제공하는 용역 중 요양급여의 대상에서 제외되는 쌍꺼풀수술, 코 성형수술, 유방확대 · 축소술, 지방흡인술, 주름살제거술의 진료용역을 공급하는 사업, 수의사가 제공하는 동물의 진료용역(부가가치세가 과세되는 수의사의 동물 진료용역)
- 교육용역 중 부가가치세가 과세되는 무도학원, 자동차운전학원

2 신용카드매출전표를 받아도 매입세액불공제 거래

다음의 경우에는 부가가치세가 구분 기재된 신용카드매출전표를 받아도 매입세액공제를 받을 수 없다.

- 비영업용 소형승용차 관련 매입세액(유대 등) · 기업업무추진비(= 접대비) 관련 매입세액 · 사업과 관련 없는 매입세액(가사용 매입 등)을 신용카드매출전표 등으로 받은 경우
- 간이과세자(연 매출 4,800만 원 미만) · 면세사업자로부터 신용카드매출전표 등을 받은 경우
- 타인(종업원 및 가족 제외) 명의 신용카드를 사용한 경우
- 외국에서 발행된 신용카드 사용금액

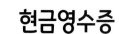

현금영수증

현금영수증은 물품을 구입하고 현금을 지급하면서 휴대폰 번호, 신용카드, 기타 현금영수증 관련 카드를 제시하고 발급받는 영수증을 말한다. 금전등록기 영수증이나 일정한 형식에 따라 발급받는 간이영수증은 현금영수증에 포함되지 않는다.

그리고 현금영수증은 두 종류로 구분이 되는데 하나는 근로소득자가 연말정산 시 소득공제를 받을 수 있는 소득공제용 현금영수증이며, 나머지 하나는 사업자가 사업과 관련한 지출을 할 때 지출증빙으로 활용가능한 지출증빙용 현금영수증이다. 따라서 사업자는 마트 등에서 음료수를 구입하거나 사무용품을 구입하고 현금으로 결제하는 경우 현금영수증을 받을 때 일반적으로 소득공제용 현금영수증을 발급해줌으로 사전에 반드시 지출증빙용 현금영수증의 발행을 요구해야 한다. 또한, 세법상 현금영수증은 신용카드매출전표와 동일하게 취급된다. 따라서 세법상 신용카드사용에 대해서 주어지는 모든 혜택을 동일하게 적용받는다. 다만, 신용카드매출전표는 비현금 거래에 대해서 발급받는 것이고, 현금영수증은 현금거래에 대해서 발급받는 증빙이라는 차이만 있을 뿐이다.

연금영수증의 종류

연금영수증

| 소득공제용 현금영수증 | 급여를 받는 근로소득자가 연말정산 시 소득공제를 받기 위한 현금영수증 |
| 지출증빙용 현금영수증 | 회사의 경비처리를 위해 발급받는 현금영수증(신용카드매출전표와 동격, 매입세액공제 가능) |

현금지급

물품구입
- 휴대폰
- 신용카드
- 기타 현금영수증 관련 카드

현금영수증
⇨ 접 대 비 : 3만 1원부터
⇨ 일반비용 : 3만 1원부터

"금전등록기 영수증이나 일정한 형식에 따라 발급받는 간이영수증은 현금영수증에 포함되지 않음"

| (지출증빙용)현금영수증 | = | 신용카드매출전표 |

혜택은 동일

구분	세무처리	매입세액공제
기업업무추진비(=접대비)	거래 건당 3만 원을 초과하는 기업업무추진비를 지출하고 지출증빙용 현금영수증을 받은 경우 비용으로 인정된다.	매입세액불공제
기업업무추진비를 제외 일반비용	거래 건당 3만 원을 초과하는 기업업무추진비 외 일반경비를 지출하고 지출증빙용 현금영수증을 받은 경우 비용으로 인정된다.	매입세액공제

전화요금 청구서 등 일정한 형식의 지로영수증

사업자는 원칙적으로 거래발생시 법정지출증빙인 세금계산서를 발행해야 한다. 그러나 전화요금이나 가스요금과 같이 소액의 반복적 거래를 하는 사업자가 다수의 거래처를 상대로 거래 발생 시마다 청구서 따로 세금계 산서를 따로 발행하는 것은 사업자의 업무량 및 비용을 고려해 볼 때 비효율적이다.

따라서 이런 경우에 사업자가 국세청장에게 별도의 세금계산서 서식(지로영수증)을 신고하면 청구서와 세금계산서를 함께 사용할 수 있다.

그러나 단순 청구서가 아닌 세금계산서 기능을 하기 위해서는 지로에도 세금계산서의 필수적 기재 사항인 다음의 내용이 반드시 기재가 되어 있어야 한다. 하나라도 누락 되면 세금계산서 대용 증빙으로 인정이 되지 않으며, 다만, 영수증에 불과하다.

- 공급하는 사업자의 등록번호와 성명 또는 명칭
- 공급받는 자의 등록번호
- 공급가액과 부가가치세액

● 작성연월일

세금계산서의 필요적 기재 사항이 기재된 지로영수증을 받는 경우 부가가치세 신고 시 매입처별세금계산서합계표에 기재해서 매입세액공제를 받을 수 있다. 반면, 신고한 서식을 사용하더라도 필요적 기재사항이 누락된 경우에는 세금계산서가 아닌 영수증을 받은 것에 불과하므로, 3만원 초과 거래나 3만 원 미만이어도 부가가치세를 부담한 경우 반드시 세금계산서를 재발행받아야 한다. 예를 들어 전화요금 고지서는 법인명으로 가입을 하는 경우 고지서상에 공급받는 자의 등록번호가 자동으로 기록됨으로 인해 매입세액공제가 가능 하다. 그러나 개인사업자의 경우 개인 명의로 전화를 개통함으로 인해 사업자등록증을 별도로 제시하고 고지서를 받지 않는 이상 공급받는 자의 등록번호가 고지서에 인쇄되지 않아 매입세액공제를 못 받는 사태가 발생하므로 반드시 전화국에 사업자등록증 등 필요서류를 제출하고 고지서를 받도록 한다.

다수의 거래처를 상대로 소액의 반복적 거래를 하는 사업자의 경우는?

" 사업자가 국세청장에게 별도의 세금계산서 서식(지로영수증)을 신고하면
세금계산서 대용 서식으로 사용 가능 "

❝❝ 지로영수증 필수 기재사항 ❞❞

[지로영수증 발행 시 반드시 기록되어 있어야 할 사항]
● 공급하는 사업자의 등록번호와 성명 또는 명칭
● 공급받는 자의 등록번호
● 공급가액과 부가가치세
● 작성연월일(발행 일자를 말하며, 부가가치세법상
  공급시기, 거래시기를 말한다)

필수적 기재 사항 기록

→ 부가가치세 신고 시
매입처별세금계산서합계표에 기재해서
매입세액공제를 받을 수 있음

간이영수증 한도는
별도로 정해진 기준이 있나요?

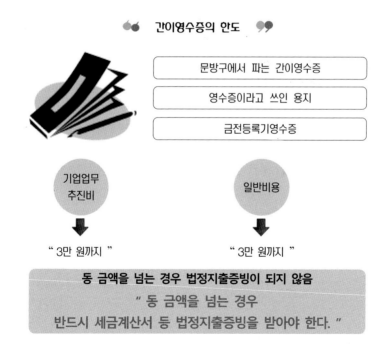

❝❝ 간이영수증의 한도 ❞❞

문방구에서 파는 간이영수증
영수증이라고 쓰인 용지
금전등록기영수증

기업업무 추진비	일반비용
⬇	⬇
" 3만 원까지 "	" 3만 원까지 "

동 금액을 넘는 경우 법정지출증빙이 되지 않음
" 동 금액을 넘는 경우
반드시 세금계산서 등 법정지출증빙을 받아야 한다. "

간이영수증은 문방구에서 파는 간이영수증 또는 영수증이라고 쓰인 용지 및 슈퍼나 음식점에서 영수증을 대신해서 사용하는 단말기 영수증을 말한다. 간이영수증은 3만 원까지 법정지출증빙이 되나 동 금액을 넘는 경우 법정지출증빙이 되지 않는다.

> Q 한도금액을 맞추기 위해 영수증을 여러 장으로 나누어 받는 경우 인정이 되나요?
>
> 한도를 피하기 위해 영수증을 여러 장으로 나누어 받은 경우에도 동일한 1건으로 보아 합한 금액을 기준으로 한도를 판단한다. 따라서 가장 좋은 방법은 신용카드로 결제를 하거나 결제 시마다 지출증빙용 현금영수증을 받는 것이 좋다.

영수증을 발급하는 사업	비 고
• 소매업 • 음식점업(다과점업을 포함함) • 숙박업 • 간이과세가 배제되는 변호사업·심판변론인업·변리사업·법무사업·공인회계사업·세무사업·경영지도사업 등 법에 열거된 사업서비스업 • 우정사업조직이 소포우편물을 방문 접수해서 배달하는 용역을 공급하는 사업 • 공인인증서를 발급하는 사업 • 주로 소비자에게 재화·용역을 제공하는 일정한 사업 • 여객운송업 : 전세버스운송사업	공급받는 자가 사업자등록증을 제시하고 세금계산서의 발급을 요구하는 경우는 영수증 대신 세금계산서를 발급해야 한다. 다만, 이미 신용카드매출전표 등을 발급한 경우는 세금계산서를 발급할 수 없다.
• 미용, 욕탕 및 유사서비스업 • 여객운송업(전세버스 운송사업의 경우 제외) • 입장권을 발행하여 영위하는 사업 • 수의사가 제공하는 동물의 진료용역(부가가치세가 과세되는 수의사의 동물 진료용역)	상대방이 요구하는 경우에도 세금계산서를 발급할 수 없다. 다만, 감가상각자산을 공급하는 경우 또는 영수증 발급대상 역

영수증을 발급하는 사업	비 고
• 의료법에 따른 의사, 치과의사, 한의사, 조산사 또는 간호사가 제공하는 용역 중 국민건강보험법에 따라 요양급여의 대상에서 제외되는 쌍꺼풀수술, 코 성형수술, 유방 확대·축소술, 지방흡인술, 주름살제거술의 진료용역을 공급하는 사업 • 교육용역 중 부가가치세가 과세 되는 무도학원, 자동차운전학원	무 외의 역무를 공급하는 경우 공급받는 사업자가 사업자등록증을 제시하고 세금계산서의 발급을 요구하는 때에는 세금계산서를 발급해야 한다.

택시 영수증의 세무 처리와 비용처리

1. 택시 영수증의 부가가치세 적용

일반 버스는 부가가치세가 면제되는 것이나, 항공기, 고속버스, 전세버스, 택시, 특수자동차, 특종 선박 또는 고속철도에 의한 여객 운송용역은 부가가치세가 과세되고 있다. 다만, 전세버스 운송사업자는 제외한 여객운송업의 경우에는 영수증을 발급해야 하며, 세금계산서를 발급할 수 없다. 따라서 택시를 이용하는 경우 영수증을 받아두면 증빙으로 충분하다.

2. 택시 영수증의 법인세와 종합소득세 적용

택시운송용역을 제공받은 경우에는 세금계산서 등 법정증빙서류의 수취·보관 의무가 없는 것(지출증빙서류 수취 특례에 해당)으로, 손금산입을 위한 객관적인 서류(영수증 등)를 수취·보관하면 된다.

효율적인 증빙관리를 위해 반드시 유의해야 할 사항

서류명	처리방안
세금계산서, 계산서	일반영수증과 완전분리해서 따로 정리한다. 반드시 업체에서 기간별로 매입, 매출 합계를 산출해서 회계사무실에 전달해야 한다. ➡ (컴퓨터 등) 고정자산 구입 분은 부가가치세 조기환급이 되므로, 고정자산 구입 분이 있는지 반드시 확인한다.
일반영수증	전표를 작성하는 경우 : 전표 수령 전표를 작성하지 않는 경우 : A4용지에 붙이는 등의 방법 이용 • 월별로 정리(월별로 입력하므로) • 기업업무추진비(= 접대비) 따로 정리(세법상 한도가 있음) • 영수증이 없는 경비 : 지출결의서 등 작성
급여 관련 영수증, 급여대장	국민연금, 건강보험, 고용보험 등 4대 보험 관련 영수증 등 ➡ 직원 입·퇴사 시 회계사무실에 통보 ➡ 일반영수증과 분리해서 정리 ➡ 급여 신고 시 인원과 금액을 회계사무실에 통보한 후 상호 확인한다.

서류명	처리방안
고정자산 취득 관련 영수증	차량, 건물, 토지 등 고정자산 취득 관련 영수증 ➡ 일반영수증과 분리해서 정리한 후 회계처리를 한다. ➡ 고정자산 취득 관련 경비는 취득원가로 산입됨에 유의한다. ➡ 취득 시 취득 자금을 파악해서 대출계약서 등 취득과 관련된 서류를 묶어서 회계처리를 해야 한다. ➡ 고정자산 취득비용을 당기 비용으로 처리하면 안 된다.
신용카드전표 (매출)	신용카드 매출 : 따로 정리해서 수령한다. ➡ 실무적으로는 카드단말기 회사에서 기간별 합계를 받아 이용한다. ➡ 세금계산서 교부분과 중복 여부를 확인한다.
신용카드전표 (매입)	신용카드 매입 : 일반영수증과 분리해서 수령한다. ● 홈택스 사이트에서 조회할 수 있다. ● 엑셀에서 비고란을 만들어 경비내용을 표시한 후 기장업체에 넘긴다. ● 개인적 경비, 기업업무추진비(= 접대비) 관련 경비, 세금계산서 발생분 결제 대금 등을 구분해서 처리한다.
통장	개인 업체 : 원칙적으로 사업용 계좌 거래 내역을 중심으로 회계처리를 해야 한다. ➡ 실무적으로는 아직 프라이버시 등의 문제로 처리하지 않고 있다. 법인업체 : 가능하면 엑셀로 다운받아 기장업체에 넘긴다. ➡ 엑셀에서 비고란을 만들어 거래내역을 표한 후 기장업체에 넘긴다.
해외출장비 등	프로젝트별로 일반영수증과 분리해서 처리 ➡ 업체에서 엑셀 등으로 경비 내용을 정리한다. ➡ 외화영수증 등은 환율 등을 적용해서 정리한다.
대출 관련 서류	대출금의 실행일, 이자율, 만기일, 대출 실행 비용 등을 회계사무실에 통보한다. ➡ 금융기관에서 이자납입내역서 등을 전송받아서 회계사무실에 전달한다.

서류명	처리방안
보험 관련 (화재, 자동차 등)	보험 관련 납부 금액이 있는 경우 회계사무실에 통보한다. ➡ 보험료는 당기 비용처리 분과 저축성 해당 분이 있으므로 저축성 해당분을 당기 비용으로 처리하면 안 된다. ➡ 소액 보험료는 미경과 보험료만 계산해서 선급비용으로 처리한다. ➡ 금액이 큰 보험료는 실행일, 만기일, 월 납입액 등을 정확히 파악해서 처리한다.
계약서 등	기타 업체의 주요 의사결정과 관련된 계약서 등을 회계사무실에 전달한다.

임금(급여) 계산과 급여세금 원천징수

제7장

급여와 관련해서
반드시 알아두어야 할 사항

구 분	내 용
최저임금	시간당 9,860원(2024년) 시간당 10,030원(2025년) 1인 이상 모든 사업장 적용
1일 근로시간	8시간을 초과할 수 없음
1주 근로시간	40시간을 초과할 수 없음
주유급휴일	1주일에 1일 이상 유급휴일(8시간)을 주어야 함 ➡ 월~금요일 근로시간의 합 ÷ 5일(무조건)
209시간	주 40시간 근무사업장이 매월 동일하게 적용되는 유급 근무시간 매주 40시간 + 8시간 = 48시간을 매월 동일하게 적용할 경우 월평균 209시간(48시간 × 4.345주(365일 ÷ 12월 ÷ 7일) 산출됨 ➡ 실제 근무시간이 아니고 통상임금을 계산하기 위한 개념이다. [2024년] ➡ 1개월 개근시 : 209시간 × 9,860원 = 2,060,740원이 최저임금 [2025년] ➡ 1개월 개근시 : 209시간 × 10,030원 = 2,096,270원이 최저임금

구 분		내 용
유급휴일		근로자와 계약에 따라 유급휴일로 정한 요일(보통 일요일이 됨)
		➡ 주5일제의 경우 결근이 없으면 개근한 것으로 보아 주휴수당 지급(예 : 월요일 1시간 근무하고 조퇴해도 결근이 아니므로 개근 이 됨)
		➡ 5월 1일 근로자의 날 포함
무급휴무일		주5일 근무제의 경우 무급휴무일로 정한 날(보통 토요일이 됨)
법정공휴일		신정, 구정, 추석, 삼일절, 어린이날 등으로 관공서의 휴일에 관한 규정에 따른 것으로 쉬는 날임(사기업은 5인 이상 기업만 적용)
수당	연장근로수당	1일 8시간 초과하는 경우의 추가수당
		➡ 5인 미만 : 연장근로시간 × 시간당 통상임금 × 1
		➡ 5인 이상 : 연장근로시간 × 시간당 통상임금 × 1.5
	휴일근로수당	근로계약상의 근로의무가 없는 날에 행해진 근로수당
		➡ 5인 미만 : 휴일근로시간 × 시간당 통상임금 × 1
		➡ 5인 이상 : 휴일근로시간 × 시간당 통상임금 × 1.5
		8시간 초과분 : (휴일근로시간 - 8시간) × 시간당 통상임금 × 2
	야간근로수당	오후 10시~오전 6시까지 근무하는 경우의 가산수당
		➡ 5인 미만 : 야간근로시간 × 시간당 통상임금
		➡ 5인 이상 : 야간근로시간 × 시간당 통상임금 × 0.5
	수당 중복 여부	위의 연장, 휴일, 야간근로수당은 중복적용 됨
		➡ 연장근로수당 및 휴일근로수당과 야간근로수당은 중복적용된 다. 즉, 야간근로수당은 무조건 중복적용된다.

최저임금 안내

최저임금은 근로자가 사용자에게 제공한 근로의 대가로 근로자에게 지불해야 할 최저수준의 임금을 말한다. 다만 아래의 수습근로자, 감시·단속적 근로자의 최저임금액은 10%를 감액한 금액을 적용한다.

⊙ 3개월 이내의 수습 사용 중인 근로자 단, 근로계약기간이 1년 미만인 수습 사용 근로자 및 단순노무종사자에게는 최저임금액을 감액하지 않고 100%를 적용한다.

⊙ 고용노동부 장관의 승인을 받은 감시·단속적 근로자

최저임금에 포함되는 임금	최저임금에 포함되지 않는 임금
• 단체협약이나 취업규칙 또는 근로계약에 지급 근거가 명시되어 있거나 관례에 따라 지급되어야 하고 • 미리 정해진 지급조건과 지급률에 따라 소정근로에 대해 매월 1회 이상 정기적·일률적으로 지급되어야 한다. 일반적으로 매월 1회 이상 정기적·일률적으로 지급되는 기본급, 직무수당, 직책수당, 기술수당, 면허수당, 생산 장려수당 등이 포함된다.	• 1개월을 초과하는 기간의 해당 사유에 따라 지급하는 정근수당, 근속수당, 상여금(매월 1회 이상 정기적으로 지급하지 않는 임금이나 수당은 최저임금에 미포함) • 연장시간근로·휴일근로에 대한 임금 및 가산임금, 연차휴가 근로수당, 일·숙직 수당 등 (소정의 근로시간 또는 소정근로일에 대해서 지급하는 임금이나 수당이 아니므로 최저임금에 미포함) • 가족수당, 급식수당, 주택수당, 통근수당, 식사, 통근차 운행 등(근로자의 복리후생을 위한 수당, 현물 등으로써 최저임금에 미포함)

연차휴가와 연차수당

1 연차휴가의 적용 대상

⊙ 상시근로자 5인 이상 사업장에 근무하는 모든 근로자가 적용 대상이다. 따라서 5인 미만 사업장은 적용 대상이 아니다.

⊙ 적용 제외 근로자

가. 상시근로자 5인 미만 사업장 소속 근로자(사용자는 적용 대상이 아님). 단 중간에 5인 이상이 되는 경우 그 시점에 전직원이 입사한 것으로 봐 연차휴가를 계산한다.

나. 소정근로시간이 1주 15시간 미만인 이른바 초단시간 근로자

다. 임원은 근로기준법상 사용인으로 근로기준법이 적용되지 않으므로 회사에 별도의 규정이 없으면 근로기준법상 연차휴가를 적용하지 않는다.

2 1년 미만 월 단위 연차휴가

1개월 개근 시 1일의 월 단위 연차휴가가 발생하는 것은 절대 변하지

않는다. 1년 미만 월 단위 연차휴가는 입사일 기준이든 회계연도 기준이든 동일하게 적용된다. 월 단위 연차의 발생은 입사일과 같은 날까지 근무해야 한다(예를 들어 4월 1일 입사의 경우 3월 31일이 아닌 5월 1일까지 근무, 발생은 1개월 + 1일, 2개월 + 1일....).

그리고 입사일부터 1년 안에 월 단위 연차휴가를 모두 사용해야 한다.

예를 들어 2024년 4월 1일 입사자의 경우 1달 개근 시 5월 1일부터 1일씩 발생해 총 11일을 한도로 월 단위 연차휴가가 발생하는데, 이를 입사일로부터 1년인 2025년 3월 31일까지 모두 사용해야 한다.

구 분	내 용
발 생 기 간	입사일로부터 1년간만 발생
발 생 일 수	1달 개근시 1일씩 1년간 총11일 한도
회 계 연 도 기준 적용	회계연도 기준이라고 다르지 않다. 즉 1년 미만 월 단위 연차휴가는 입사일 기준이든 회계연도 기준이든 동일하게 적용된다.
연 차 사 용 촉 진	2020년 3월 31일 발생분부터는 연차휴가 사용촉진이 가능(3개월, 1개월 전). 연차휴가사용촉진시 미사용 연차에 대해 연차수당 지급의무 면제

3 \ 1년 연 단위 연차휴가

📋 입사일 기준

입사일을 기준으로 80% 이상 개근 시 15일부터 시작해 2년 단위로 1일씩 증가해 총 25일 한도로 연 단위 연차휴가 발생한다.

1년	2년	3년	4년	5년	10년	15년	20년	21년
15일	15일	16일	16일	17일	19일	22일	24일	25일

연차휴가 일수 = 15일 + (10년 – 1년) ÷ 2 = 15일 + 4.5일 = 19일

⊙ 입사일과 같은 날 1년 단위로 발생하고 발생일까지 근무하면 부여된 다고 보면 된다. 예를 들어 2024년 1월 2일 입사자의 경우 다음 연도 입사일과 같은 날인 2025년 1월 2일 15일의 연차휴가가 발생하 는데, 해당일까지 근무하면 부여(주고), 해당일 전날까지 근무하면 발 생을 해도 주지 않아도 된다. 결국 365일 + 1일 즉 366일을 근무해 야 부여한다.

⊙ 입사일로부터 1년이 지난 근로자는 월 단위 연차휴가를 신경 쓰지 않 는다.

⊙ 원칙은 입사일 기준이므로 회계연도 기준을 적용하더라고 퇴사 시에 는 입사일 기준으로 정산했을 때보다 연차휴가 일수가 적으면 안 된 다(입사일 기준과 회계연도 기준 중 유리한 것 적용).

구 분		내 용
발생일수	1년 80% 이상 출금	15일부터 시작해 2년 단위로 1일씩 증가해 총 25일 한도로 연 단위 연차휴가 발생
	1년 80% 미만 출금	1년 동안 1달 개근한 달에만 1일의 연차유급휴가 발생. 즉 월 단위 연차휴가와 같은 방식으로 연 단위 연차휴가 발생(연차 연 도 계산 시에는 포함) 예를 들어 1년간 80% 미만 출근했지만, 1월, 4월, 10월, 11월 개근 시 4일의 연 단위 연차휴가 발생
적용기준	원칙	입사일을 기준으로 적용
	예외	회계연도 기준 적용
연차사용촉진		연차사용촉진이 가능(6개월, 2개월 전). 연차사용촉진시 미사 용 연차에 대해 연차수당 지급 의무 면제

📋 회계연도 기준

근로자에게 불이익이 안 된다는 전제조건하에 회계연도 기준을 인정하고 있다.

⊙ 입사연도에는 입사일을 기준으로 12월 31일까지 1년 연차를 비례해서 부여한다.

⊙ 회계연도를 기준으로 80% 이상 개근 시 15일부터 시작해 2년 단위로 1일씩 증가해 총 25일 한도로 연 단위 연차휴가 발생한다. 단 입사 연도 다음 연도부터 1년으로 계산해 연차를 부여한다.

⊙ 회계연도 기준은 예외 규정이므로 퇴사할 때는 반드시 입사일 기준으로 재정산해 많으면 넘어가고 적으면 입사일 기준으로 연차휴가일 수를 맞춰줘야 한다.

회계연도 단위의 연차휴가 일수 계산 방법

❶ 입사 연도의 연차휴가 일수(2022년 입사) = 입사일부터 12월 31일까지 월 단위 휴가 일수 + 연 단위 비례 연차휴가 일수(15일 × 근속기간 총일수 ÷ 365)를 다음 연도에 사용

❷ 입사 다음 연도(2023년)의 연차휴가 일수 = (11 - 입사 연도에 발생한 월 단위 연차휴가 일수) + 15일(연 단위 연차휴가 일수)

❸ 입사 다음다음(2024년) 연도 1월 1일 기준 연차휴가 일수 = 15일

❹ 입사 다음다음 다음(2025년) 연도 1월 1일 기준 연차휴가 일수 = 16일

2024년 7월 1일 입사자의 경우 회계연도 기준으로 연차휴가를 부여하고자 할 때 2024년과 2025년 부여해야 할 연차휴가 일수는?

----

❶ 입사 연도의 연차휴가 일수 = 입사일부터 12월 31일까지 월 단위 휴가 일수 + 연 단위 비례 연차휴가 일수(15일 × 근속기간 총일수 ÷ 365)

구분	기간 계산	연차휴가	계산식
입사연도 (2024년)	월 단위 연차 (1년 미만자 휴가)	5일	8월, 9월, 10월, 11월, 12월 1일 (2024년 사용 또는 2025년 사용)
연 차 비례휴가	2024.7.1~12.31 (연 단위 연차)	7.5일	15일 × 입사 연도 재직일 ÷ 365일 = 15일 × 184일 ÷ 365일
합계(2024년 12월 31일 기준) 계산한 연차일수		12.5일	13일 부여하면 문제없음 (월 단위 연차 + 연 단위 연차)

2025년에는 2024년 연차를 사용하지 않은 경우 총 13일 + 6일(2025년 발생하는 1년 미만 연차)의 연차를 사용할 수 있다(12일을 부여하고 0.5일분은 수당으로 지급해도 됨). 단, 1년 미만자 연차휴가는 노사 합의가 없는 경우 2025년 6월 30일까지 사용할 수 있다.
㈜ 연차휴가 일수가 소수점 이하로 발생할 경우, 잔여 소수점 이하에 대해서는 수당으로 계산 지급하는 것도 가능하나 가급적 근로자에게 불이익이 없도록 노사합의로 1일의 휴가를 부여해야 할 것이다(근기 01254-11575, 1989.8.7.).

❷ 입사 다음 연도의 연차휴가 일수 = (11 - 입사 연도에 발생한 월 단위 연차휴가 일수) + 15일

구분	기간 계산	연차휴가	계산식
입 사 다음연도 (2025년)	월 단위 연차 2025.1.1~6.1 (1년 미만자 휴가)	6일 (11 - 5일)	11일 - 입사연도 월 단위 연차휴가 (2024년 12월 31일까지 5일). 1년 미만의 월 단위 연차는 끝
연차휴가	2025.1.1~12.31	15일	입사 2년 차 연차휴가

구분	기간 계산	연차휴가	계산식
합계(2025년 12월 31일 기준)		21일	남은 월차 + 2025년 연차

월 단위 연차휴가 6일은 2024년 6월 30일까지 사용할 수 있으며, 2025년 발생 15일은 2026년 사용할 수 있다.

❸ 입사 다음다음 연도의 연차휴가 일수 = 15일

2026년 15일, 2027년과 2028년 16일, 2029년과 2030년 17일…의 연차휴가가 발생한다.

4 퇴사 시 연차휴가의 정산

구 분	발생	정산분
2017년 5월 29일 입사자까지	❶ 1년간 : 1월 개근시 월 단위 연차 총11일 ❷ 1년이 되는 날 : 1년 개근 시 연 단위 연차 15일 ❸ 2년이 되는 날 : 15일 ❹ 3년이 되는 날 : 16일 계산식 = 15일 + (근속연수 - 1년) ÷ 2로 계산 후 나머지를 버리면 된다.	정산 연차 일수 = [15일 + (❸ + ❹ + … - 연 단위 연차휴가사용촉진)] - 사용한 일수
2017년 5월 30일 입사자부터	❶ 1년간 : 1월 개근시 월 단위 연차 총11일 ❷ 1년이 되는 날 : 1년 개근 시 연 단위 연차 15일	정산 연차 일수 = [26일 + (❸ + ❹ + … - 연 단위 연차휴가사용촉진)] - 사용한 일수
2020년 3월 1일 입사자부터	❸ 2년이 되는 날 : 15일 ❹ 3년이 되는 날 : 16일 계산식 = 15일 + (근속연수 - 1년) ÷ 2로 계산 후 나머지를 버리면 된다.	정산 연차 일수 = [(26일 - 월 단위 연차휴가사용촉진) + (❸ + ❹ + .. - 연 단위 연차휴가사용촉진)] - 사용한 일수

5 연차수당

연차수당은 미사용한 연차휴가에 대해 지급하는 수당으로 연차수당의 계산은 연차휴가청구권이 소멸한 달의 통상임금 수준이 되며, 그 지급일은 휴가청구권이 소멸된 직후에 바로 지급해야 함이 마땅하나, 취업규칙이나 근로계약에 근거해서 연차유급휴가 청구권이 소멸된 날 이후 첫 임금 지급일에 지급해도 된다.

예를 들어 2024년 1월 1일~12월 31일까지 개근하여 2025년 1월 1일~12월 31일까지 사용할 수 있는 15개의 연차휴가가 발생하였으나 이를 사용하지 않았다면 2025년 12월 31일 자로 연차휴가청구권은 소멸되고, 휴가청구권이 소멸되는 다음날(2026년 1월 1일)에 연차유급휴가 근로수당이 발생하게 되는 것이다.

그리고 연차수당산정의 기준임금은 연차휴가청구권이 최종적으로 소멸하는 월(2025년 12월 31일)의 통상임금을 기준으로 한다. 또한 연차휴가 사용촉진을 했는데 연차휴가를 사용하지 않은 경우 수당지급의무가 면제된다.

연차수당 = 통상시급[연차휴가청구권이 소멸한 달의 통상임금 ÷ 월 통상임금 산정기준시간(= 유급 근로시간)^주 (일반적으로 209시간)] × <u>1일 유급 근로시간(일반적으로 8시간) × 미사용 연차일수</u>

여기서 통상임금은 기본금, 각종 수당(가족수당, 직무수당 등), 정기상여금의 합계를 말한다.

주 월 통상임금 산정 기준시간 예시(소수점 올림)

주당 소정근로시간이 40시간이며(하루 8시간 근무), 유급 처리되는 시간이 없는 경우 : 209시간 = [(40시간 + 8(주휴)시간) ÷ 7일] × [365일 ÷ 12월]

퇴사 시 남은 연차휴가는 남은 연차휴가를 소진하고 퇴사하는 방법과 연차수당으로 지급하는 방법이 있다.

중소기업의 경우 연차수당을 주지 않기 위해 연차휴가를 소진하고 퇴사처리를 하는 경우가 많은데, 이에는 득실이 존재한다. 법적으로는 2가지 방법 모두 가능하다.

근로기준법 제60조(연차 유급휴가) ⑤ 사용자는 제1항부터 제4항까지의 규정에 따른 휴가를 근로자가 청구한 시기에 주어야 하고, 그 기간에 대하여는 취업규칙 등에서 정하는 통상임금 또는 평균임금을 지급하여야 한다. 다만, 근로자가 청구한 시기에 휴가를 주는 것이 사업 운영에 막대한 지장이 있는 경우에는 그 시기를 변경할 수 있다.

연차유급휴가의 시기지정권은 근로자에게 있으므로 남은 연차유급휴가를 모두 사용하고 퇴사할 수 있다.

💼 연차휴가 소진의 득과 실

퇴사 전 연차휴가를 소진하는 경우 남은 연차휴가일 수 계산 시 토요일과 일요일은 제외한다. 즉 토요일과 일요일을 포함해 남은 연차를 소진하는 것이 아니다.

연차 시작일과 퇴사일 사이에 주말을 넣는 경우

예를 들어 연차가 7일 남았는데, 화요일부터 연차를 사용한다고 해보자.

연차를 소진하면, 다음 주 수요일(화, 수, 목, 금, 다음 주 월, 화, 수 총 7일)에 퇴사(퇴사일은 목요일)하게 된다. 이 경우 7일이 아닌 8일 치의 임금을 받게 된다. 중간에 주말이 들어가면서 주휴일(유급휴일)이 포함되기 때문이다.

월요일부터 연차를 사용하는 경우

연차를 월요일부터 사용해서 한 주를 전부 쉰 경우, 주휴수당을 지급할 필요가 없다. 연차휴가는 근로 제공 의무가 면제된 상태라 주휴일을 산정할 때 기준이 되는 소정근로일에 해당하지 않기 때문이다. 이 경우 주휴일을 인정받지 못해서 더 받을 수 있었던 하루치 임금(주휴수당)을 손해 볼 수 있다.

결과적으로 연차를 소진하고 퇴사하는 경우는 주중에 1일이라도 출근하는 날이 있게 설계해야 근로자에게 유리하다.

🗂 연차수당과 퇴직금의 관계를 고려한다.

- 퇴사를 사유로 지급하는 미사용 연차에 대한 수당은 퇴직금 계산 때 평균임금에 포함되지 않는다.
- 연차휴가를 소진하고 퇴사하는 경우 계속 근속 일수가 늘어나 퇴직금이 증가한다.

만약 연차 소진이 아닌, 즉시 퇴사하면서 7일 치를 모두 수당으로 받는다면, 7일 치의 수당만 나온다. 반면 소진 후 퇴사하는 경우 7일 이상(주휴수당이 포함되므로)의 임금을 더 지급해야 하고 퇴직금도 증가한다.

회사가 연차 소진보다는 연차수당을 지급하려는 이유는 퇴직 시 발생하는 연차수당은 퇴직금에 포함되지 않고 연차수당 지급으로 끝난다.

반면 근로자가 잔여 연차를 사용하고 퇴사할 때는 연차를 사용한 기간만큼 근속기간이 늘어나게 되므로 연차수당은 줄지만, 퇴직금이 증가한다.

회사입장에서는 연차수당 지급이 연차 소진보다 유리하지만, 회사가 연차수당 지급보다는 연차 소진을 권장하는 이유는 급여 담당자가 해당 월 급여 계산의 편의를 위해 선호하는 경우와 득과 실을 따지지 않고 당장 나가는 연차수당을 아끼기 위해 회사가 먼저 근로자에게 연차 소진을 권장하는 경우다.

구 분	내 용
잔여 연차를 전부 소진할 경우	● 연차 사용 개수는 7개지만 실제로는 주말이 포함되므로, 7일 치보다 많은 급여를 지급한다. ● 근속일 수가 늘어나 퇴직금이 증가한다.
잔여 연차를 소진하지 않고 수당으로 받는 경우	● 퇴직 시 급여에 연차수당으로 7일 치 급여를 추가해서 지급한다. ● 잔여 연차를 전부 소진할 경우보다 근속일 수가 적어 상대적으로 퇴직금이 감소한다.

주휴수당의 계산

주휴수당을 받기 위해서는 2가지 요건이 기본으로 충족되어야 한다.

• 소정근로시간이 주 15시간 이상이어야 한다. 물론 5인 미만 사업장도
적용된다.

• 소정근로일을 결근하지 말아야 한다.

주휴수당의 계산 공식

1주일 소정근로시간 [주1] ÷ 5일 [주2] × 시급

또는 1주일 소정근로시간 × 20% × 시급

주1 : 1주일(월~금(5일 근로) 또는 월~토(6일 근로))간 노사가 근로하기로
계약한 시간 (최대 1일 8시간, 주 40시간을 한도)

주2 : 주 6일 근무도 5일로 나눔

• 예를 들어 시급 1만 원에 주 40시간을 일하는 아르바이트의 경우

주휴수당 = 40시간 ÷ 5(20%) × 1만 원 = 8만 원

• 예를 들어 시급 1만 원에 주 15시간을 일하는 아르바이트의 경우

주휴수당 = 15시간 ÷ 5(20%) × 1만 원 = 3만 원이 된다.

• 예를 들어 시급 1만 원에 월~토 6일 35시간을 일하는 아르바이트의 경우

주휴수당 = 35시간 ÷ 5(20%) × 1만 원 = 7만 원

사례1	사례2
월 : 4시간	월 : 4시간
화 : 4시간	화 : 6시간
수 : 4시간	수 : 4시간
목 : 4시간	목 : 6시간
금 : 4시간	금 : 4시간
합계 : 20시간	합계 : 24시간
주휴수당 = 합계(20시간) × 20%(또는 ÷ 5) = 4시간	주휴수당 = 합계(24시간) × 20%(또는 ÷ 5) = 4.8시간
사례3	사례4
월 : 10시간(8시간 한도)	월 : 0시간
화 : 8시간	화 : 4시간
수 : 8시간	수 : 4시간
목 : 8시간	목 : 4시간
금 : 8시간	금 : 4시간
합계 : 40시간	합계 : 16시간
주휴수당 = 합계(40시간) × 20%(또는 ÷ 5) = 8시간	주휴수당 = 합계(16시간) × 20%(또는 ÷ 5) = 3.2시간
사례5	사례6
월 : 0시간	월 : 4시간
화 : 4시간	화 : 4시간
수 : 0시간	수 : 4시간
목 : 4시간	목 : 4시간
금 : 4시간	금 : 4시간
	토 : 4시간
합계 : 12시간	합계 : 24시간
주휴수당 = 주15시간 미만으로 주휴수당 미발생	주휴수당 = 합계(24시간) × 20%(또는 ÷ 5) = 4.8시간

구 분	퇴사 주 주휴수당 지급여부
마지막 근무일이 월~금요일 전	주휴수당 미지급
마지막 근무일이 월~금요일(퇴사일이 토요일)	주휴수당 미지급
마지막 근무일이 토요일(퇴사일이 일요일)	주휴수당 미지급
마지막 근무일이 일요일(퇴사일이 월요일)	주휴수당 지급
사직서 제출하면서 퇴사일을 월요일로 한 경우	주휴수당 지급

1 주말(토, 일) 근로자 주휴수당

주휴수당은 4주를 평균하여 한주 소정근로시간이 15시간 이상의 경우 해당 주 소정근로시간(일하기로 한 시간)을 결근하지 않고 개근하면 지급해야 한다.

별도의 정함이 없다면 토요일과 일요일 각각 8시간 근무 시 16시간 ÷ 5일 = 3.2시간의 주휴수당을 지급한다.

2 주중 결근 시 주휴수당의 계산

주중에 병가사용이나 무단결근의 경우 돌아오는 주휴일의 1일 분 급여를 차감해도 법 위반이 아니다. 물론 이번 주 목요일부터 다음 주 화요일까지 즉 2주에 걸쳐 휴직하는 경우 2일 분의 주휴수당을 차감해도 된다. 다만, 취업규칙 등에 차감하지 않는 규정이 있는 경우는 차감하지 않는다. 또한, 금요일 퇴사의 경우에도 돌아오는 주휴일의 주휴수당을 지급하지 않아도 된다. 다만, 월요일 퇴사의 경우는 전주 일요일의 주휴수당은 지급해야 한다.

3 \ 연차휴가를 사용한 때 주휴수당의 계산

주중에 연차휴가를 사용하는 때도 연차휴가 사용일은 출근한 것으로 보므로 해당주의 주휴수당을 차감하면 안 된다. 즉, 연차휴가를 사용했어도 근로자에게 불이익을 주면 안 된다.

예를 들어 퇴직을 앞두고 남은 연차를 다 사용 후 퇴직하는 때도 해당 연차휴가일을 출근한 것으로 봄과 동시에 퇴직금 계산 시 근속연수에 포함한다.

4 \ 1주일을 모두 쉬는 경우 주휴수당의 계산

예를 들어 무급기간을 8월 7일(월)부터 8월 11일(금)까지 5일 무급휴가를 사용한 경우 무급기간은 8월 7일(월)부터 8월 11일(금)까지 5일이지만 1주일간의 소정근로일을 모두 쉬므로 7(월)~13(일)까지 무급처리하여 다음의 금액을 급여에서 차감한다.

차감할 휴가 급여 = 월급 ÷ 31일 × 6일

---

5 \ 병가로 쉰 경우 주휴수당의 계산

실무상으로는 질병휴직의 경우 무급이 원칙(업무상 질병은 예외)이므로 우선은 본인의 남은 휴가에서 당겨쓰고, 그래도 모자라면 질병 휴직을 한다.

① 개인 질병휴직 기간에는 무급이므로 급여를 차감한다.

② 개인 질병휴직의 경우 근로의무가 면제되는 날이 아니므로 월급에 포함된 주휴 급여도 차감한다(대법원 2009.12.24. 선고 2007다73277 참조).

병가기간 중에 포함된 유급주휴일에 대해서는 단체협약이나 취업규칙 등에서 병가기간 중 임금 지급에 관해 이를 규정하거나, 그 지급에 관한 당사자 사이의 약정이나 관행이 있다고 인정되지 아니하는 한 임금을 지급할 의무는 없다.

참고로 공무원 보수에서는 결근일과 결근일 사이의 토요일과 일요일은 결근으로 보지 않는다.

예를 들어 주 1일 결근 시 주휴일을 포함해 2일분을 차감해도 법 위반이 아니다.

③ 토요일은 일반적으로 근로제공의무가 없는 무급휴무일이므로 이는 어차피 급여에 포함되지 않았을 것이므로 급여에서 차감하지 않는다. 단 유급의 경우 차감한다.

구 분		임금(급여) 지급의무
원칙		지급하지 않아도 된다.
예외	근로계약서나 취업규칙, 단체협약 등에 임금을 유급처리한다. 라는 문구가 있어 지급하도록 의무규정을 둔 경우	지급해야 한다.
	근로계약서나 취업규칙, 단체협약 등에 임금을 유급처리할 수 있다. 라는 임의문구가 적혀있는 경우	지급하지 않아도 된다.

6 　수요일에 입사해서 다음 주 수요일에 퇴사

근로자가 1주(7일) 이상 근로하였고, 재직기간 중 소정근로일을 개근하였다면 1주일에 1회 이상 유급휴일을 부여해야 하므로, 1일 분의 주휴수당이 발생한다. 따라서 수요일에 입사해 다음 주 수요일 퇴사 시에는 일요일 날 유급 주휴일을 주지 않았을 때는 퇴사 시 주휴수당을 지급해야한다.

7 　일용근로자(일급)의 주휴수당

실질적인 일용근로자는 1일 단위로 근로계약을 체결하여 계속근로가 전제되지 않으므로 원칙적으로는 주휴수당 지급의무가 발생하지 않는다. 다만, 일급을 받는 근로자로 일정기간 근무가 예정되어 있다면 해당 근무기간 소정근로일을 개근한 경우 지급해야 할 수도 있다.

따라서 해당 근로자의 소정근로일이 특정일로 정해져 있고 소정근로일을 개근하였다면 주휴수당 또한 지급되어야 할 것이나, 달리 소정근로일이 정해지지 않고 1일 단위로 근로계약을 체결하여 계속근로가 전제되어 있지 않다면 지급의무는 없다.

즉, 근로계약서를 1일 단위로 작성하여 일급을 지급하는 경우라면 모르지만, 급여의 기준을 일급으로 정한 것일 뿐 실질적으로 일정기간을 계속하여 근로를 제공한 경우라면 해당 근로자에 대해 1주 소정근로시간을 개근할 경우 주휴수당을 지급해야 한다.

근로계약을 통해 일용 근로계약을 명시적으로 정하였다면 별도의 주휴수당은 발생한다고 보기 어렵다.

그러나 별도의 근로계약을 통해 일용 근로계약을 명시적으로 작성하고 반복 갱신한 바 없다면 계속 근로로 봐야 한다. 따라서 1주 40시간의 범위에서 근로제공하고 입사일로부터 1주를 맞았다면 1주의 유급휴일을 주휴일로 주어야 한다.

구 분	주휴수당
일일단위로 근로계약을 체결하고 반복 갱신한 경우	주휴수당이 발생하지 않는다.
일일단위로 근로계약을 체결하고 반복 갱신하지 않고 일정기간 근로를 제공한 경우	주휴수당을 청구해 볼 수 있음(주휴수당을 지급해야 할 수도 있음)

시급을 월급 및 포괄임금으로
포괄임금을 기본급과 고정OT(통상시급)로

1 \ 시급을 활용한 주급, 월급 계산

💰 시급을 하루 급여로 바꾸자

내 하루 급여는 최저시급인 10,030원 × 하루 근무시간으로 계산하면 된다.

하루 근무시간은 퇴근 시간 - 출근 시간 - 휴게시간에 해당하므로 9시에 출근해 18시에 퇴근하고, 점심시간으로 1시간을 쓴다면 근무시간은 18시 - 9시 - 1시간 = 8시간이 근무시간이 된다.

그렇다면 매일 8시간 근무하는 노동자의 하루 급여는 10,030원 × 8시간 = 80,240원이 된다.

💰 하루 급여를 1주 급여로 바꾸자

4주 평균해 1주 15시간 이상 근무하면서 1주 소정근로시간을 개근한 근로자에게는 유급으로 주휴수당을 지급해야 한다.

1일 8시간 또는 주 40시간을 근무하는 근로자가 월~금요일 5일 근무하는 경우 하루치의 급여를 더 받는다는 의미이다.

그러므로, 평일 8시간씩 근무하는 경우, 하루 임금에 해당하는 80,240원에 6일을 곱한 481,440원이 주급이 된다.

만약 1주에 15시간 미만으로 일하면 유급 주휴수당이 발생하지 않으므로 일급 × 5일만 계산하면 된다. 알바 등 시간제로 일하는 근로자가 이에 해당한다.

🔖 1주 급여를 한 달 급여로 바꾸자

마지막으로 1주 급여를 한 달 급여로 바꿀 때는 1달이 7일씩 딱 떨어지지 않으므로 평균주수를 사용한다.

평균주수는 1년을 기준으로 생각하면 된다.

1년 = 365일, 1달 = 365/12 = 30.4일, 일주일은 7일이니 30.4일을 7일로 나누면 평균주수는 약 4.354주가 된다.

즉 365일 ÷ 12월 ÷ 7일 = 약 4.354주가 된다.

4.345주 × (40시간 + 8시간) = 209시간

따라서 최저시급 기준 월급은 10,030원 × 209시간 = 2,096,270원

🔖 1달 월급에 매주 토요일 연장근로 8시간과 일요일 휴일 근로 4시간을 넣은 월급

5인 이상 사업장은 연장근로나 휴일근로시 통상시급의 1.5배의 임금을 지급해야 한다. 따라서 토요일 8시간 연장근로시 근무시간 = 8시간 × 4.345주 × 1.5배 = 52.14시간

일요일 4시간 휴일근로시 근무시간 = 4시간 × 4.345주 × 1.5배 = 26.07시간

따라서 연장근로와 휴일근로의 근무시간 합 = 78.21시간이다.

시급 10,030원 × 78.21시간 = 784,450원

간•상 근무시간 월급 2,096,270원 + 시간외 근로시간 분 월급 784,450원 = 2,880,720원

주 40시간에 고정 연장근로 52.14시간, 고정 휴일근로 26.07시간으로 근로계약을 체결할 경우 포괄임금을 2,880,720원으로 책정하면 된다.

2 포괄임금으로 시급 계산하기

포괄임금 계약을 한 근로자는 시급을 계산해야 하는 문제가 자주 발생하는데, 이는 시급을 활용한 주급, 월급 계산에서 설명한 순서를 역으로 가면 된다.

📁 포괄임금 책정의 기준이 되는 시간 계산

주 40시간에 고정 연장근로 1주 기준 8시간, 고정 휴일근로 1주 기준 4시간으로 근로계약을 체결할 근로자가 월급으로 2,880,720원을 받는 경우

월 소정근로시간 209시간

8시간 연장근로시 근무시간 = 8시간 × 4.345주 × 1.5배 = 52.14시간

4시간 휴일근로시 근무시간 = 4시간 × 4.345주 × 1.5배 = 26.07시간

월 총근로시간 = 287.21시간

📁 포괄임금 기준 시급 구하기

월급 2,880,720원 ÷ 287.21시간 = 시급 10,030원

📁 기본급과 수당으로 나누기

기본급 : 10,030원 × 209시간 = 2,096,270원

연장근로수당 : 10,030원 × 52.14시간 = 522,964원

휴일근로수당 : 10,030원 × 26.07시간 = 261,482원

이 된다.

월 총급여 = 2,880,720원

월급을 일할(날짜)계산 하는 방법

다음 중 큰 금액(1, 2, 3)

1. 취업규칙에서 규정한 방법

2. 최저임금

3. 근로기준법에서는 급여 일할계산 방법에 대해 규정하고 있지 않으므로 실무에서는 최저임금법을 어기지 않는 범위 내에서 회사마다 다음의 3가지 방법 중 1가지 방법을 사용한다. ❶과 ❷는 일수에 토요일 포함, ❸은 토요일 제외(단, 토요일이 유급인 경우 포함)

❶ 급여 ÷ 30일 × 근무일수

❷ 급여 ÷ 역에 따른 일수(그달의 달력 날짜인 28~31일) × 근무일수

❸ 급여 ÷ 209시간 × 실제 유급 근무일수 × 8시간

일	월	화	수	목	금	토
	1	2	3	4	5	6
7	8	9	10	11	12	13
14	15	16	17	18	19	20
21	22	23	24	25	26	27
28	29	30	31			

----

  1. 월급이 2,100,000원이고, 15일 입사한 경우

  2. 월급이 2,100,000원이고, 12일 퇴사한 경우

해설

[월급이 2,100,000원이고, 15일 입사한 경우]

1. 급여 ÷ 30일 × 근무일수로 계산하는 방법 : 큰 금액[❶, ❷]

❶ 최저임금

일급 = 10,030원 × 8시간 × 15일 = 1,203,600원

15일 = (15일~19일 + 21~26일 + 28~31일)

❷ 급여 ÷ 30일 × 근무일수로 계산하는 경우

일급 = 2,100,000원 ÷ 30일 × 17일 = 1,190,000원(최저임금 미달)

2. 급여 ÷ 역에 따라(그달의 달력 날짜인 28~31일) × 근무일수로 계산하는 방법 : 큰 금액[❶, ❷]

❶ 최저임금

일급 = 10,030원 × 8시간 × 15일 = 1,203,600원

❷ 급여 ÷ 31일 × 근무일수로 계산하는 경우

일급 = 2,100,000원 ÷ 31일 × 17일 = 1,151,613원(최저임금 미달)

3. 급여 ÷ 209시간 × 실제 유급 근무일수 × 8시간으로 계산하는 방법 : 큰 금액[❶, ❷]

❶ 최저임금

일급 = 10,030원 × 8시간 × 15일 = 1,203,600원

❷ 급여 ÷ 209시간 × 실제 유급 근무일수 × 8시간으로 계산하는 경우

일급 = 2,100,000원 ÷ 209시간 × 15일(15일~31일(17일) - 15일~31일 기간 중 토요일 2일) × 8시간 = 1,205,741원

209시간 = (주 40시간 + 8시간(주휴시간) × 4.345주

실제 유급 근무 일수 = 달력상 실제로 근무한 날 중 월~금요일 + 일요일(일반적으로 달력상 토요일 제외한 날)

[월급이 2,100,000원이고, 12일 퇴사한 경우]

1. 급여 ÷ 30일 × 근무일수로 계산하는 방법 : 큰 금액[❶, ❷]

❶ 최저임금

일급 = 10,030원 × 8시간 × 11일 = 882,640원

11일 = (1일~5일 + 7~12일)

❷ 급여 ÷ 30일 × 근무일수로 계산하는 경우

일급 = 2,100,000원 ÷ 30일 × 12일 = 840,000원(최저임금 미달)

2. 급여 ÷ 역에 따라(그달의 달력 날짜인 28~31일) × 근무일수로 계산하는 방법 : 큰 금액[❶, ❷]

❶ 최저임금

일급 = 10,030원 × 8시간 × 11일 = 882,640원

❷ 급여 ÷ 31일 × 근무일수로 계산하는 경우

일급 = 2,100,000원 ÷ 31일 × 12일 = 812,903원(최저임금 미달)

3. 급여 ÷ 209시간 × 실제 유급 근무일수 × 8시간으로 계산하는 방법 : 큰 금액[❶, ❷]

❶ 최저임금

일급 = 10,030원 × 8시간 × 11일 = 882,640원

❷ 급여 ÷ 209시간 × 실제 유급 근무일수 × 8시간으로 계산하는 경우

일급 = 2,100,000원 ÷ 209시간 × 11일(1일~12일(12일) - 1일~12일 기간 중 토요일 1일) × 8시간 = 884,210원

209시간 = (주 40시간 + 8시간(주휴시간) × 4.345주

실제 유급 근무 일수 = 달력상 실제로 근무한 날 중 월~금요일 + 일요일(일반적으로 달력상 토요일 제외한 날)

1 일할계산 시 토요일 임금도 차감하나?

1. 월급제 근로자의 임금을 일할계산할 경우, 월급을 해당 월의 일수로 나눈 후 무급, 유급 일수를 모두 포함한 근무일수를 곱하여 산정한다.

```
일할계산액 = 월급액 ÷ 해당 월 일수
```

해당 월 일수와 해당 월 근무일수에는 유급(일요일, 빨간 날 등), 무급일수 모두를 포함한다.

2. 평일(유급일 수)만 계산하는 경우는 아래의 내용과 같이 산정할 수 있다.

```
월급액 × 근무일수(근로일이 아니나 유급으로 처리되는 날 포함, 해당 월의 월~금요
일 + 일요일) ÷ 근로일(근로일이 아니나 유급으로 처리되는 날 포함, 해당 월의 월~
금요일 + 일요일)
```

위 1의 방법으로 계산할 때는 유급과 무급의 구분 없이 계산하므로 토요일도 포함해서 날짜 계산한다. 반면, 2번 방법으로 계산하는 경우 토요일이 무급이면 해당 일수에서 차감하고, 유급이면 포함해서 일할계산한다.

2 일할계산 시 주휴수당도 지급해야 하나?

주중에 병가사용이나 무단결근의 경우 돌아오는 주휴일의 1일 분 급여를 차감해도 법 위반이 아니다. 물론 이번 주 목요일부터 다음 주 화요일까지 즉 2주에 걸쳐 휴직하는 경우 2일 분의 주휴수당을 차감해도 된다. 다만, 취업규칙 등에 차감하지 않는 규정이 있는 경우에는 차감하지 않는다.

또한, 금요일 퇴사의 경우에도 돌아오는 주휴일의 주휴수당을 지급하지 않아도 된다. 다만, 월요일 퇴사의 경우는 전주 일요일의 주휴수당은 지급해야 한다.

3 병가로 쉰 경우 급여 일할계산

병가휴직(질병 휴직) 기간 중 임금은 원칙은 지급하지 않아도 된다. 다만, 예외로 근로계약서나 취업규칙, 단체협약 등에 임금을 지급하도록 의무규정을 둔 경우는 지급해야 한다. 이 경우에는 취업규칙 등을 잘 살펴봐야 하는데, 예를 들어 유급처리한다. 라는 문구가 있으면 당연히 지급해야 하나, 문구상에 유급처리할 수 있다. 라는 임의문구가 적혀있는 경우는 지급하지 않아도 법적 문제가 없다.

그러나 대기업의 경우 근로자의 생활을 보장해 주기 위해 일정 기간은 유급으로 정하는 경우가 많다(중소기업은 해고하는 경우가 많음).

취업규칙에 유급으로 정해진 경우 정해진 기간동안 유급으로 병가를 부여해야 한다. 취업규칙 등에 정해진 기간 이상의 기간에 대해 병가를 부여할지나, 급여를 지급할지는 회사의 결정에 따라야 한다.

4 연차휴가를 사용한 경우 급여 일할계산

주중에 연차휴가를 사용하는 경우에도 연차휴가 사용일은 출근한 것으로 보므로 해당주의 주휴수당을 차감하면 안 된다. 즉, 연차휴가를 사용했어도 근로자에게 불이익을 주면 안 된다.

예를 들어 퇴직을 앞두고 남은 연차를 다 사용 후 퇴직하는 경우도 해당 연차휴가일을 출근한 것으로 봄과 동시에 퇴직금 계산시 근속연수에 포함한다.

시간외근로수당의 계산방법

1 연장근로수당의 계산

실제 근로시간 기준으로 판단한다.

연장근로인지? 여부는 실제 근로시간을 기준으로 판단한다. 따라서 지각, 조퇴, 휴일, 휴가, 반차, 결근 등 실제 근로하지 않은 시간은 실제 근로시간 산정에 포함하지 않는다.

예를 들어, 월요일 연차휴가를 사용했거나 월요일 반차 사용으로 특정 주의 토요일(휴무일)에 8시간을 근로했거나 종업시간 이후 반차 사용 시간만큼 근로를 제공했다면 총근로시간이 주 40시간(연차) 또는 1일 8시간(반차)을 초과하지 않는 경우 당해 토요일에 행한 8시간의 근로 또는 반차시간 분 근로에 대해서는 50%를 가산한 연장근로수당을 지급하지 않아도 된다.

> 연장근로는 실제 근무한 시간을 기준으로 하므로 주중에 지각·결근이나 휴일이 있으면 그 시간을 빼고 연장근로시간을 계산한다. 예컨대 주중에 하루 결근하거나 휴일이

있어서 실제로 일을 하지 아니한 경우 토요일에 8시간을 근무했더라도 주 전체의 근로
시간이 40시간을 넘지 않으면 연장근로수당의 지급의무가 없습니다(근기 68207-
2776, 2002.08.21.).

연장근로 1시간을 포함하여 시업·종업시간을 정한 경우에도 근로시간 도중에 부분파
업으로 인하여 실근로시간이 법정근로시간을 초과하지 않는다면 17:00~18:00 사
이의 근로 또는 18:00 이후의 근로에 대하여 연장근로 가산임금을 지급할 의무는
없음(근기 68207-2776, 2002.08.21.).

🪙 1일 8시간 또는 1주 40시간 초과 근무시 발생한다.

연장근로는 1일 8시간 또는 1주 40시간을 초과하는 시간을 의미한다.
따라서 1일 8시간을 초과하지 않더라도 1주 40시간을 초과하는 경우 및
1주 40시간을 초과하지 않더라도 1일 8시간을 초과하는 2가지 경우 모
두 연장근로에 해당한다.

예를 들어, 1일 10시간씩 1주 4일을 근무하는 경우 총근로시간은 주 40
시간으로 주 40시간 기준으로는 연장근로가 발생하지 않으나, 1일 8시
간 기준으로 하루 2시간씩 총 8시간의 연장근로가 발생한다.

반면 1일 8시간씩 1주 6일을 근무하는 경우 총근로시간은 주 48시간으
로 1일 8시간 기준으로는 연장근로가 발생하지 않으나, 총근로시간은 주
48시간으로 주 40시간 기준으로는 8시간의 연장근로가 발생한다.

🪙 철야 근무를 한 경우 연장근로

근로가 다음 날까지 계속 이어지는 경우 다음 날 시업시간 전까지는 전
일 근로의 계속으로 본다. 따라서 전일 시업시간부터 다음 날 시업시간

까지의 근로시간이 8시간을 초과하는 경우 연장근로로 봐 연장근로수당을 지급해야 한다.

다음 날 시업시간 이후의 근로는 근로계약, 취업규칙 등에 의하여 당초 근로제공의무가 있는 소정근로시간으로 봐 다음 날의 정상적인 근무로 본다.

📂 단시간 근로자(알바생)는 소정근로시간으로 연장근로를 판단한다.

단시간 근로자의 연장근로시간 계산은 일반적인 1일 8시간 또는 1주 40시간이 아닌 약정한 소정근로시간을 기준으로 판단한다. 따라서 단시간 근로자의 경우 소정근로시간 외에 1주 12시간을 초과하여 근로하게 할 수 없다.

예를 들어 알바생이 1일 4시간씩 월, 수, 금 근무하기로 계약했는데, 월요일 손님이 많아 6시간을 근무했을 때는 1일 8시간을 넘지 않았다고 연장근로수당이 발생하지 않는 것이 아니라, 약정한 소정근로시간 1일 4시간을 초과했으므로 2시간분의 연장근로수당을 지급해야 한다.

> 회사는 채용 시 근로자에게 근로시간 09시부터 20시까지(토요일은 무급휴무일이고, 일요일은 휴일), 연장근로시간을 제외한 월급은 210만 원이다. 이 경우 A 회사가 지급해야 할 연장근로수당의 합계액은?

[해설]
1. 1일 실제 근로시간 : 10시간(중식 및 휴게시간 포함 1시간 공제)
2. 1주 실제 근로시간 : 10시간 × 5일 = 50시간

3. 1주 연장근로시간 : 10시간

4. 월 연장근로수당 : 210만원/209 × 43.45시간(10시간 × 약 4.345주) × 1.5 = 654,870원

2 휴일근로수당의 계산

휴일이란 주유급휴일(1주일에 근무하기로 정해진 날을 개근할 경우 부여되는 유급휴일, 통상 일요일인 경우가 많다)외에 취업규칙이나 단체협약상 휴일(무급휴일, 유급휴일)로 정해진 날, 관공서의 공휴일에 관한 규정에 따른 공휴일, 일요일을 제외한 공휴일, 근로자의 날(5월 1일)을 말한다. 따라서 휴일근로수당은 주휴일(일요일) 근로는 물론 관공서의 공휴일에 관한 규정에 따른 공휴일(흔히 빨간날), 단체협약이나 취업규칙에 의해서 휴일로 정해진 날 근로의 경우에도 지급해야 한다.

주 5일제 사업장의 경우 일반적으로 토요일은 무급휴무일, 일요일은 유급휴일에 해당한다.

따라서 토요일에 근로를 제공한다고 해서 별도의 휴일근로수당이 발생하는 것은 아니고, 일요일 근로에 대해서만 휴일근로수당이 발생한다.

토요일을 휴일로 할 것인지 아니면 단순히 근로의무가 면제된 무급휴무일로 할 것인지는 취업규칙 또는 단체협약 등으로 정할 수 있다.

일반적으로 실무에서는 토요일을 무급휴무일로 많이 설정하며, 고용노동부에서도 토요일에 대하여 아무런 설정을 하지 않은 경우 무급휴무일로 이해하고 있다.

구 분	휴일근로수당
유급휴일근로	휴일근로에 대한 임금(100%) + 휴일근로에 대한 가산임금(50%)이 지급된다. 다만, 8시간 초과의 경우 8시간 초과 시간당 가산수당은 100%이다. ● 일요일에 8시간을 일했으면 통상임금의 150% 8시간까지 = 휴일근로임금(100%) + 가산임금(50%) ● 일요일에 8시간을 초과해서 일했으면 200% 휴일근로임금(100%) + 8시간분 가산임금(50%) + 8시간 초과 분(총근무시간 - 8시간) 가산임금(50%)
무급휴일근로	무급휴일 근로에 대한 임금(100%) + 휴일근로에 대한 가산임금 (50%) 이 지급된다.

시급 10,000원인 근로자가 주유급휴일에 8시간 근로한 경우 받을 수 있는 임금은?

[해설]

1. 10,000원 × 8시간 : 80,000원(유급휴일에 근무하지 않아도 지급되는 임금)

월급제 근로자는 월급에 주유급휴일 수당이 포함되어 있다고 보므로 동 금액은 일반회사의 경우 추가로 지급해야 하는 금액이 아니다. 다만, 아르바이트나 시급제 근로자의 경우 하루 단위로 급여를 계산해서 받는 경우가 일반적이므로, 아르바이트 일당이나 시급제 근로자 일당에 주휴수당이 포함되어 있지 않다고 보아, 휴일근로 시 동 금액을 추가로 지급해야 한다.

2. 10,000원 × 8시간 : 80,000원(유급휴일 근로에 대한 대가)

3. 10,000원 × 8시간 × 50% : 40,000원(휴일근로 가산임금)

4. 임금합계 : 200,000원(월급제 근로자는 120,000원)

구 분	휴일근로 시 받는 임금
아르바이트, 시급제 근로자	월급에 포함되지 않은 주휴수당 임금(100%) + 휴일근로에 따른 임금(100%) + 가산임금(50%)

구 분	휴일근로 시 받는 임금
월급제 근로자	휴일근로에 따른 임금(100%) + 가산임금(50%) 월급제의 경우 월급에 이미 주휴수당 1일분이 포함되어 있으므로 아르바이트와 달리 주휴수당 100%를 추가 지급하지 않는다.

3 | 야간근로수당의 계산

야간근로란 하오 10시(22시)부터 오전 06시까지의 근로를 말한다. 임신 중인 여성이거나 18세 미만자의 경우 특히 야간근로가 금지되어 있으나 업무의 특성에 따라 여성 근로자 본인의 동의와 고용노동부 장관의 인가를 받으면 야간근로가 가능하다.

야간에 근로했을 경우는 주간보다 육체적 피로가 가중되기 때문에 이에 대해서 통상임금의 50%를 가산해서 지급해야 한다.

연장근로수당 및 휴일근로수당과 무조건 중복 적용이 가능하다.

임금 200만 원을 받는 근로자가 근로시간 09시부터 17시까지 근무하기로 계약을 한 후, 18시부터 24시까지 근무한 경우 1일 지급해야 하는 수당은?

[해설]

1. 1일 연장근로시간 : 6시간(18시부터 24시까지)

2. 1일 야간근로시간 : 2시간(22시부터 24시까지)

3. 연장근로 임금 : 200만 원/209 × 6시간 × 1배 = 57,416원

4. 1일 연장근로 가산수당 : 200만 원/209 × 6시간 × 0.5배 = 28,708원

5. 1일 야간근로 가산수당 : 200만 원/209 × 2시간 × 0.5배 = 9,569원

6. 임금 합계 : 95,693원

입사자와 퇴사자 발생 시 업무처리

1 입사 시 구비 해야 할 서류

구비서류	부수	비고
인 사 기 록 카 드	1부	
근 로 (연 봉) 계 약 서	1부	
서 약 서	1부	
영 업 / 기 술 비 밀 유 지 준 수 서 약 서	1부	
사 진 (반 명 함)	2매	
주 민 등 록 등 본	2부	
졸 업 증 명 서	1부	
성 적 증 명 서	1부	
경 력 증 명 서 (전 직 장)	1부	
전 직 장 퇴 직 증 명 서	1부	
전 직 장 원 천 징 수 영 수 증	1부	
자 격 수 첩 원 본		자격증 소지자
도 장 (개 인)	1개	
건 강 진 단 서	1부	

구비서류	부수	비고
통 장 사 본 (국 민 은 행)	1부	

신 원 보 증 서
1) 인보증
  보증인 인감증명
  보증인 재산세과세증명
2) 보증보험
  금액 : 3백만원 이상
  기간 : 5년
	1부	1), 2)중 택일

이 력 서 및 자 기 소 개 서	1부	

2 중도퇴사 시, 내가 받을 수 있는 급여는?

중도퇴사자의 가장 기본적인 임금 계산법은 월급제 근로자의 경우 월급을 해당 월의 일수 중 유급일 수로 나눈 후 실제 일한 날과 유급휴일 등을 합한 일수로 곱하면 된다.

예를 들어 급여일이 매달 26일이라고 가정하고 월 급여 200만 원의 근로자가 급여일 하루 전인 25일에 중도 퇴사를 했다면 주 5일 근무, 토요일 유급휴일, 일요일 주휴일이 적용될 경우

월급을 해당 월의 일수와 나누고 이 금액을 실제 일한 날수와 곱하면 된다.

예를 들어 8월 급여 200만 원을 31일로 나눈다.

2,000,000 ÷ 31일 = 64516.12…

그런 후 이 나눈 금액을 실제 일한 날. 즉 25일에 곱한다(토요일, 일요일 포함).

64519.12원 × 25일 = 1,612,903.225원

따라서 받을 임금은 161만 2,903원이 되는 것이다.

계산한 금액이 실수령액보다 적을 경우는 우선 사용자에게 청구해야 하며, 계속 미지급할 경우는 사업장 정보(사업장명, 소재지, 대표자 성명, 연락처) 등을 파악해 관할 고용노동지청에 민원을 제기하면 권리구제를 받을 수 있다.

신고는 아래의 두 가지 중 한 가지 방법을 선택해 퇴직 후 14일이 경과하기 전에 해야 한다.

❶ 사업장 관할 지방노동관서에 직접 방문해서 신고

❷ 고용노동부 홈페이지 ➡ e-고객센터 ➡ 새 창 상단 메뉴 중 민원신청 ➡ 서식민원신청 ➡ 임금체불 진정신고 옆 신청란에 기재

3　중도퇴사자 발생 시 처리해야 할 업무

구 분	내 용
사직서 수령	사직서(퇴직원)를 제출받는다.
4대 보험 상실신고	건강보험, 국민연금, 고용보험 등 4대 보험 상실신고를 한다. **1. 건강보험** • 건강보험증의 사용은 퇴직일까지만 가능(건강보험카드 즉시 반납) • 건강보험료는 퇴직일이 속하는 달까지 납부(퇴직정산을 한다.) **2. 고용보험** • 고용보험료는 퇴직일이 속하는 달까지 일할 계산해서 납부(퇴직정산을 한다.) • 실업급여 대상은 비자발적 퇴직의 경우(정년, 계약만료, 권고사직)가 해당한다.

구 분	내 용
	• 실업급여에 해당할 경우 "사실확인증명서"를 자세히 기재하고 해당 팀장에게 결재 **3. 국민연금** • 국민연금 보험료는 퇴사일이 속하는 달까지 연금보험료를 납부
각종 융자금 정리	사우회 융자금, 근로복지기금 융자금, 전세금, 주택자금 등을 정리하고, 미상환 금액이 있는 경우 퇴직금에서 공제한다.
퇴직금 및 급여정리	퇴직금 및 최종 월급여를 퇴직일로부터 14일 이내에 본인 급여계좌로 입금해 준다. ❶ 중도 퇴사자 연말정산 1월 1일부터 12월 31일까지의 퇴사자에 대해서는 연말정산을 한 후 추가 납부액은 추가로 징수하고 환급액은 환급해 준 후 퇴사 처리를 한다. 간혹 12월 31일 퇴직자도 연말정산을 해야 하는지 물어보는 경우가 있으나 12월 31일 현재 근무하는 직장에서 연말정산 후 퇴사 처리를 해야 한다. 또한 연말정산 결과 환급액에 대해서 환급을 안 해주고 퇴사 처리하는 경우 체불임금으로 처리된다. ❷ 퇴직금 지급 1년 이상 근속한 근로자나 1년 미만이라도 취업규칙 등에 지급하게 되어 있는 경우 퇴직금을 계산해 14일 이내에 퇴직금을 지급해야 한다. ❸ 연차수당과 주휴수당 지급 연차수당과 주휴수당을 정산해서 지급해야 한다. 나중에 미지급으로 인해 업무처리를 복잡하게 만들면 안 된다
출입카드 반납	퇴직 전까지 출입 카드반납
원천징수영수증 등 발급	다음 근무지에 제출할 원천징수영수증 등을 발급해 준다.
각종 증명서 발급	퇴직 후 경력증명서 및 퇴직증명서 발급

입사자와 퇴사자 발생 시 4대 보험

1 입사자의 4대 보험 처리

건강보험 자격취득 신고

가입대상에 해당하는 근로자를 채용한 사용자는 자격취득일부터 14일 이내에 직장가입자 자격취득신고서(별지 제3호 서식)에 다음의 서류를 첨부해서 공단지사에 제출해야 한다. 자격취득자는 그 사유가 발생한 날이 속하는 달의 다음 달부터 보험료를 부담한다.

⊙ 건강보험 적용배제신청을 하는 유공자 등 의료보호대상자의 경우는 국가유공자증 사본 1부

⊙ 직장가입자와 피부양자를 동시에 신고할 경우는 가족관계등록부의 증명서 1부(주민등록등본으로 직장가입자와의 관계를 확인할 수 없는 경우), 장애인등록증 또는 국가 유공·상이자임을 증명하는 서류 각 1부(부부 모두 해당 시는 각각 제출)

⊙ 2개월 이상 지연취득 신고 시 : 근로계약서, 재직증명원, 급여대장, 근로소득원천징수영수증 증빙자료 제출

직장가입자와 피부양자가 동거하는 경우는 주민등록등본을 제출하지 않아도 된다.

🗂 국민연금 자격취득 신고

사업장의 사용자는

❶ 국민연금 적용 사업장의 근로자로 사용된 때

❷ 국민연금 적용 사업장의 사용자가 된 때

❸ 사업장이 당연적용사업장에 해당한 때에는 해당 사실이 발생한 날이 속하는 달의 다음 달 15일까지 사업장가입자 자격취득신고서(특수직종근로자가 포함된 경우는 임금대장 사본 또는 선원수첩 사본 등 특수직종근로자임을 입증할 수 있는 서류)를 사업장의 주소지를 관할 하는 국민연금공단 지사 등에 제출해야 한다.

🗂 고용보험과 산재보험 취득 신고

구 분	내 용
제출서류	보험관계성립신고서 1부, 공사도급계약서(공사비내역서 포함) 및 건축 또는 벌목허가서 사본 각 1부
제출기한	보험관계가 성립된 날부터 14일 이내(14일 이내에 종료되는 사업에서는 종료일의 전일)

2 퇴사자의 4대 보험 처리

🗂 건강보험 자격상실 신고

사용자는 근로자가

❶ 사망한 날의 다음 날

❷ 국적을 잃은 날의 다음 날

❸ 의료급여수급권자가 된 날

❹ 유공자 등 의료보호 대상자가 건강보험 적용배제신청을 한 날

❺ 적용사업장에서 퇴직·퇴사한 날의 다음 날로부터 14일 이내에 직장 가입자 자격상실신고서(별지 제4호의2 서식)에 다음의 서류를 첨부해서 공단지사에 제출해야 한다.

⊚ 사망 사실이 기록된 가족관계등록부의 증명서, 사망진단서 또는 사체 검안서 중 1부

⊚ 의료급여수급권자가 된 경우에는 의료급여증 사본 1부

⊚ 유공자 등 의료보호 대상자로서 건강보험 적용배제신청을 하는 경우는 국가유공자증 사본 1부

⊚ 2개월 이상 지연 상실 신고 시 퇴직증명원, 급여대장, 근로소득원천 징수영수증

📁 국민연금 자격상실 신고

사업장의 사용자는

❶ 사망한 때

❷ 국적을 상실하거나 국외에 이주한 때

❸ 사용 관계가 종료(퇴직)된 때

❹ 60세에 도달한 때

❺ 국민연금 가입 대상에서 제외된 때에는 해당 사실이 발생한 날이 속

하는 달의 다음 달 15일까지 사업장가입자 자격상실신고서를 사업장의 주소지를 관할 하는 국민연금공단 지사 등에 제출해야 한다.

📋 고용보험과 산재보험 상실 신고

사업주가 근로자와의 고용관계를 종료한 경우 그 근로자에게 지급한 보수총액, 고용관계 종료일 등을 그 근로자의 고용관계가 종료한 날이 속하는 달의 다음 달 15일까지 공단에 「고용종료 신고서」를 제출해야 한다.

보험관계가 소멸한 경우 『보험관계소멸신고서』의 신고기한은 소멸일로부터 14일이고, 『근로자고용종료신고서』의 신고기한은 다음 달 15일까지로 서로 상이하나, 『보험관계소멸신고서』와 『근로자고용종료신고서』를 동시에 신고 (보수총액신고서도 함께 신고) 한다.

근로자 이직(퇴직) 시 실업급여 신청을 희망하는 경우 「이직확인서」를 작성해서 고용센터에 제출해야 하며, 이직확인서는 근로자의 실업급여 수급의 기초자료가 되므로 이직 사유 및 이직 전 지급한 임금·퇴직금 등을 정확히 기재해야 한다.

📋 퇴사자의 4대 보험 정산

퇴직 시 건강보험과 고용보험만 정산하고 국민연금은 별도의 정산제도가 없다.

건강보험료의 정산

사업장은 퇴사자가 발생하면 당해 연도 건강보험료에 대해 퇴사자 정산을 해야 한다.

퇴사한 직원의 건강보험료는 공단에서 정산처리가 진행된 이후에 결과를 알 수 있다.

그러므로 직원의 마지막 급여를 지급한 이후에 진행하면 보험료를 추가로 내는 일이 발생할 경우 퇴사한 직원에게 다시 연락해서 받아야 하는 일이 생기기도 한다.

다행히 연락되어 해당 금액을 받을 수 있으면 문제가 없지만, 연락이 안 되거나 적은 금액이라면 사업장이 대신 내야 하는 경우도 있다. 따라서 직원의 마지막 급여에 정산 금액을 미리 차감하거나 환급해 주는 것이 가장 좋은 방법이다.

특히 건강보험료를 고지서에 따라 납부했고, 급여의 변동이 있는 경우는 추가 징수해야 할 가능성이 크므로 반드시 정산을 진행해야 한다.

중도 퇴사자의 건강보험 정산하기 위해서 사업장은 퇴사일로부터 14일 이내에 자격상실 신고를 해야 한다. 상실 일자는 마지막 근무한 날의 다음 날이다(상실 신고날짜와 자격상실 날짜는 다를 수 있다.).

4대 보험료 부과기준일은 1일, 고지 기준일은 15일 기준이므로 매월 15일일 되기 전에 상실신고를 하면 해당 월에 바로 건강보험공단 측으로부터 정산금액이 고지되지만, 15일 이후에 신고하면 다음 달에 정산된 금액을 알 수 있다. 즉 이번 달에 반영이 될 수도 있고 다음 달에 반영될 수도 있으므로 퇴직 정산을 반드시 해야 나중에 문제가 발생하지 않는다.

직장가입자 자격상실 신고를 마친 후, 공단에 퇴직 정산을 요청하면 빠르면 그날 안에 늦어도 다음날 안으로는 건강보험 퇴직 정산보험료의 산정된 내역을 받아볼 수 있다.

이 방법이 사실은 가장 정확하고 빠른 방법이라고 볼 수 있다.

현재까지 납부한 건강보험료와 장기요양보험료 금액이 나오고 보수총액 금액이 확정되어서 최종 납부 혹은 돌려받아야 하는 건강보험료가 정산금액에 나온다.

해당 금액만큼은 따로 급여대장에 퇴직 정산보험료에 반영해 주면 된다.

참고로 퇴직 정산 건강보험은 퇴직과 동시에 보수총액을 신고해서 정산이 이루어진다.

급한 경우에는 공단에 전화해서 퇴직 정산 금액을 팩스로 보내달라고 하면 알려준다.

EDI를 통한 신청은 신고/신청 ➡ 건강보험 신고/신청 ➡ 건강보험료 ➡ 퇴직 정산/연말정산 재정산 신청서로 신청한다.

[작성 방법]

① 근로자의 성명을 입력 후 키보드의 엔터키를 누르면 해당자의 주민번호와 증번호가 나타난다.

② 정산구분에서 '연말정산', '퇴직정산' 중 하나를 선택한다.

③ 변경할 보수총액과 근무월수를 입력한다.

※ 한 달 중 하루라도 근무했을 경우 근무월수에 포함.

④ [대상자 등록] 버튼을 클릭하여 입력한 내용을 등록한다.

⑤ [신고] 버튼을 클릭하여 신고한다.

가. 정산연도 : 퇴사한 당해연도 입력. 단, 12월 31일 퇴사자 연말정산의 경우는 입력하지 않는다.

나. 상실일 : 말 일자 퇴사 시, 퇴사일+1

[예] 5월 31일 퇴사 시, 6월 1일 상실일

다. 보수월액 : 당해연도 보수총액/근무 월 수

라. 근무월수 : 당해 1월~퇴사 당월까지의 근무 월

마. 납부한 보험료 : 당해 1월~ 퇴사 당월까지 납부한 보험료

결과는 받은 문서에서 확인할 수 있다.

이때 주의할 점이 있는데 각각 퇴직정산에 나타나는 금액은 근로자 부담분과 사업자(회사)부담분이 합쳐서 표시된 금액이다. 따라서 이 금액을 근로자의 건강보험 퇴직 정산 금액으로 모두 넣으면 안 되고 1/2에 해당하는 금액만 근로자 부담분으로 반영한다.

💕 건강보험료의 퇴직정산 💬

❶ 건강보험료 = 보수월액(= 근로소득 - 비과세소득(일부 포함) + 국외근로소득 + 직급보조비 등) × 보험료율에 따라 매월 공제한 금액

➡ 실제로 납부해야 할 보험료

❷ 당해 연도 중 고지금액에 따라 납부한 매월 보험료

➡ 작년 기준으로 납부한 보험료

❸ ❶과 ❷를 비교해서 덜 납부된 경우(❶ > ❷) 해당 금액만큼 추가징수를 하고 더 납부한 경우(❶ < ❷) 환급을 하면 된다.

고용보험료의 정산

퇴직정산의 대상이 되는 근로자는 부과고지 사업장에 근무하면서 고용정보가 관리되고 있는 상용근로자이며 일용근로자, 월 60시간 미만 단시간 상용근로자, 산재 고용정보 미신고 외국인 근로자는 매년 3월 15일까지 「보수총액신고서」에 보수총액을 신고하여 정산한다.

2020년 1월 16일이후 퇴직한 퇴사자들은 고용보험도 퇴직정산을 해야

한다. 퇴직정산을 한 경우 건강보험과 같이 보수총액신고시 신고를 안 해도 된다.

건강보험과 같이 퇴직하면서 그해 보수총액을 신고하고 바로 정산해서 퇴직자에게 정확한 금액을 추가징수 또는 환급한다.

퇴직 신고를 하면 건강보험처럼 바로 정산보험료를 알 수 있고 급여 지급일 전에 내용을 적용하여 공제 후 급여 지급을 하면 된다.

고용보험료는 보수월액에서 당해연도의 고용보험료율을 곱하여 구한다.

고용보험료 = 보수월액 × 고용보험료율
고용보험료율은 0.9%이다.

상실 사유가 발생한 날(고용관계가 종료한 날)이 속하는 달의 다음 달 15일까지 해당 근로자의 보수총액을 작성하여 자격상실(고용종료) 신고를 한다.

근로자 자격상실(고용종료)신고서에 근로자의 상실일, 상실사유 및 "지급한 보수총액"을 작성하여 공단으로 신고하면 퇴직정산 결과 반영 월의 월별보험료에 합산 고지(반영 월의 월별 보험료보다 초과 시 2등분하여 반영 월과 그다음 월 월별보험료에 각각 합산 고지)(추가 부과, 반환·충당)한다.

근로자 고용종료(자격상실) 신고시 해당 근로자에게 지급한 보수총액을 신고하였으나 이후 추가로 보수를 지급하게 되었거나 착오신고한 경우 고용종료 근로자 보수총액 수정신고서를 제출한다.

연도 중 요율 변경이 있어 보수총액을 기간별로 신고해야 하거나, 자활

근로종사자 및 노동조합 등으로부터 금품을 지급받는 노조전임자 등 보수총액을 보험사업별로 신고해야 하는 경우 「고용종료근로자 보수총액 구분 신고서」를 추가로 제출한다.

고용 · 산재보험 토탈서비스(total.kcomwel.or.kr) 또는 서면신고가 가능하다.

3 입사자와 퇴사자의 4대 보험료 납부

구 분		4대 보험료 납부
입사	지역가입자 중 월중 또는 1일 이후 입사	❶ 건강보험 : 지역에서 납부 다음 달부터 직장납부 ❷ 국민연금 : 지역에서 납부 다음 달부터 직장납부 ❸ 고용보험 : 지급액에 따라 이번 달부터 공제
	직장가입자 중 월중 또는 1일 이후 입사	❶ 건강보험 : 전 직장에서 납부 다음 달부터 현 직장납부 ❷ 국민연금 : 전 직장에서 납부 다음 달부터 현 직장납부 ❸ 고용보험 : 지급액에 따라 이번 달부터 공제
퇴사	직장가입자 중 1일 이후 퇴사	❶ 건강보험 : 퇴사하는 직장에서 납부 새로운 직장에서는 다음 달부터 납부 ❷ 국민연금 : 퇴사하는 직장에서 납부 새로운 직장에서는 다음 달부터 납부 ❸ 고용보험 : 지급액에 따라 이번 달부터 공제

일용근로자(알바)의 세금 납부

세법에서 말하는 일용근로자는 한 직장에서 3개월 미만의 근로자를 말한다. 따라서 3개월 이상 근로를 하는 경우는 세법 적용에 있어 일용근로자가 아닌 상용근로자로 본다. 즉, 근로자가 근로계약에 따라 일정한 고용주에게 3월(건설공사에 종사하는 경우는 1년) 이상 계속해서 고용되어 있지 않고, 근로단체를 통해서 여러 고용주의 사용인으로 취업하는 경우는 이를 일용근로자로 본다.

세법에서 일용근로자와 관련해서 신경 써야 할 세무신고 사항은 크게 2가지인데, 하나는 일용근로자 일당에 대한 근로소득세 원천징수와 매 분기 지급명세서 제출이다.

1 일용근로자?

건설업에 종사하는 자

건설공사에 종사하는 자로서 다음 각목의 자를 제외한 자

가. 동일한 고용주에게 계속하여 1년 이상 고용된 자

나. 다음 업무에 종사하기 위해서 통상 동일한 고용주에게 계속하여 고용된 자

● 작업준비를 하고 노무에 종사하는 자를 직접 지휘·감독하는 업무

● 작업 현장에서 필요한 기술적인 업무, 사무, 타자, 취사, 경비 등의 업무

● 건설기계의 운전 또는 정비업무

🗂 하역작업에 종사하는 자

하역작업에 종사하는 자(항만근로자를 포함)로서 다음의 자를 제외한 자가 통상 근로를 제공한 날에 근로 대가를 받지 아니하고 정기적으로 근로 대가를 받는 자나 다음의 업무에 종사하기 위하여 통상 동일한 고용주에게 계속 고용된 자

● 작업준비를 하고 노무에 종사하는 자를 직접 지휘·감독하는 업무

● 주된 기계의 운전 또는 정비업무

🗂 건설업과 하역업을 제외한 자

건설업과 하역업 외의 업무에 종사하는 자로서 근로계약에 따라 동일한 고용주에게 3월 이상 계속해서 고용되어 있지 아니한 자

2 일용근로소득에 대한 원천징수 요령

일용근로자의 근로소득에 대해서는 원천징수의무자가 일 급여를 기준으로 원천징수함으로써 납세의무가 종결되는 것이므로 별도의 연말정산은

하지 않는다. 다만, 일반 업종의 일용근로자가 3월 이상 계속해서 동일 고용주에게 고용된 경우는 3월이 되는 날이 속하는 월부터 일반(상용)급여자로 보아 원천징수하고, 당해 연도의 1월 1일부터 12월 31일까지 지급받은 급여를 합산해서 연말정산을 해야 한다.

3   일용근로자의 세액계산

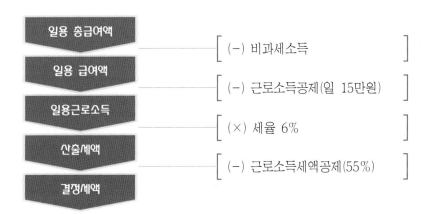

(일당 - 15만 원) = 일용근로소득

일용근로소득 × 6% = 산출세액

산출세액 - 근로소득세액공제(55%) = 결정세액

결정세액 × 일수 = 원천징수 세액

간단한 계산 방법을 살펴보면

(일당 - 15만 원) × 2.7% × 일수 = 원천징수 세액

예를 들어 일당 20만원을 받는 경우 원천징수액은 (20만원 - 15만원) × 2.7% × 1일 = 1,350원이 된다.

매일 지급액이 187,000원 이하인 경우는 납부할 세금이 없다.

4 지급명세서 제출

지급일이 속하는 달의 다음 달 말까지 제출해야 한다. 다만, 당해연도 귀속 일용근로소득을 12월 31일까지 미지급한 경우에도 지급명세서는 다음 달 말일까지 제출해야 한다. 다만, 고용보험법에 따라 매월 15일 근로복지공단에 일용근로자 근로내용확인신고서를 제출한 경우는 일용근로자 지급명세서를 제출하지 않아도 된다.

지급명세서의 제출 방법은 홈택스 (www.hometax.go.kr) 로그인 ➡ 지급명세서 자료 제출 · 공익법인 ➡ (일용 · 간이 · 용역) 소득자료 제출 ➡ 일용근로소득 지급명세서 제출/내역조회 ➡ 프로그램 자동 설치 후 지급명세서 프로그램에서 지급명세서 작성 · 전송한 후 접수 결과를 확인하면 된다.

일반(상용)근로자의 세금납부

매월 급여에 대한 원천징수는 간이세액표를 통해서 한다.

구 분	공제 방법	공제 기준급여	비고
근로소득세	간이세액표	총급여 - 비과세소득	근로자 전액 부담
지방소득세	근로소득세의 10%	근로소득세	근로자 전액 부담

원천징수의무자는 매월 급여 지급 시 원천징수 할 근로소득세를 근로소득 간이세액표(홈택스(www.hometax.go.kr) > 국세납부 > 세금신고 > 원천세 신고 > 근로소득 간이세액표를 클릭하면 자동 계산이 가능하며, 간이세액표도 무료로 다운받을 수 있다)에 의해 계산한다.

그리고 계산된 원천징수 세액 중 매달 80%, 100%, 120% 중 근로자가 선택해서 납부를 하면 된다. 다만, 업무 편의를 위해 대다수 100%를 적용해 원천징수 한다.

❶ 홈택스(www.hometax.go.kr)에 접속한다.

❷ 세금신고 > 원천세 신고 > 근로소득 간이세액표를 클릭

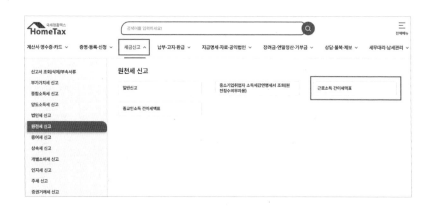

간이세액표는 공제대상 가족 수(본인 포함)만으로 공제 인원을 계산해 조견표를 적용한 후 조견표 금액에서 전체 공제대상 가족 중 8세 이상 20세 이하 자녀 수에 따라 아래의 금액을 차감한 후 원천징수한다.

❶ 월급여와 전체 공제대상 가족 수(본인 포함)에 해당하는 조견표상 금액을 구한다.

❷ 전체 공제대상 가족 중 8세 이상 20세 이하 자녀가 있는 경우 인원수에 따라 ❶에서 산정된 금액에서 차감한다. 다만, 공제한 금액이 음수인 경우의 세액은 0원으로 한다.

가. 8세 이상 20세 이하 자녀가 1명인 경우 : 12,500원

나. 8세 이상 20세 이하 자녀가 2명인 경우 : 29,160원

다. 8세 이상 20세 이하 자녀가 3명 이상인 경우 : 29,160원 + 2명 초과 자녀 1명당 25,000원

```
┌ ─ ─ ─ ─ ─ ─ ─ ─ ─ ─ ─ ─ ─ ─ ─ ─ ─ ─ ─ ┐
                   적용 순서
  1. 월급여와 전체 공제대상 가족 수(본인 포함)에 해당하는 조견표
  상 금액을 구한다.
  2. 전체 공제대상 가족 중 8세 이상 20세 이하 자녀가 있는 경우
  인원수에 따라 1에서 산정된 금액에서 차감한다. 다만, 공제한 금
  액이 음수인 경우의 세액은 0원으로 한다.
  가. 8세 이상 20세 이하 자녀가 1명인 경우 : 12,500원
  나. 8세 이상 20세 이하 자녀가 2명인 경우 : 29,160원
  다. 8세 이상 20세 이하 자녀가 3명 이상인 경우 : 29,160원 + 2
  명 초과 자녀 1명당 25,000원
└ ─ ─ ─ ─ ─ ─ ─ ─ ─ ─ ─ ─ ─ ─ ─ ─ ─ ─ ─ ┘
```

[예시]

월 급여 3,500,000(비과세 및 자녀 학자금 지원금액 제외)원

부양가족의 수 : 본인 포함 4명(8세 이상 20세 이하 자녀 2명 포함)

1. 공제대상가족의 수 : 4명(49,340원)(8세 이상 20세 이하 자녀 2명 미반영 후 적용)

2. 원천징수 세액 = 49,340원 - 29,160원(8세 이상 20세 이하 자녀 2명) = 20,180원

월급여(천원)		공제대상가족의 수					
[비과세 및 학자금 제외]							
이상	미만	1	2	3	4	5	6
3,500	3,520	127,220	102,220	62,460	49,340	37,630	32,380

상여금이 있는 경우 원천징수세액 계산 방법

1 원칙

🗂 지급대상 기간이 있는 상여

지급대상 기간이 있는 상여 등을 지급하는 때의 원천징수하는 소득세의 계산(① × ②) − ③

① $\left(\dfrac{\text{상여 등의 금액} + \text{지급대상기간의 상여 등 외의 급여의 합계액}}{\text{지급대상기간의 월수}} \right)$ 에 대한

간이세액표의 해당 세액

② 지급대상기간의 월수

③ 지급대상기간의 상여 등외의 급여에 대해 이미 원천징수해서 납부한 세액(가산세액 제외)

📋 지급대상 기간이 없는 상여

지급대상 기간이 없는 상여 등을 지급하는 때의 원천징수하는 소득세의 계산

그 상여 등을 받은 과세기간의 1월 1일부터 그 상여 등의 지급일이 속하는 달까지를 지급대상 기간으로 해서 지급대상 기간이 있는 상여의 방법으로 계산한다.

이 경우 과세기간에 2회 이상의 상여 등을 받았을 때는 직전에 상여 등을 지급받은 날이 속하는 달의 다음 달부터 그 후에 상여 등을 지급받은 날이 속하는 달까지를 지급대상 기간으로 해서 세액을 계산한다.

📋 지급대상 기간 계산

* 지급대상 기간이 1년을 초과하는 경우는 1년으로 보고, 1월 미만의 끝수가 있는 경우에는 1개월로 본다.
* 지급대상 기간의 마지막 달이 아닌 달에 지급되는 상여 등은 지급대상 기간이 없는 상여 등으로 본다.
* 지급대상 기간이 서로 다른 상여 등을 같은 달에 지급하는 경우 지급대상기간을 다음과 같이 계산한다.

$$지급대상기간 = \frac{같은\ 달에\ 지급받은\ 상여\ 등의\ 지급대상기간의\ 합계}{같은\ 달에\ 지급받은\ 상여\ 등의\ 개수}$$

2 | 특례

상여 등의 금액과 그 지급대상기간이 사전에 정해진 경우(금액과 지급대
상기간이 사전에 정해진 상여 등을 지급대상기간의 중간에 지급하는 경
우 포함)에는 '매월분의 급여' 와 '상여 등의 금액을 그 지급대상기간으
로 나눈 금액' 을 합한 금액에 대해서 근로소득 간이세액표에 의한 매월
분 세액을 징수할 수 있다.

3 | 잉여금 처분에 의한 상여 등을 지급

잉여금 처분에 의한 상여 등을 지급하는 때에 원천징수 하는 세액은 그
상여 등의 금액에 기본세율을 곱해서 계산한 금액으로 한다.

> 잉여금 처분에 의한 상여 등의 금액 × 기본세율

외국인 근로자의 세금납부

외국인 근로자가 국내에서 근무함으로써 매월 지급받는 근로소득에 대해서 소득세를 원천징수 하는 경우 근로소득간이세액표에 의해 원천징수 하는 방법과 해당 근로소득의 19%를 곱한 금액을 원천징수 하는 방법 중 선택하여 적용할 수 있다.

매월 급여에 19%를 곱한 금액으로 원천징수 하는 방법을 적용받고자 하는 외국인 근로자(원천징수 신청일 현재 대한민국 국적을 가지지 않은 사람만 해당)는 근로를 제공한 날이 속하는 달의 다음 달 10일까지 "단일세율 적용 원천징수신청서"를 원천징수의무자를 거쳐 원천징수 관할 세무서장에게 제출해야 한다.

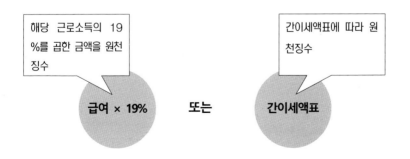

> 월급여액 2,000만원(비과세소득 50만원 포함)이고, 부양가족 4명(본인 및 20세 이하 자녀 2명 포함)인 외국인 근로자의 원천징수세액은?

(방법1)

간이세액표 적용 ➡ 원천징수세액 4,556,040원

❶, ❷, ❸의 합계금액 = 4,556,040원

❶ 월급여 1,000만원 공제대상가족의 수 6명에 해당하는 세액 : 1,110,840원

❷ 1,397,000원

❸ (1,950만원 - 1,400만원) × 98% × 38% = 2,048,200원

(방법2)

19% 단일세율 원천징수 적용 ➡ 원천징수세액 3,800,000원

비과세를 포함한 월급여액에 19% 단일세율 적용

2,000만원 × 19% = 3,800,000원

(원천징수액) (방법2) 선택해서 납부하는 것이 유리하다.

급여에서 4대 보험은 얼마를 공제하나?

1 건강보험료율과 노인장기요양보험료율

건강보험료 근로자 부담액 = 건강보험료(❶) + 노인장기요양보험료(❷)

❶ 건강보험료 = 월급여(총급여 - 비과세 급여) × 3.545%(10원 미만 단수 버림)

❷ 노인장기요양보험료 = 건강보험료 × 신장기요양보험료율(0.9182%) ÷ 건강보험요율(7.09%)(10원 미만 단수 버림)

🏦 건강보험료율

가입자부담(50%) 보험료 산정 방법 : 월 보험(10원 미만 단수 버림)료 = 보수월액 × 보험료율

보수월액(월 평균보수 = 월급여) = 연간 총보수액(총급여 - 비과세소득) ÷ 근무월수

보험료율 : 7.09%(사용자 3.545%, 종업원 3.545%)(10원 미만 단수 버림)

계	종업원부담	사용자부담
7.09%	3.545%	3.545%

보수월액 범위	보험료율	월보험료 산정
하한액	3.545%	9,890원(근로자 부담분)
상한액	3.545%	4,504,170원(근로자 부담분)

[예시] 보수월액이 1,000,000원일 때, 계산방법

건강보험료 : 1,000,000원(보수월액) × 7.09%(건강보험료율) = 가입자 부담금 35,450원, 사업주 부담금 35,450원

장기요양보험료 : 70,900원(건강보험료) × 12.95%(장기요양보험료율) = 가입자 부담금 4,590원, 사업자 부담금 4,590원

직장가입자가 2 이상 적용사업장에서 보수를 받는 경우는 각 사업장에서 받는 보수를 기준으로 각각 보수월액을 결정한다.

🪙 노인장기요양보험료

노인장기요양보험료 = 건강보험료 × 0.9182%/건강보험요율(7.09%)

= (총급여 - 비과세급여) × 3.545% × 0.9182%/건강보험요율(7.09%)

2 국민연금료율

월 국민연금(10원 미만 단수 버림)

= 기준소득월액[월급여(총급여 - 비과세소득)] × 국민연금료율

기준소득월액 = 연간 총보수액(총급여 - 비과세소득) ÷ 근무월수

보험료율 : 9%(사용자 4.5%, 종업원 4.5%)(10원 미만 단수 버림)

계	종업원부담	사용자부담
9(100%)%	4.5(50%)%	4.5(50%)%
기준소득월액 범위	국민연금료율	월국민연금 산정
39만원 미만	4.5%	= 39만원 × 4.5%
39만원 ~ 617만원	4.5%	= 기준소득월액 × 4.5%
617만원 초과	4.5%	= 617만원 × 4.5%

[예시] 기준소득월액은 최저 39만 원에서 최고금액은 617만 원까지의 범위로 결정하게 된다. 따라서 신고한 소득월액이 39만 원보다 적으면 39만 원을 기준소득월액으로 하고, 617만 원보다 많으면 617만 원을 기준소득월액으로 한다.

3 고용보험료율

고용보험료 = 월급여(총급여 - 비과세소득) × 보험료율

구 분		근로자	사업주
실업급여(2022년 6월까지는 0.8%)		0.9%	0.9%
고용안정, 직업능력 개발사업	150인 미만 기업		0.25%
	150인 이상(우선지원대상기업)		0.45%
	150인 이상~1,000인 미만기업		0.65%
	1,000인 이상 기업, 국가·지방자치단체		0.85%

📖 임금총액에 산입하는 것

통화로 지급되는 것	현물로 지급되는 것
기본급, 연차 유급휴가수당, 연장·야간·휴일근로수당, 특수작업·위험작업·기술수당, 임원·직책수당, 일·숙직수당, 장려·개근수당, 단체협약 또는 취업규칙, 근로계약서에서 근로조건의 하나로서 근로자에게 정기적, 일률적으로 지급하도록 명시되어 있거나 관례적으로 계속해서 지급해온 사실이 인정되는 상여금, 통근비(정기승차권), 사택수당, 월동·연료수당, 지역수당(한·냉 벽지수당), 교육수당, 별거수당, 물가수당, 조정수당, 가족수당이 근로자에게 일률적으로 지급된 것, 봉사료를 사용자가 일괄 집중관리해서 배분하는 경우에 그 배분금액	법령 또는 단체협약, 취업규칙, 근로계약서의 규정에 의하여 지급되는 현물급여(예 : 급식)

고용보험료 등의 산정범위에 속하는 것으로 고용보험법 제2조 제4호에

의해서 고용노동부 장관이 고시한 금품(노조 전임자 임금, 휴업수당수당, 출산휴가 중 회사로부터 받는 금품) 및 고용보험법 제2조의2에 의하여 고용노동부 장관이 고시한 기준임금

💼 임금총액에 산입하지 않는 것

가. 성질상 임금으로 인정하지 않는 것

통화로 지급되는 것	현물로 지급되는 것
결혼축하금, 조의금, 재해위문금, 휴업보상금, 실비변상으로 지급되는 것(예 : 기구손실금, 작업용품 대, 작업상 제공하는 피복비, 출장여비)	근로자로부터 대금을 징수하는 현물급여, 작업상 필수적으로 지급되는 현물급여(예시 : 작업복, 작업모, 작업화 등), 복리후생시설로서 지급되는 현물급여(예시 : 주택 설비·조명·용수·의료 등의 제공, 급식·영양식품의 지급 등)

나. 기타 임금총액에 포함되지 않는 것

• 퇴직금(단체협약, 취업규칙 등에 규정함을 불문한다)

4 산재보험료율

하나의 적용사업장에 대해서는 하나의 보험요율을 적용한다.

하나의 사업장 안에서 보험요율이 다른 2종 이상의 사업이 행해지는 경우 다음 순서에 따라 주된 사업을 결정해서 적용한다.

• 근로자 수가 많은 사업

• 근로자 수가 같거나 그 수를 파악할 수 없는 경우는 임금총액이 많은 사업

● 상기 방법에 의해서 주된 사업을 결정할 수 없는 경우에는 매출액이 많은 사업을 주된 사업으로 결정

사업종류	요율	사업종류	요율
1. 광업		4. 건설업	35
석탄광업 및 채석업	185	5. 운수 · 창고 · 통신업	
석회석 · 금속 · 비금속 · 기타광업	57	철도 · 항공 · 창고 · 운수관련서비스업	8
2. 제조업		육상 및 수상운수업	18
식료품 제조업	16	통신업	9
섬유 및 섬유제품 제조업	11	6. 임 업	58
목재 및 종이제품 제조업	20	7. 어 업	27
출판 · 인쇄 · 제본업	9	8. 농 업	20
화학 및 고무제품 제조업	13	9. 기타의 사업	
의약품 · 화장품 · 연탄 · 석유제품 제조업	7	시설관리 및 사업지원 서비스업	8
기계기구 · 금속 · 비금속광물제품 제조업	13	기타의 각종사업	8
금속제련업	10	전문 · 보건 · 교육 · 여가관련 서비스업	6
전기기계기구 · 정밀기구 · 전자제품 제조업	6	도소매 · 음식 · 숙박업	8
선박건조 및 수리업	24	부동산 및 임대업	7
수제품 및 기타제품 제조업	12	국가 및 지방자치단체의 사업	9
3. 전기 · 가스 · 증기 · 수도사업	7	0. 금융 및 보험업	5
		★ 해외파견자 : 14/1,000	

5 월급에서 차감되는 비과세급여

비과세소득의 범위	한도	건강보험	국민연금	고용·산재
대통령령이 정하는 복무중인 병이 받는 급여	-	×	×	×
법률에 의하여 동원된 자가 그 동원직장에서 받는 급여	-	×	×	×
「산업재해보상보험법」에 따라 수급권자가 받는 요양급여, 휴업급여, 장해급여, 간병급여, 유족급여, 유족특별급여, 장해특별급여, 장의비 또는 근로의 제공으로 인한 부상·질병·사망과 관련하여 근로자나 그 유족이 받는 배상·보상 또는 위자(慰藉)의 성질이 있는 급여	-	×	×	×
「근로기준법」 또는 「선원법」에 따라 근로자·선원 및 그 유족이 받는 요양보상금, 휴업보상금, 상병보상금(傷病補償金), 일시보상금, 장해보상금, 유족보상금, 행방불명보상금, 소지품 유실보상금, 장의비 및 장제비	-	×	×	×
「고용보험법」에 따라 받는 실업급여, 육아휴직 급여, 산전후휴가 급여, 「제대군인 지원에 관한 법률」에 따른 전직지원금, 「국가공무원법」·「지방공무원법」에 따른 공무원 또는 「사립학교교직원 연금법」·「별정우체국법」을 적용받는 사람이 관련 법령에 따라 받는 육아휴직수당	-	×	×	×
「국민연금법」에 따라 받는 반환일시금(사망으로 받는 것만 해당한다) 및 사망일시금	-	×	×	×
「공무원연금법」·「군인연금법」·「사립학교교직원 연금법」 또는 「별정우체국법」에 따라 받는 요양비·요양일시금·장해보상금·사망조위금·사망보상금·유족보상금·유족일시금·유족연금일시금·유족연금부가금·유족연금특별부가금·재해부조금 및 재해보상금 또는 신체·정신상의 장해·질병으로 인한 휴직기간에 받는 급여	-	×	×	×

비과세소득의 범위	한도	건강 보험	국민 연금	고용 · 산재
「초·중등교육법」 및 「고등교육법」에 의한 학교(외국에 있는 이와 유사한 교육기관을 포함한다)와 「근로자직업능력 개발법」에 의한 직업능력개발훈련시설의 입학금·수업료·수강료 기타 공납금 중 다음의 요건을 갖춘 학자금 1. 당해 근로자가 종사하는 사업체의 업무와 관련 있는 교육·훈련을 위하여 받는 것 2. 당해 근로자가 종사하는 사업체의 규칙등에 의하여 정하여진 지급기준에 따라 받는 것 3. 교육·훈련기간이 6월 이상의 경우 교육·훈련 후 당해 교육기간을 초과하여 근무하지 아니하는 때에는 지급받은 금액을 반납할 것을 조건으로 하여 받는 것	-	×	×	×
「선원법」에 의하여 받는 식료	-	×	×	×
법령·조례에 의한 위원회 등의 보수를 받지 아니하는 위원(학술원 및 예술원의 회원을 포함) 등이 받는 수당	-	×	×	×
일직료·숙직료 또는 여비로서 실비변상정도의 금액(종업원의 소유차량을 종업원이 직접 운전하여 사용자의 업무수행에 이용하고 시내출장등에 소요된 실제 여비를 받는 대신에 그 소요경비를 당해 사업체의 규칙등에 의하여 정하여진 지급기준에 따라 받는 금액 중 월 20만원이내의 금액을 포함)	-	×	×	×
병원·시험실·금융기관·공장·광산에서 근무하는 자 또는 특수한 작업이나 역무에 종사하는 자가 받는 작업복이나 그 직장에서만 착용하는 피복	-	×	×	×
법령·조례에 의하여 제복을 착용해야 하는 자가 받는 제복·제모 및 제화	-	×	×	×

비과세소득의 범위	한도	건강보험	국민연금	고용·산재
특수분야에 종사하는 군인이 받는 낙하산강하위험수당·수중파괴작업위험수당·잠수부위험수당·고전압위험수당·폭발물위험수당·비행수당·비무장지대근무수당·전방초소근무수당·함정근무수당 및 수륙양용궤도차량승무수당, 특수분야에 종사하는 경찰공무원이 받는 경찰특수전술업무 수당과 경호공무원이 받는 경호수당	-	×	×	×
「선원법」의 규정에 의한 선원으로서 재정경제부령이 정하는 자(제16조 및 제17조의 규정을 적용받는 자를 제외한다)가 받는 승선수당, 경찰공무원이 받는 함정근무수당·항공수당 및 소방공무원이 받는 함정근무수당·항공수당·화재진화수당	월20만원	×	×	×
교원 및 연구기관 연구 활동 직접 종사자의 연구보조비 또는 연구활동비	월20만원	×	×	×
통신·신문, 방송채널사용사업에 종사하는 기자(상시 고용되어 취재 활동을 하는 논설위원 및 만화가를 포함)가 취재 활동과 관련하여 받는 취재수당		×	×	×
벽지에 근무함으로 인하여 받는 벽지수당		×	×	×
광산근로자가 받는 입갱수당 및 발파수당	-	×	×	×
천재·지변 기타 재해로 인하여 받는 급여	-	×	×	×
외국정부(외국의 지방자치단체 및 연방국가인 외국의 지방정부를 포함한다. 이하 같다) 또는 대통령령이 정하는 국제기관에 근무하는 자로서 대통령령이 정하는 자가 받는 급여. 다만, 그 외국정부가 그 나라에서 근무하는 우리나라 공무원이 받는 급여에 대하여 소득세를 과세하지 아니하는 경우	-	○	×	×
「국가유공자 등 예우 및 지원에 관한 법률」에 의하여 받는 보훈급여금 및 학습보조비	-	×	×	×
「전직대통령 예우에 관한 법률」에 따라 받는 연금	-	×	×	×
작전 임무를 수행하기 위하여 외국에 주둔 중인 군인·군무원이 받는 급여	-	○	×	×
종군한 군인·군무원이 전사(전상으로 인한 사망을 포함한다. 이하 같다)한 경우 그 전사한 날이 속하는 과세기간의 급여	-	×	×	×

비과세소득의 범위	한도	건강보험	국민연금	고용·산재
국외 또는 「남북교류협력에 관한 법률」에 의한 북한지역에서 근로를 제공하고 받는 대통령령이 정하는 급여				
국외 또는 「남북교류협력에 관한 법률」에 의한 북한지역(이하 이 조에서 "국외 등"이라 한다)에서 근로를 제공하고 받는 보수	월100만원	○	×	×
원양어업 선박 또는 국외 등을 항행하는 선박 또는 국외 등의 건설현장에서 근로를 제공하고 받는 보수	월300만원	○	×	×
「국민건강보험법」·「고용보험법」·「국민연금법」·「공무원연금법」·「사립학교교직원 연금법」·「군인연금법」·「근로자퇴직급여보장법」·「과학기술인공제회법」 또는 「노인장기요양보험법」에 따라 국가·지방자치단체 또는 사용자가 부담하는 부담금	-	×	×	×
생산직 및 그 관련 직에 종사하는 근로자로서 급여수준 및 직종등을 고려하여 대통령령이 정하는 근로자가 대통령령이 정하는 연장시간근로·야간근로 또는 휴일근로로 인하여 받는 급여				
월정액급여가 210만원 이하면서 총급여가 3천만원 이하인 생산직 근로자 등이 받는 연장시간·야간 또는 휴일근무로 인하여 통상임금에 가산하여 지급받는 급여	연240만원	×	×	×
광산근로자 및 일용근로자의 연장시간·야간 또는 휴일근무 수당	-	×	×	×
「선원법」에 의하여 받는 생산수당(비율급으로 받는 경우는 월 고정급을 초과하는 비율급	연240만원	×	×	×
근로자가 사내급식 또는 이와 유사한 방법으로 제공받는 식사 기타 음식물	-	×	×	×
식사 기타 음식물을 제공받지 아니하는 근로자가 받는 식사대	월 20만원	×	×	×
근로자 또는 그 배우자의 출산이나 6세 이하의 자녀보육과 관련하여 사용자로부터 지급받는 급여로서 월 20만원 이내의 금액	월 20만원	×	×	×
「국군포로의 송환 및 대우 등에 관한 법률」에 따른 국군포로가 지급받는 보수 및 퇴직일시금	-	×	×	×

중도퇴사자의 연말정산

1 중도입사자

다른 회사를 퇴사해서 새로운 회사에 입사한 경우는 현 근무지에서 최초의 급여를 지급받기 10일 전까지 전 근무지 퇴직 시 원천징수의무자가 발행한 근로소득원천징수영수증과 소득자별 근로소득원천징수부를 제출하게 해서 연말정산시 전근무지의 근로소득과 현근무지의 근로소득을 합산해서 연말정산을 해야 한다. 만일 전근무지의 「근로소득원천징수영수증」과 「소득자별 근로소득원천징수부」 사본을 제출하지 않아 전근무지의 근로소득을 합산해서 연말정산을 하지 않은 때에는 근로자 본인이 다음연도 5월 말까지 종합소득세 확정신고를 해야 하는 번거로움이 있으며, 자칫하면 가산세를 추가로 부담해야 하므로 반드시 근로자에게 주의를 환기시켜야 한다.

구 분	현 근무지 제출서류
연도 중 전근무지가 없었던 경우	없음

구 분	현 근무지 제출서류
연도 중 전근무지가 있었던 경우	근로소득원천징수영수증 및 소득자별근로소득원천징수부

2 중도퇴직자

임직원이 퇴직한 경우는 퇴직한 달의 급여를 지급하는 때 연말정산을 한다. 즉, 직원의 퇴직 시 연말정산을 한 후 징수세액이 있는 경우는 징수하고 환급세액이 있는 경우에는 환급해 주어야 한다.

예를 들어 2024년 8월에 퇴직한 자의 급여를 2024년 9월 5일 지급하면서 연말정산 한 결과 33,870원의 납부세액이 발생한 경우 세액의 납부는 2024년 10월 10일까지 연말정산 자료는 2025년 3월 10일까지 제출하는 것이다.

🖻 중도퇴직자의 소득공제액

중도퇴사자의 근로소득세 연말정산 시에는 인적소득공제(기본공제, 추가공제), 자녀세액공제는 월할 계산하지 않고 연액(전액)을 공제해야 하며, 특별소득공제액(주택자금공제, 법정보험료 공제), 신용카드 등의 사용금액에 대한 소득공제금액 및 특별세액공제액(보험료공제, 의료비공제, 교육비공제)은 근로제공기간에 지출 또는 사용한 금액에 한해서 공제받을 수 있다. 또한, 근로자가 중도 퇴직하면서 근로소득세 연말정산을 하는 때에 소득공제신청을 누락하여 공제받지 못한 소득공제금액이 있는 경우에는 새로운 직장에서 연말정산 시 공제받을 수 있으나 새로운 직장을 얻지 못해 다시 연말정산을 하지 못한 경우에는 근로자 본인이 다음 해 5월에 주소지 관할 세무서에 근무지로부터 퇴직시 받은 근로소득원천징수영수증과 추가로 공제받고자 하는 공제항목에 대한 증빙서류를 첨부해서 종합소득세 확정신고를 함으로써 추가로 공제받을 수 있다.

- 중도 퇴사자 연말정산액 = 총급여액 - 비과세소득 - 근로소득공제 - 기본공제(전액) - 추가공제(전액) - 자녀세액공제(전액) - 특별소득공제(근무기간 중 사용액), 신용카드 등의 사용금액에 대한 소득공제(근무기간 중 사용액) 및 특별세액공제(근무기간 중 사용액)
- 정보가 있으면 모든 공제를 적용해서 정산해도 되나 일반적으로는 기본공제와 표준공제만 적용해 중도 퇴사자 연말정산을 한다.

참고로 중도퇴사를 하고 사업을 시작하는 경우 퇴사시점에 연말정산을 했다고 모든 세금 납부 의무가 종료되는 것이 아니므로 사업소득과 근로소득을 합해서 다음 해 5월에 종합소득세 신고·납부를 해야 한다. 즉, 연말정산으로 모든 납세의무가 완료되는 것은 아니다.

📋 중도퇴사자의 연말정산을 누락한 경우

중도퇴직자는 퇴직하는 달의 급여를 지급할 때 원천징수의무자가 연말정산을 하는 것이며, 정산을 누락한 경우 원천징수의무자는 원천징수이행상황신고서의 수정신고를 통해서 정산해야 하고, 정산된 근로소득원천징수영수증을 발급해야 한다.

3 중도퇴직자 연말정산액의 납부 및 환급

중도퇴사자에 대해서 연말정산을 한 결과 납부액은 납부하고 환급액은 환급해 주어야 하는 데 여기서 반드시 유의할 사항은 환급이 발생하는 경우 새로운 사업장에서 환급받는 것이 아니라 퇴사하는 회사에서 반드시 환급해서 퇴사시켜야 한다는 점이다. 즉, 퇴사자는 새로운 직장에서 환급받을 수 없고 중도퇴사 시 퇴사하는 직장에서만 환급받을 수 있다.

[연말정산 표준 스케줄]

❶ 연말정산 관련 개정 세법 자료 확인(당해 연도 12월)

❷ 연말정산 프로그램 업데이트(당해 연도 12월)

❸ 근로자에게 연말정산 일정 등 정보 제공(다음연도 1월초)

가. 연말정산 처리 일정

나. 세법 개정 내용

다. 연말정산 간소화 서비스를 이용한 소득공제용 증빙자료 수집 방법 및 소득공제자료 제출 시 주의 사항

라. 국세청 제공 연말정산 자동계산 프로그램 이용 방법

마. 인적공제 및 소득공제 관련 주의 사항

바. 소득공제신청서 작성 방법

사. 연말정산 결과 안내 및 원천징수영수증 교부

아. 연말정산 환급 지급일

❹ 연말정산 관련 내부 자료 정리(다음연도 1월 말까지)

❺ 소득공제신청서 및 첨부 서류 검토(다음연도 2월 중순까지)

❻ 근로소득 세액계산 및 원천징수영수증 교부(다음연도 2월 말까지)

❼ 연말정산 환급금 신청서류 작성(다음연도 3월 초)

❽ 원천징수이행상황신고서, 지급명세서 제출(다음연도 3월 10일까지)

4대 보험 간단히 알아보기

1 \ 취득과 상실

구분	국민연금	건강보험	고용보험	산재보험
취득	• 취득일 1일은 당연납부 • 월중 입사자 보험료 납부여부 선택(희망/미희망)	• 월중 입사자는 다음 달부터 • 취득일 1일 : 납부 • 피부양자 취득신고	• 입사(퇴사)한 달 일할계산 한 보험료 산정	
상실	• 2일 이후 상실 : 1개월분 납부	• 상실신고 시 당해연도 보수총액 신고함으로 보험료 정산 실시	• 고용보험 신고 시 유의 사항 : 퇴직사유 정확히 기재(실업급여 받는 사유) • 상실신고 시 당해연도 보수총액을 신고함으로 보험료 퇴직정산 실시	

2 \ 가입 제외 대상

🪙 국민연금

국민연금은 1일이 지나서 입사한 경우 해당 월 납부예외 여부를 선택할 수 있다. 즉, 입사일에 국민연금을 납부할지, 안 할지를 근로자가 선택 가능하다는 것이다. 보통은 '부'로 많이 해서 그달은 공제하지 않는다.

다음의 경우는 적용이 제외된다.

⊚ 만 60세 이상인 사람

⊚ 타 공적연금 가입자

⊚ 노령연금수급권을 취득한 자 중 60세 미만의 특수직종 근로자

⊚ 조기노령연금 수급권을 취득하고 그 지급이 정지되지 아니한 자

⊚ 퇴직연금 등 수급권자

⊚ 국민기초생활보장법에 의한 수급자

⊚ 1개월 동안의 소득이 220만 원 미만인 근로자

⊚ 1개월 미만 근로자(1개월 이상 계속 사용되는 경우는 제외)

⊚ 1개월 이상 근로하면서 월 8일 미만 일용근로자

⊚ 1개월 이상 근로하면서 근로시간이 월 60시간 미만인 단시간 근로자

1일 입사자를 제외한 당월 입사 당월 퇴사자는 가입대상이 아니다.

정산하지 않기 때문에 고지되는 금액만큼을 공제한다.

🪙 건강보험

건강보험도 국민연금과 같이 1일 입사자 외에는 해당 월 보험료는 납부하지 않아도 된다. 이는 1일이 포함된 소속(지역 또는 전 직장)에서 보험료를 납부하는 것이 원칙이다. 다음의 경우는 적용이 제외된다.

⊚ 1개월 미만 일용근로자(1개월 이상 계속 사용되는 경우는 제외)

⊚ 1개월 이상 근로하면서 월 8일 미만인 일용근로자

⊚ 1개월 이상 근로하면서 근로시간이 월 60시간 미만인 단시간 근로자

⊚ 의료급여법에 따라 의료급여를 받는 자

⊚ 독립유공자예우에 관한 법률 및 국가유공자 등 예우 및 지원에 관한 법률에 의하여 의료보호를 받는 자

⊚ 하사(단기복무자에 한함)·병 및 무관후보생

⊚ 선거에 의하여 취임하는 공무원으로서 매월 보수 또는 이에 준하는 급료를 받지 아니하는 자

⊚ 비상근 근로자

⊚ 소재지가 일정하지 아니한 사업장의 근로자 및 사용자

⊚ 근로자가 없거나 비상근 근로자 또는 1월간의 소정근로시간이 60시 간 미만인 단시간 근로자만을 고용하는 사업장의 사업주

매년 전년도 분에 대해서 정산 방법에 따라 보험료를 산정, 정산한다.

📂 고용보험

고용보험은

⊚ 65세 이상인 자(65세 이전부터 계속고용자는 적용. 단, 고용안정·직업능력 개발 사업은 적용)

⊚ 1개월 미만자로서 월간 근로시간이 60시간 미만인 근로자

⊚ 1개월 미만자로서 주간 근로시간이 15시간 미만인 근로자(단시간 근로자) 다만, 근로를 제공하는 자 중 3개월 이상 계속하여 근로를 제공하는 자는 적용 대상이다.

⊚ 공무원(별정직, 계약직 공무원은 2008년 9월 22일부터 임의가입 가능). 다만, 임용된 날부터 3개월 이내에 고용센터로 신청(3개월 이내 신청하지 않을 시 가입 불가)

⊙ 사립학교교직원연금법 적용자

⊙ 별정우체국 직원

⊙ 외국인 근로자. 다만, 아래의 경우는 당연적용

　거주(F-2), 영주(F-5) 자격의 경우는 당연적용하며, 주재(D-7)·기업투자
　(D-8) 및 무역경영(D-9)의 경우는 상호주의에 따라 적용

고용보험료는 정산 방법이 연간 총급여액에 요율만큼을 부과하는 것이므
로 차후에 정산할 필요가 없도록 보통 매월 급여에서 요율만큼을 공제한
다.

그리고 퇴직자에 대해서는 퇴직정산을 실시한다.

📂 산재보험

전액 사업자가 보험료를 부담하는 보험으로써 근로자 가입신고는 별도로
필요하지 않다. 1일을 근무하더라도 적용 대상이다.

구분	국민연금	건강보험	고용보험	산재보험
사용자	가입대상 (무보수 대표이사 제외)	가입대상 (무보수 대표이사 제외)	가입 불가	
외국인	보험 가입 여부는 보험별로 다름으로 해당 기관에 직접 문의			

당월 입사 당월 퇴사의 문제

원칙적으로 급여지급액에 대해 고용보험료만 납부하고 건강보험과 국민연금은 1월 미만 근로로 인해 가입대상이 아니므로 납부를 하지 않는다. 다만, 1일 취득의 경우 다음과 같이 처리한다.

① 1일 입사자 : 국민연금, 건강보험, 고용보험은 무조건 내야 한다.

② 1일 이외 입사자 : 건강보험, 고용보험은 다음 달부터, 국민연금은 취득 월 납부 희망 시 납부. 단 당월 입사 당월 퇴사의 경우 입사월 납부를 한다.

참고로 상용근로자인 경우는 1일 취득이 아닌 경우 다음 달부터 납부하면 된다.

상용근로자로 입사했으나 며칠 나오다 그만두는 경우 실무상으로는 일용근로자로 신고하는 실무자가 많다.

사례1 당월입사 당월퇴사로 인한 4대 보험 미가입

첫 입사 후 1달 미만 근로시 근로일수와 관계없이 건강보험과 연금보험은 미가입한다.

즉, 입사일로부터 다음 달 이후 한 달까지 근로 사실이 없는 경우

최초 근로일을 기준으로 1개월 미만의 기간만 근로하는 경우는 그동안의 근로일수나 근로 시간에 상관없이 국민연금과 건강보험이 적용되지 않는다.

예를 들면 8월 5일부터 9월 3일까지만 근로하고 이후 근로내역이 없는 경우다.

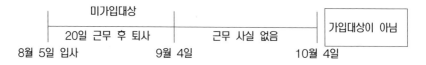

입사일로부터 다음 달 이후 한 달 내에 근로사실이 있는 경우 한 달 이상의 기간 근로로
보아 8일 이상 근로시 건강보험과 국민연금은 의무가입대상이다.

사례 2 입사월 8일 이상 근무 후 다음 달에도 근무시 4대 보험

1개월 이상 계속근로 내역이 있는 경우, 최초 1개월의 기간 근로일수가 8일 이상이거나
근로시간이 60시간 이상이면 최초 근로일부터 사업장가입자로 취득된다.

사례3 입사월 8일 미만 근무 후 다음 달 8일 이상 근무시 4대 보험

만약 최초 1개월의 기간에 8일 이상과 60시간 이상의 기준을 모두 충족하지 않았다면,
입사한 달의 다음 달 초일부터 말일까지의 기간동안 근로일수가 8일 이상이거나 근로시간
이 60시간 이상인지 판단해, 두 가지 중 하나를 충족하는 경우 해당 월의 1일부터 사업장
가입자로 가입된다.

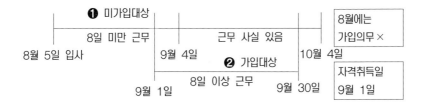

건강보험은 근로시간과 상관없이 고용기간이 1개월 이상이면서 월 8일 이상 근로를 제공하는 경우 직장가입자로 적용된다. 종전에는 일용근로자 직장 가입 적용기준이 15일 이상이었으나 2020년 1월 1일부터 월 8일 이상 근로를 제공하는 자로 개선됐다. 따라서 같은 사업장에서 일한 지 1개월이 되는 날까지 근로일이 8일 이상이면 최초 근로일부터 적용되고(사례 2-1), 전월에 8일 미만 당월에 8일 이상 근로한 경우는 해당 월의 1일부터 적용된다(사례 2-2).

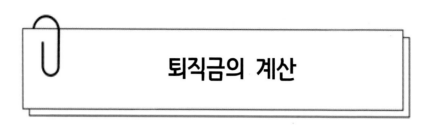

퇴직금의 계산

퇴직급여 제도란 「근로자퇴직급여보장법」 제2장에 따른 퇴직금제도 및 「근로자퇴직급여보장법」 제3장에 따른 퇴직연금제도를 말한다.

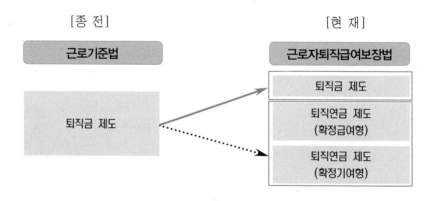

퇴직금제도는 사용자가 계속근로기간 1년에 대해 30일분 이상의 평균임금을 퇴직금으로 퇴직하는 근로자에게 지급하는 제도를 말하며, 퇴직연금제도는 사용자가 근로자의 재직기간 중 퇴직금 지급 재원을 외부의 금융기관에 적립하고, 이를 사용자 또는 근로자의 지시에 따라 운용해서

근로자가 퇴직 시 연금 또는 일시금으로 지급하는 제도로서, 퇴직연금제도의 종류에는 확정급여형 퇴직연금제도와 확정기여형 퇴직연금 제도가 있다. 이에 대해서는 다음에 퇴직연금제도 부분에서 자세히 설명하도록 하겠다.

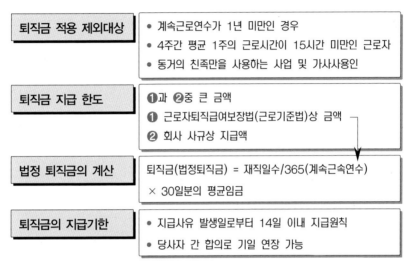

퇴직금 적용 제외대상	• 계속근로연수가 1년 미만인 경우 • 4주간 평균 1주의 근로시간이 15시간 미만인 근로자 • 동거의 친족만을 사용하는 사업 및 가사사용인
퇴직금 지급 한도	❶과 ❷중 큰 금액 ❶ 근로자퇴직급여보장법(근로기준법)상 금액 ❷ 회사 사규상 지급액
법정 퇴직금의 계산	퇴직금(법정퇴직금) = 재직일수/365(계속근속연수) × 30일분의 평균임금
퇴직금의 지급기한	• 지급사유 발생일로부터 14일 이내 지급원칙 • 당사자 간 합의로 기일 연장 가능

☎ 상시 4인 이하의 근로자를 사용하는 사업은 2010년 12월 1일부터 적용

1. 퇴직금의 지급요건

퇴직금은 1년 이상 계속 근로한 근로자가 퇴직하는 경우 지급한다.

퇴직급여 제도는 동거의 친족만을 사용하는 사업 및 가사사용인을 제외한 근로자를 사용하는 모든 사업 또는 사업장에 적용된다. 다만, 상시 4인 이하의 근로자를 사용하는 사업은 2010년 12월 1일부터 적용된다. 즉, 2010년 12월 1일 입사한 것으로 보아 1년이 지난 시점인 2011년

12월 1일 이후에 퇴사해야 퇴직금을 받을 수 있다.

2 \ 퇴직일의 기준(마지막 근무일인지, 마지막 근무 다음 날인지)

퇴직금 계산을 위한 퇴직일은 공휴일과 평일의 구분 없이 근로의 제공이 완전히 이루어져 근로계약이 종료된 다음 날이며, 퇴직일은 계속근로연수에 포함하지 않는다.

예를 들어 8월 13일(토요일)에 근로 제공을 최종적으로 마무리하고 8월 14일(일)부터 근로 제공이 이루어지지 않았다면(비록, 8월 14일이 주휴일이라고 하더라도) 퇴직일은 8월 14일(일)이 되고, 퇴직일부터는 근로계약이 해지된 것을 말하므로, 비록 당해 일이 주휴일이라고 하더라도 주휴수당 등이 발생하지 않는다.

3 \ 퇴직금의 계산 방법

사용자는 계속근로기간 1년에 대해서 30일분 이상의 평균임금을 퇴직금으로 퇴직하는 근로자에게 지급해야 한다.

퇴직금(법정 퇴직금) = [(평균임금 × 30일) × 총 계속근로기간] ÷ 365
고용노동부 홈페이지에서 자동으로 계산할 수 있다.

퇴직금 산정 관련 규정은 강행규정이므로 기업의 퇴직금 지급규정이 있는 경우에는 퇴직금 지급 규정을 따르나 그렇지 않을 경우는 근로기준법을 따른다. 다만, 퇴직금 지급 규정이 근로기준법상 퇴직금보다 적을 경우는 근로기준법에 따라 계산한 퇴직금을 퇴직금으로 지급해야 한다.

위의 계산 방식에 따라 계산을 하지 않고 실무상 업무 편의를 위해서 1년간 총임금에서 1/12 즉 1달분의 임금을 평균임금으로 계산해서 퇴직금을 지급할 때가 있는데, 이같이 계산한 금액이 위의 계산 방식에 의한 금액보다 많을 경우는 문제가 없으나 적을 경우는 근로기준법상에서 규정한 퇴직금보다 적게 되므로 체불임금 문제가 발생할 수 있다.

퇴직금에 대해서는 1년 미만 근속근로자의 경우에는 지급하지 않아도 되지만 1년을 초과하는 경우는 근속일수에 비례해서 퇴직금을 지급해야 한다.

📋 계속근로기간

계속근로기간의 기산일은 입사일, 근로계약 체결일 등 출근의무가 있는 날이며, 마감일은 근로관계의 자동소멸, 임의퇴직, 합의퇴직, 정년퇴직, 정리해고, 징계해고 등 근로계약이 끝나는 날이다.

💬 매달 4, 5일 내지 15일 정도 근무안 근로자가 상용 근로자인지? 여부 💬

원래 근로자가 반드시 월평균 25일 이상 근무해야만 퇴직금 지급의 전제가 되는 근로자의 상근성·계속성·종속성의 요건을 충족시키는 것은 아니고, 최소한 1개월에 4, 5일 내지 15일 정도 계속해서 근무하였다면 위 요건을 충족한다[대법원 1995.7.11. 선고 93다26168 전원합의체판결].

평균임금

평균임금의 산정방법

평균임금은 이를 산정해야 할 사유가 발생한 날 이전 3개월 동안에 그 근로자에게 지급된 임금의 총액을 그 기간의 총일수로 나누어 계산한다.

> 평균임금 = 평균임금의 산정사유 발생일 이전 3개월간의 총임금 ÷ 사유발생일 이전 3개월간의 총일수

평균임금의 최저한도

산출된 평균임금이 통상임금보다 적으면 그 통상임금을 평균임금으로 한다.

평균임금에 포함되는 것	평균임금에 포함되지 않는 것
• 기본급 • 연차 유급휴가수당 • 연장, 야간, 휴일근로수당 • 특수작업수당, 위험작업수당, 기술수당 • 임원, 직책수당 • 일·숙직수당 • 장려, 정근, 개근, 생산독려수당 • 단체협약 또는 취업규칙에서 근로조건의 하나로서 전 근로자에게 일률적으로 지급하도록 명시되어 있거나 관례적으로 지급되는 다음의 것 • 상여금 • 통근비(정기승차권) • 사택수당	• 결혼축하금 • 조의금 • 재해위문금 • 휴업보상금 • 실비변상적인 것(예 : 기구손실금, 그 보수비, 음료대, 작업용품대, 작업상 피복제공이나 대여 또는 보수비, 출장여비 등) • 근로자로부터 대금을 징수하는 현물급여 • 작업상 필수적으로 지급되는 현물급여(예 : 작업복, 작업모, 작업화 등) • 복리후생시설로서의 현물급여(예 : 주택설비, 조명, 용수, 의료 등의 제공, 급식, 영양식품의 지급 등)

평균임금에 포함되는 것	평균임금에 포함되지 않는 것
• 급식대(주식대보조금, 잔업식사대, 조근식사대)	• 퇴직금(단체협약, 취업규칙 등에 규정함을 불문)
• 월동비, 연료수당	• 임시 또는 돌발적인 사유에 따라 지급되거나 지급조건은 사전에 규정되었더라도 그 사유발생일이 불확정적, 무기한 또는 희소하게 나타나는 것(예 : 결혼수당, 사상병수당)
• 지역수당(냉, 한, 벽지수당)	
• 교육수당(정기적 일률적으로 전 근로자에게 지급되는 경우)	
• 별거수당	
• 물가수당	
• 조정수당	
• 가족수당이 독신자를 포함해서 전 근로자에게 일률적으로 지급되는 경우	
• "봉사료"를 사용자가 일괄 집중 관리하여 배분하는 경우 그 배분금액	
• 법령, 단체협약 또는 취업규칙의 규정에 의해서 지급되는 현물급여(예 : 급식 등)	

평균임금의 산정에서 제외되는 기간과 임금

평균임금 산정기간 중에 다음의 어느 하나에 해당하는 기간이 있는 경우에는 그 기간과 그 기간 중에 지급된 임금은 평균임금 산정기준이 되는 기간과 임금의 총액에서 각각 뺀다.

• 수습 사용 중인 기간
• 사용자의 귀책사유로 휴업한 기간
• 출산휴가기간
• 업무상 부상 또는 질병으로 요양하기 위해서 휴업한 기간
• 육아휴직기간
• 쟁의행위기간

- 「병역법」, 「향토예비군 설치법」 또는 「민방위기본법」 에 따른 의무를 이행하기 위해서 휴직하거나 근로하지 못한 기간

다만, 그 기간 중 임금을 지급받은 경우에는 평균임금 산정기준이 되는 기간과 임금의 총액에서 각각 빼지 않는다.

- 업무 외 부상이나 질병, 그 밖의 사유로 사용자의 승인을 받아 휴업한 기간

4 퇴직금의 지급

사용자는 근로자가 퇴직한 경우에는 그 지급사유가 발생한 날부터 14일 이내에 퇴직금을 지급해야 한다. 다만, 특별한 사정이 있는 경우에는 당사자 간의 합의에 의해서 지급기일을 연장할 수 있다.

⏻ 사례연구

- 입 사 일 자 : 2021년 10월 2일
- 퇴 사 일 자 : 2024년 9월 16일
- 재 직 일 수 : 1,080일
- 월 기본급   : 1,500,000원
- 월 기타수당 : 240,000원
- 연간 상여금 : 4,000,000원
- 연차수당 지급기준액 : 20,000원
- 연차수당은 퇴직 전전년도(2022년)에 발생한 휴가 중 퇴직 전년도(2023년)에 미사용한 휴가일수 분의 합계 평균임금 = 평균임금의 산정사유 발생일 이전 3개월간의 총임금 ÷ 사유발생일 이전 3개월간의 총일수

가. 퇴직 전 3개월간 임금총액

기간	기간별 일수	기본급	기타수당
2024.6.16 ~ 2024.6.30	15일	750,000원	120,000원
2024.7. 1 ~ 2024.7.31	31일	1,500,000원	240,000원
2024.8. 1 ~ 2024.8.31	31일	1,500,000원	240,000원
2024.9. 1 ~ 2024.9.15	15일	750,000일	120,000원
합계	92일	4,500,000원	720,000원

나. 평균임금의 산정 연간상여금

총액 : 4,000,000원

연차수당 : 200,000원(20,000원 × 10일)

A. 3개월간 임금 총액 : 5,220,000원(= 4,500,000원 + 720,000원)

B. 상여금 가산액: 1,000,000원(= 4,000,000원 × (3/12))

C. 연차수당 가산액 : 50,000원(= (20,000원 × 10일) × (3/12))

1일 평균임금 = 퇴직일 이전 3개월간에 지급 받은 임금 총액(A + B + C)/퇴직일 이전 3개월간의 총일수

(5,220,000원 + 1,000,000원 + 50,000원)/92 = 68,152원 18전

다. 퇴직금

= 1일 평균임금 × 30(일) × (총재직 일수/365)

평균임금 68,152원 18전 × 30일 × (2년 + 10개월 26일 수 = 1,080일/365일)

= 6,049,673원

퇴직연금제도 해설

퇴직연금제도란 기업이 근로자의 노후 소득 보장과 생활 안정을 위해 근로자 재직기간 중 퇴직금 지급 재원을 외부의 금융기관에 적립하고, 이를 사용자(기업) 또는 근로자의 지시에 따라 운용해서 근로자 퇴직 시 연금 또는 일시금으로 지급하도록 하는 제도이다.

1 ｜ 퇴직연금제도의 종류

확정급여형 퇴직연금이란 흔히 업계에서는 DB형이라 부르는 형태로 근로자가 지급받을 퇴직급여가 근무기간과 평균임금에 의해 사전에 결정되어 있는 퇴직연금제도를 말한다. 기존의 퇴직금과 계산 방식이 비슷하다. 즉, 회사가 퇴직금에 해당하는 금액을 은행·보험·증권사 등에 맡겨 운용하되, 근로자의 퇴직 직전 3개월 월평균 임금에 근속연수를 곱한 액수를 보장해 주는 방식을 말한다.

근로자는 퇴직 시 사전에 확정된 퇴직급여를 수령할 수 있다고 해서 확정급여형이라 한다. 이는 회사가 전적으로 운용하며, 운용 실적에 따라 부담금이 변동한다. 따라서 퇴직연금 운용으로 투자 손실이 발생하게 되면 책임을 회사가 진다. 반면 확정기여형 퇴직연금이란 흔히 업계에서는 DC형이라 부르는 형태로 근로자의 책임하에 적립금을 운용해서 운용 실적에 따라 퇴직금이 변동되며, 기업이 부담하는 부담금은 사전에 확정된다. 즉, 회사가 매년 연봉의 12분의 1 이상을 근로자의 개별 계좌에 적립해 주면, 근로자가 은행·보험·증권사 등 금융회사에 운용 방법을 지시하는 방식으로 개인에게 투자 운용 선택권을 주지만 손실 책임도 개인이 부담한다. 예치금을 100% 금융기관에 맡기므로 회사 경영상태가 불안하다면 DC형을 선택하는 게 좋다.

제 도	확정급여형	확정기여형	퇴직금
급여수준	현행 퇴직금과 동일	근로자의 적립금 운용실적에 따라 다름	계속근로기간 1년당 30일분의 평균임금
사용자 부담금	사용자의 적립금 운용실적에 따라 다름	연간 임금 총액의 1/12	사전 적립 부담이 없고 퇴직 시 일시부담
적립금 운용 권한 및 책임	사용자	근로자	-

<확정급여>
퇴직 전 3개월 평균 × 근속연수

<확정기여>
매년 근속 1년에 대한 기여의 합

주 확정기여형은 매년 사용주가 해당연도 1년 치 기여분을 외부 적립. 즉 결과적으로 위의 그림에서 빗금 친 부분(///)이 반영되지 않는 셈이다.

이러한 확정기여형은 기금운용 수익 또는 손실 정도에 따라 노동자가 받는 급여 수준이 달라지는데, 수익률이 임금인상 분을 초과해야 확정급여형보다 급여 수준이 높아진다.

2 퇴직연금제도의 가입 절차

퇴직연금제도 설정	● 현행 퇴직금제도, 확정급여형 퇴직연금제도 및 확정기여형 퇴직연금제도 중 하나 이상의 제도 선택 ● 퇴직연금제도 종류 선택 시 근로자대표의 동의가 필요
퇴직연금규약 작성·신고	● 퇴직연금제도를 설정하고자 하는 경우 사용자는 근로자대표의 동의를 얻어 규약을 작성하고 이를 고용노동부 장관에게 신고 ● 사업장 관할 지방 고용노동관서는 위의 규약이 법령에 적합하게 작성되었는지를 판단해서 수리 단, 10명 미만 사업장에서 개인퇴직계좌를 선택하는 경우는 퇴직연금규약 작성 의무 면제
퇴직연금 계약체결	사용자는 퇴직연금 사업자와 운용관리업무, 자산관리업무(신탁계약 또는 보험계약) 수행을 내용으로 하는 계약을 체결

❝❝ 퇴직연금 제도 실시 이전에 근무한 기간에 대안 처리 ❞❞

퇴직연금제도 시행 이전에 근무한 기간에 대해서는 노사협의로 사업장 실정에 맞추어 규약에 자율적으로 정할 수 있다.

구체적으로는 시행 이전 기간으로 소급 적용하는 방안, 추후에 근로자 퇴직 시 퇴직금으로 지급하는 방안, 퇴직금을 중간 정산하는 방안 등 다양한 방법이 가능할 것이다.

3　퇴직연금의 납입액 계산

📋 확정급여형퇴직연금 부담금의 납입

확정급여형퇴직연금은 퇴직금의 계산 방식과 동일한 방법으로 계산한 금액을 납입한다.

📋 확정기여형퇴직연금 부담금의 납입

매년 1회 이상 퇴직연금 규약에 정하는 바에 따라 월납·분기납·반기납·연납 등 정기적으로 근로자의 퇴직연금 계정에 근로자의 연간 임금총액의 12분의 1 이상에 해당하는 부담금을 내야 한다. 여기서 연간 임금 총액이란 해당 사업연도 중에 근로자에게 지급한 임금의 총액을 의미하므로, 근로의 대가로 지급되는 금품은 임금 총액에 포함된다.

$$총부담금 = \frac{(각\ 연도별\ 계약\ 연봉\ +\ 연차휴가수당\ +\ 기타\ 지급\ 상여금,\ 수당\ 등)}{12}$$

4　퇴직연금 원천징수

종업원이 근로자퇴직급여 보장법에 따라 확정급여형퇴직연금(DB) 제도에서 퇴직연금일시금을 지급받는 경우는 퇴직연금제도를 설정한 사용자가 소득세를 원천징수 하는 것이고, 확정기여형퇴직연금(DC) 제도에서 퇴직연금일시금을 지급받는 경우는 자산 관리업무를 수행하는 퇴직연금사업자가 소득세를 원천징수 하는 것이며, 거주자가 지급받는 연금은 급여를 지급하는 퇴직연금사업자가 소득세를 원천징수 한다. 즉, DB는 회사가 DC, IRP는 퇴직연금사업자(금융회사)가 원천징수의무자가 된다.

❶ 퇴직금 및 확정급여형(DB형) : 원천징수의무자는 회사

DB형 퇴직연금 가입자가 퇴직 시 퇴직연금일시금을 지급하는 경우 원천 징수의무자는 사용자이므로 사용자가 원천징수 의무, 지급명세서 제출의 의무가 있다.

❷ 확정기여형(DC형) : 원천징수의무자는 자산관리운용사

❸ 확정기여형(DC형)의 납부가 100%가 아닌 경우는 차액을 회사가 부담할 때는 그 차액에 대한 퇴직금은 회사에서 지급하고 원천징수 신고·납부 한다.

❹ 퇴직연금계좌에서 IRP계좌로 이체할 때 원천징수 의무자 : ❶, ❷, ❸과 같음. IRP로 이체 여부와 원천징수의무자는 무관하다.

사용자는 퇴직금 및 확정급여형(DB)형 퇴직연금을 과세이연계좌(IRP)에 이전하여 퇴직소득이 과세이연됨에 따라 퇴직소득세를 원천징수하지 않는 경우는 '퇴직소득지급명세서'를 작성하여 과세이연계좌(IRP)를 취급하는 퇴직연금 사업자에게 즉시 통보해야 한다.

❺ 과세이연한 후 근로자가 IRP 계좌를 해지하여 퇴직금을 지급받는 때에 원천징수 의무자 : IRP 계좌 운용하는 연금사업자

❻ 확정급여형 DB형과 확정기여형 DC형이 동시에 있는 경우의 원천징수 의무자

동시에 다른 유형이 있는 경우도 각각의 DB형은 회사가 원천징수 하며, DC형은 퇴직연금사업자(금융기관)가 원천징수 한다.

원천징수 하는 방법은 위와 같음 : 퇴직금을 먼저 지급하는 쪽이 퇴직소

득원천징수영수증을 작성하여 나중에 지급하는 쪽에 이를 통보, 이후 나중 지급자가 합산 정산하여 원천징수 한다.

퇴직소득세의 계산

1 퇴직소득세 계산

과세체계	비 고
퇴직급여액 = 퇴직소득금액	비과세 퇴직소득 제외
퇴직소득과세표준 = 퇴직소득금액 - 퇴직소득공제	(퇴직소득공제) 근속연수별 공제, 기본공제(퇴직소득금액의 40%)는 2016년부터 폐지
퇴직소득 산출세액 ➔ 퇴직소득 과세표준에 12배수를 하여 원천징수 세율(기본세율)을 적용	[(퇴직소득과세표준 × 1/근속연수 × 12(= 환산급여)) - 차등공제] × 기본세율 ÷ 12 × 근속연수(2012.12.31.이전 근속연수분에 대해서는 (퇴직소득과세표준 × 1/근속연수) × 기본세율 × 근속연수)

🗂 퇴직소득금액

퇴직소득금액은 당해 연도 퇴직소득의 합계액(비과세금액은 제외)으로 한다.

📋 퇴직소득 산출세액

$$
(\text{퇴직소득금액} - \text{근속연수공제}) \times \frac{1}{\text{전체근속연수}} \times 12 = \text{환산급여}
$$

$$
\text{환산급여} - \text{환산급여공제} = \text{과세표준}
$$

$$
\text{과세표준} \times \text{기본세율} \times \frac{1}{12} \times \text{근속연수} = \text{산출세액}
$$

📋 근속연수공제

근속연수	공제액
5년 이하	100만원 × 근속연수
5년 초과 10년 이하	500만원 + 200만원 × (근속연수 - 5년)
10년 초과 20년 이하	1,500만원 + 250만원 × (근속연수 - 10년)
20년 초과	4,000만원 + 300만원 × (근속연수 - 20년)

🔢 근속연수는 퇴직금 산정기준이 되는 기간을 말하며, 근속연수 계산시 1년 미만은 1년으로 한다. 예를 들어 근속연수가 1년 1개월인 경우 2년으로 한다.

🔢 당해 연도에 2회 이상 퇴직한 경우도 퇴직소득공제는 1회만 적용한다.

📋 환산급여 공제

환산급여	공제액
800만 원 이하	환산급여 × 100%
800만원 ~ 7,000만원	800만원 + (환산급여 - 800만원) × 60%
7,000만원 ~ 1억 원	4,520만원 + (환산급여 - 7,000만원) × 55%
1억원 ~ 3억 원	6,170만원 + (환산급여 - 1억 원) × 45%

환산급여	공제액
3억원 ~	1억 5,170만원 + (환산급여 - 3억 원)× 35%

🗂 퇴직소득세 계산사례

- 입사일 : 2014년 1월 11일
- 퇴사일 : 2025년 10월 15일
- 퇴직금 : 41,441,080원인 경우

해설

$(41,441,080원 - 20,000,000원) \times \dfrac{1}{12} \times 12 = 21,441,080원$

$21,441,080원 - 16,064,648원 = 5,376,432원$

- 환산급여공제 = 8,000,000원 + (21,441,080원 - 8,000,000원) × 60%

$5,376,432원 \times 기본세율 \times \dfrac{1}{12} \times 12 = 322,585원$

2 퇴직소득에 대한 원천징수

원천징수의무자가 퇴직소득을 지급할 때 원천징수 하는 소득세는 다음에 따라 계산한다.

구 분	징수세액
퇴직소득을 받는 거주자가 이미 지급받은 퇴직소득이 없는 경우	지급할 퇴직소득 과세표준에 원천징수 세율을 적용해서 계산한 금액

구 분	징수세액
퇴직소득을 받는 거주자가 이미 지급받은 퇴직소득이 있는 경우	이미 지급된 퇴직소득과 자기가 지급할 퇴직소득을 합계한 금액에 대하여 퇴직소득세액을 계산한 후 이미 지급된 퇴직소득에 대한 세액을 뺀 금액

■ 소득세법 시행규칙[별지 제24호서식(2)]

퇴직소득원천징수영수증/지급명세서

([ ] 소득자 보관용 [ ] 발행자 보관용 [ ] 발행자 보고용)

거주구분	거주자1 / 비거주자2	
내외국인	내국인1/ 외국인9	
종교관련종사자 여부	여 1/ 부 2	
거주지국	거주지국코드	
징수의무자구분	사업장	

관리번호 [   ]

징수의무자	①사업자등록번호		②법인명(상호)		③대표자(성명)	
	④법인(주민)등록번호		③소재지(주소)			
소득자	⑤성 명		⑦주민등록번호			
	⑧주 소				(9) 임원여부	부
	(10) 확정급여형 퇴직연금 제도 가입일				(11) 2011.12.31.퇴직금	

귀 속 연 도	2025-01-01 부터 2025-10-15 까지	(12) 퇴직사유	[ ]정년퇴직 [ ]정리해고 [●]자발적 퇴직 [ ]임원퇴직 [ ]중간정산 [ ]기 타

	근 무 처 구 분	중간지급 등	최종	정산
퇴직급여현황	(13) 근무처명			
	(14) 사업자등록번호			
	(15) 퇴직급여	-	41,441,080	41,441,080
	(16) 비과세 퇴직급여	-		
	(17) 과세대상 퇴직급여(15-16)	-	41,441,080	41,441,080

	구 분	(18)입사일	(19)기산일	(20)퇴사일	(21)지급일	(22)근속월수	(23)제외월수	(24)가산월수	(25)중복월수	(26)근속연수
근속연수	중간지급 근속연수					-	-	-	-	-
	최종 근속연수	2014-01-01	2014-01-01	2025-10-15	2024-10-15	142	-	-	-	12
	정산 근속연수	2014-01-01	2014-01-01	2025-10-15		142	-	-	-	12

	계 산 내 용	금 액
과세표준계산	(27)퇴직소득(17)	41,441,080
	(28)근속연수공제	20,000,000
	(29) 환산급여 [(27-28) × 12배 /정산근속연수]	21,441,080
	(30) 환산급여별공제	16,064,648
	(31) 퇴직소득과세표준(29-30)	5,376,432

	계 산 내 용	금 액
퇴직소득세액계산	(32) 환산산출세액(31 × 세율)	322,585
	(33) 퇴직소득 산출세액(32 × 정산근속연수 / 12배)	322,585
	(34) 세액공제	-
	(35) 기납부(또는 기과세이연) 세액	-
	(36) 신고대상세액(33 - 34 - 35)	322,585

	(37) 신고대상세액(36)	연금계좌 입금명세					(39) 퇴직급여(17)	(40) 이연 퇴직소득세 (37 × 38 / 39)
이연퇴직소득세액계산		연금계좌취급자	사업자등록번호	계좌번호	입금일	(38)계좌입금금액		
	-				-		-	-
		(41) 합 계			-			

납부명세	구 분	소득세	지방소득세	농어촌특별세	계
	(42) 신고대상세액(36)	322,585	32,258		354,843
	(43) 이연퇴직소득세(40)	-	-		-
	(44) 차감원천징수세액(42-43)	322,580	32,250		354,830

위의 원천징수세액(퇴직소득)을 정히 영수(지급)합니다.

징수(보고)의무자

년 월 일

(서명 또는 인)

세무서장 귀하

3 원천징수영수증 발급 및 지급명세서 제출

퇴직소득을 지급하는 자는 그 지급일이 속하는 달의 다음 달 말일까지 그 퇴직소득의 금액과 그 밖에 필요한 사항을 적은 퇴직소득 원천징수영수증을 퇴직소득을 지급받는 사람에게 발급해야 하며, 퇴직소득에 대한 소득세를 원천징수 하지 않은 때에는 그 사유를 함께 적어 발급한다.

소득세 납세의무가 있는 개인에게 퇴직소득을 국내에서 지급하는 자는 지급명세서를 그 지급일이 속하는 과세기간의 다음 연도 3월 10일(휴업 또는 폐업한 경우 휴업일 또는 폐업일이 속하는 달의 다음다음 달 말일)까지 원천징수 관할 세무서장, 지방국세청장 또는 국세청장에게 제출해야 한다.

4 퇴직소득에 대한 세액 정산

퇴직자가 퇴직소득을 지급받을 때 이미 지급받은 다음의 퇴직소득에 대한 원천징수영수증을 원천징수의무자에게 제출하는 경우 원천징수의무자는 퇴직자에게 이미 지급된 퇴직소득과 자기가 지급할 퇴직소득을 합계한 금액에 대해서 정산한 소득세를 원천징수 해야 한다.

❶ 해당 과세기간에 이미 지급받은 퇴직소득

❷ 근로제공을 위해서 사용자와 체결하는 계약으로서 사용자가 같은 하나의 계약(퇴직으로 보지 않을 수 있는 경우를 포함)에서 이미 지급받은 퇴직소득

세액정산은 퇴직자의 선택사항이나, 해당 과세기간에 이미 지급받은 퇴직소득은 반드시 합산해야 한다.

부가가치세
신고 · 납부

부가가치세는 누가 언제 어떻게 신고·납부를 해야 하나?

1 부가가치세는 어떤 세금인가?

부가가치세란 상품(재화)의 거래나 서비스(용역)의 제공과정에서 얻어지는 부가가치(이윤)에 대해서 내는 세금이며, 사업자가 납부하는 부가가치세는 매출세액에서 매입세액을 차감한 후 (+)인 경우 납부를 하며, (−)인 경우 환급을 받는다.

부가가치세 = 매출세액 − 매입세액

사업자는 부가가치세 납부시 괜히 생돈 나가는 느낌이 드나 실제로는 부가가치세는 물건값에 포함되어 있으므로 사업자가 부담하는 것이 아니라 최종소비자가 부담하는 것이다. 즉, 상품을 판매하거나 서비스를 제공할 때 판매 금액에 추가로 받은 부가가치세를 사업자가 대신 세무서에 납부하는 것뿐이다.

2 부가가치세를 신고·납부 해야 하는 사람

과세사업자는 모두 신고해야 한다. 영리 목적의 유무에 불과하고 사업상 상품(재화)의 판매나 서비스(용역)를 제공하는 사업자는 모두 부가가치세를 신고·납부 할 의무가 있다. 다만, 재화 또는 용역을 공급하는 사업자라도 미가공식료품 등 생필품 판매, 의료·교육 관련 용역제공 등 법령에 따라서 부가가치세가 면제되는 사업만을 영위하는 경우는 부가가치세 신고·납부 의무가 없다.

간이과세자의 경우 신고 횟수가 연간 1회로 전년도 1월 1일부터 12월 31일까지(1년)의 사업실적을 다음 해 1월 25일까지 신고·납부 하면 된다. 다만, 예정 부과 기간(1월 1일~6월 30일)에 세금계산서를 발행한 간이과세자는 1월 1일~6월 30일을 과세기간으로 하여 7월 25일까지 신고·납부 해야 한다.

3 언제의 실적을 신고해야 하는지?

부가가치세는 6개월(간이과세자는 1년)을 과세기간으로 해서 신고·납부 하게 되며, 각 과세기간을 다시 3개월로 나누어 중간에 예정신고기간을 두고 있다.

🗂 간이과세자

과세 대상 기간	신고·납부기간
1월 1일~12월 31일	다음 해 1월 1일~1월 25일

☆ 7월 1일 기준 과세유형전환 사업자(간이→ 일반)와 예정부과기간(1월 1일~6월 30일)에 세금계산서를 발행한 간이과세자는 1월 1일~6월 30일을 과세기간으로 하여 7월 25일까지 신고·납부해야 한다.

☆ 연 매출 4,800만 원 미만 간이과세자 납부의무가 면제된다.

🗂 일반과세자

과세기간	과세대상기간		신고납부기간	신고대상자
제1기 1월 1일~6월 30일	예정신고	1. 1.~3. 31.	4. 1.~4. 25.	법인사업자
	확정신고	1. 1.~6. 30.	7. 1.~7. 25.	법인 및 개인 일반과세자
제2기 7월 1일~12월 31일	예정신고	7. 1.~9. 30.	10. 1.~10. 25.	법인사업자
	확정신고	7. 1.~12. 31.	다음해 1. 1.~1. 25.	법인 및 개인 과세사업자

☆ 개인 일반사업자와 직전 과세기간 공급가액의 합계액이 1억 5천만 원 미만인 법인사업자는 직전 과세기간(6개월) 납부세액의 50%를 예정고지서(4월·10월)에 의해 납부(예정신고의무 없음)해야 하고, 예정고지된 세액은 확정신고 시 기납부세액으로 차감된다.

☆ 다만, 징수해야 할 금액이 50만 원 미만이거나 과세기간 개시일 현재 일반과세자(간이-일반)로 과세유형 전환된 사업자는 예정고지 대상에서 제외된다.

☆ 예정고지 대상자라도 사업부진 또는 조기환급 발생 사업자는 예정신고를 할 수 있으며, 이 경우 예정고지는 취소된다.

법인사업자의 경우는 위의 각각 신고·납부기한 즉, 연 4회 신고·납부를 해야 한다. 반면, 개인 일반사업자의 경우 일반적으로 1월, 7월에 6개월분에 대해 확정신고를 하면 되고, 4월과 10월에는 세무서에서 직전 과세기간의 납부세액을 기준으로 1/2에 해당하는 세액을 고지(예정고지)한다.

간이과세자의 경우 1월에 1년분에 대해 확정신고를 하면 되고, 7월에는 세무서에서 직전 과세기간의 납부세액을 기준으로 1/2에 해당하는 세액을 부과(예정부과)한다.

- 신고대상 기간 중에 월별 조기환급 신고를 한 경우에는 해당 기간의 실적은 제외
- 예정 신고를 하지 않은 경우, 확정신고 시 포함해서 6개월분을 신고해야 한다.
- 폐업자의 경우는 폐업일이 속하는 달의 말일부터 25일 이내에 신고 ·납부 해야 한다.

종전에는 간이과세자의 경우, 세금계산서 발급 의무가 없어서 영수증만 발급할 수 있었다. 이제 간이과세자 중 4,800만 원~1억 400만 원인 간이과세자의 경우는 일부 업종을 제외하고 세금계산서 발행 의무가 생겼다.

다만, 간이과세자 중에서도 신규사업자 및 직전 연도 공급대가 합계가 4,800만 원 미만인 사업자의 경우에는 영수증만 발급하면 된다.

간이과세자는 직전 과세기간에 결정된 세액의 반을 예정부과기간(1~6월)이 끝난 다음 달 25일까지 예정 부과하는 게 원칙이지만 예정부과기간에 세금계산서를 발급한 간이과세자는 일반과세자와 똑같이 예정신고를 해야 한다.

즉, 직전년도 매출액 4,800만 원 이상인 세급계산서 발급 간이과세자는 일반과세자와 마찬가지로

① 세금계산서를 발급해야 하고

② 1년에 두 번, 1월과 7월에 부가가치세 신고를 해야 한다.

간이과세자여도 세금계산서 발급 사업자에 해당한다면 상반기(1월~6월)

에 세금계산서를 발급했다면 7월 25일까지, 하반기(7월~12월)에 발급했다면 다음 해 1월 25일까지 신고·납부한다.

4 납부하지 않은 경우 불이익은?

신고기한까지 신고하지 않으면 무신고 가산세와 세금계산서합계표미제출가산세 등을 부담해야 하므로 반드시 신고기한까지 신고하고 납부해야 한다. 납부하지 않은 경우는 납부하지 않은 세액이나 적게 납부한 세액에 대해서 1일 0.022%에 상당하는 금액의 납부불성실가산세를 추가로 부담해야 한다.

무신고가산세

- 무신고가산세 = 납부세액 × 20%(부당무신고의 경우 40%)
- 납부세액 = 일반과세자 : 매출세액 - 매입세액, 간이과세자 : 과세표준 × 부가율 × 10%

세금계산서합계표 제출불성실 가산세(일반과세자만 해당)

- 매출처별 세금계산서합계표 제출불성실 가산세 = 공급가액 × 0.5%
- 매입처별 세금계산서합계표 제출불성실 가산세(경정시만 적용) : 공급가액 × 0.5%

현금매출명세서 등 제출불성실 가산세

현금매출명세서 등 제출불성실 가산세 = 미제출 또는 제출한 현금매출과 실제 현금매출과의 차액 × 1%(전문직, 예식장, 부동산중개업, 병·의원 등 해당)

부동산임대공급가액명세서 제출불성실 가산세

부동산임대공급가액명세서 제출이 불성실한 경우에도 미제출 또는 제출한 수입금액과 실제 수입금액과의 차액 × 1%를 가산세 적용(일반과세자만 해당)

5 실적이 없는데도 신고해야 하는지?

사업부진 등으로 실적이 없는 경우에도 반드시 신고해야 한다. 국세청 홈택스에 가입해서 전자신고를 이용하면 무실적 신고를 간편하게 할 수 있다.

6 부가가치세 신고는 어떻게 하는지?

부가가치세 신고는 국세청 홈택스(http://www.hometax.go.kr)에 가입해서 전자신고를 하거나, 본인이 서면 신고서를 작성해서 우편으로 송부 또는 직접 세무서를 방문해서 제출하면 된다. 신고서 작성 요령은 국세청 홈페이지 및 홈택스 화면에 게재되어 있으니 참고하면 된다.

📋 서면신고

국세청 홈페이지(http://www.nts.go.kr) ➡ 국세 신고 안내 ➡ 부가가치세 ➡ 주요 서식 작성 요령을 참고한다.

📋 전자신고

국세청 홈택스(http://www.hometax.go.kr) ➡ 세금 신고 메뉴 중 부가가치세 신고를 참고한다.

7 ＼ 전자신고로 하는 경우 이점은?

부가가치세 전자신고 시 세무서를 방문할 필요 없이 간편하게 신고할 수 있으며, 1만 원의 전자신고 세액공제도 받을 수 있다.

전자신고 세액공제는 납세자가 직접 신고하는 경우 1만원을 공제받을 수 있다. 다만, 매출가액과 매입가액이 없는 일반과세자의 경우는 전자신고 세액공제 적용이 배제되고, 간이과세자의 경우 납부세액에서 공제세액 등(세금계산서 등 수취 공제, 의제매입세액공제)을 차감한 금액을 한도로 적용된다.

8 ＼ 신고 관련 서식 구하기

홈택스(http://www.hometax.go.kr)를 통한 전자신고를 하는 경우는 별도의 신고 서식이 필요 없으며, 바로 전자신고 화면에서 작성하면 된다.

신고서를 직접 서면으로 작성할 경우, 신고 서식은 국세청 홈페이지나

가까운 세무서에 방문하면 구할 수 있다.

국세청 홈페이지(http://www.nts.go.kr)에서 신고서 출력 방법은 홈페이지 상단 국세 신고 안내 ➡ 부가가치세 ➡ 주요 서식에서 출력한다.

9 간이과세자의 부가가치세 신고

간이과세자는 과세기간이 1년(1월 1일~12월 31일)으로 변경됨에 따라 1년간의 사업실적을 다음 해 1월 1일~1월 25일까지 신고 · 납부하면 된다. 다만, 예정 부과를 받은 간이과세자 중 휴업 · 사업 부진 등으로 예정부과기간의 공급대가 · 납부세액이 직전 과세기간의 공급대가 · 납부세액의 3분의 1에 미달하는 경우 7월 25일까지 예정신고 · 납부를 할 수 있다(신고한 경우 예정부과는 결정취소 됨).

간이과세자 예정신고의 경우 납부의무면제 규정이 적용되지 않음에 유의한다.

예정부과 한 간이과세자인 경우도 다음 해 확정신고 시 1월 1일~12월 31일까지의 사업실적 전체를 신고하는 것이며, 예정부과 · 납부한 세액을 공제하고 납부한다.

10 간이과세자 납부 의무 면제

신고 대상 매출액이 4,800만 원(사업기간이 12개월 미만의 경우는 12개월로 환산한 금액)미만일 때는 차감 납부할 세액이 있더라도 납부의무가 면제된다.

11 간이과세자 예정 고지

간이과세자의 경우 직전 과세기간에 대한 납부세액의 2분의 1에 해당하는 금액을 세무서에서 결정·고지 하면, 납세자는 7월 25일까지 납부하면 된다. 해당 예정 고지세액은 다음 해 1월 부가가치세를 신고·납부할 때 공제하고 나머지 금액을 납부하는 것이다.

예정 고지세액이 50만 원 미만이거나, 당해 연도 1월 1일에 간이과세자로 유형 전환된 경우는 예정고지가 제외된다.

12 부가가치세 신고서에 첨부해야 하는 서류

부가가치세 신고서에 첨부하는 서류는 해당 업종 및 공제 사항 등에 따라 차이가 있다.

서류 명	제출대상자
매출처별세금계산서합계표	모든 업종(일반, 간이)
매입처별세금계산서합계표	모든 업종(일반, 간이)
공제받지 못할 매입세액 명세서	모든 업종(일반)
부동산임대공급가액명세서	부동산임대업종(일반, 간이)
현금매출명세서	전문 직종, 예식장 등(일반)
의제매입세액공제신고서	모든 업종(일반)
신용카드매출전표 등 발행금액 집계표	모든 업종(일반(개인), 간이)
사업장현황명세서	음식, 숙박, 서비스(일반, 간이)

서류 명	제출대상자
신용카드 매출전표 등 수령금액합계표	모든 업종(일반, 간이)
재활용폐자원 및 중고자동차 매입세액공제신고서	재활용, 중고자동차수집업(일반)
건물 등 감가상각자산 취득명세서	고정자산 취득자(일반)
수출실적명세서 등 영세율 첨부 서류	영세율매출신고자(일반, 간이)

부가가치세 환급 시 준비서류

부가가치세 환급신고 시 세무서의 환급절차상 추가로 제출해야 하는 서류가 있으며, 담당 공무원에 따라 까다롭게 서류를 확인하고, 해당 기간의 전체 부가가치세 신고내용을 약간의 세무조사 식으로 검토하게 되는 경우가 있으므로, 환급으로 부가가치세를 신고하는 경우는 특별히 유의해야 한다.

금액이 큰 경우 담당 공무원이 부가세 환급조사결의를 해서 업체에 직접 방문해서 현지실사를 한다.

예를 들어 고정자산매입의 경우 고정자산이 실제 사업장에 존재하는지 확인을 한다.

1 세무서에 부가세 신고 후 세무공무원이 요청하는 서류

환급사유	준비서류
고정자산 매입(건물, 기계장치, 차량, 비품 매입)	➡ 계약서, 세금계산서 ➡ 대금증빙서류 : 송금내역(무통장입금증, 통장 사본)

환급사유	준비서류
수출업체	➡ 매입세금계산서 ➡ 대금증빙서류 : 매입 세금계산서 중 업체별로 금액순으로 대략 3~5군데 업체의 송금내역(무통장입금증, 통장 사본 등)
재고자산 보유	상품매입 후 매출이 이루어지지 않아 재고로 보유하고 있는 경우 ➡ 계약서, 매입 세금계산서, ➡ 대금증빙서류 : 매입 세금계산서 중 업체별로 금액순으로 대략 3~5군데 업체의 송금내역(무통장입금증, 통장사본 등) ➡ 재고를 보관하고 있는 창고의 임대차계약서 ➡ 매출이 이루어지지 않은 사유 즉, 부가가치세 신고기간 동안에 매입이 매출보다 많은 이유(사업 개시, 업종 변경 등)
용역을 먼저 제공한 경우	건설업 등에서 준공 전 공사비(용역비)가 먼저 지출된 경우 ➡ 공사계약서, 매입 세금계산서 ➡ 대금증빙서류 : 매입 세금계산서 중 업체별로 금액순으로 대략 3~5군데 업체의 송금내역(무통장입금증, 통장 사본 등) ➡ 유의 사항 : 공사계약서에 따른 매출 세금계산서 발행의 적정성 여부 검토 잘못되면 매출 세금계산서 미발행으로 부가가치세가 추징된다.

2 환급받을 계좌 신고

구 분	계좌신고
환급액 2천만 원 미만	부가가치세 신고 시 환급받을 계좌를 기재(당사에 환급받을 계좌를 알려주면 된다.)
환급액 2천만 원 이상 인 경우	세무서에 계좌개설신고를 해야 한다[통장 사본(통장의 맨 앞장)을 첨부한다.].

3 환급시기

일반환급은 신고기한으로부터 30일 이내에 환급된다. 조기환급은 신고기한으로부터 15일 이내(수출업체, 고정자산 매입의 경우가 해당)에 환급된다. 반면 세금 체납이 있는 경우 체납세금에 먼저 충당된다.

비업무용소형승용차의 매입세액

영업용이란 운수업·자동차 판매(대여)업, 기업부설 연구소에서 시험·연구용으로 수입하는 승용자동차와 같이 승용차가 직접 자기 사업에 사용하는 것을 말하며, 그렇지 않은 것은 비영업용이다.

예를 들어 일반회사에서 영업사원이 영업 목적으로 승용차를 사용한다고 해서 영업용이 되는 것은 아니다.

그리고 승용자동차란 개별소비세법에 의해서 개별소비세가 부과되는 승용자동차를 말한다. 즉, 개별소비세가 과세되는 것이면 매입세액이 불공제되고, 개별소비세가 과세되지 않으면 매입세액이 공제된다.

구 분	명 칭	정 원	공제여부	차 종	종 류
르노	QM5	5	×	승용	
삼성	SM3, SM5, SM7	5	×	승용	

구분	명칭	정원	공제여부	차종	종류
현대	갤로퍼	5, 6	×	승용	
	갤로퍼 - 밴	2	○	화물	
	그레이스 - 미니버스	9, 12	○	승용, 승합	
	그레이스 - 밴	3, 6	○		
	베라크루즈	7	×	승용	
	산타모	5, 6, 7	×	승용	
	산타모	9	○	승용	8인 초과
	산타페, 스타렉스	7	×	승용	
	스타렉스	9	○	승용	8인 초과
	스타렉스 - 밴	6	○	화물	
	아토스	4	○	승용	경차
	테라칸, 투싼	7, 5	×	승용	
	트라제XG	7	×	승용	
	트라제XG	9	○	승용	8인 초과
	포타	3	○	화물	
	베르나, 엑센트, 엑셀, 아반테, i30, 엘란트라, 쏘나타, 마르샤, 그랜저, 제네시스, 에쿠스, 다이너스티, 제네시스쿠페, 투스카니, 티뷰론, 스쿠프	4, 5	×	승용	
기아	레토나, 록스타	5	×	승용	
	레토나 - 밴, 모닝 - 밴	2	○	화물	
	모닝	5,	○	승용	경차
	비스토	5	○	승용	경차
	모하비	5	×	승용	
	스포티지, 쏘렌토	5, 7	×	승용	

구 분	명 칭	정 원	공제여부	차 종	종 류
	스포티지 - 밴	2	○	화물	
	카니발, 카렌스	7	×	승용	
	그랜드 카니발	11	○	승합	
	카니발	9	○	승용	
	카니발 - 밴	6	○	화물	
	타우너 - 코치, 밴, 트럭	7, 2	○	승용, 화물	국민차
	프레지오	9, 12, 15	○	승용, 승합	
	프레지오 - 밴	6	○	화물	
	프라이드, 리오, 쏘울, 포르테, 쎄라토, 스펙트라, 슈마, 로체,옵티마, 크레도스, K5, K7, K9, 오피러스, 엔터프라이즈	5	×	승용	
쌍용	렉스턴	5, 7	×	승용	
	로디우스	9, 11	○	승용, 승합	
	무쏘	5	×	승용	
	무쏘 - 밴, 스포츠	2, 5	○	화물	
	액티언	5	×	승용	
	액티언 - 스포츠	5	○	화물	
	카이런	7	×	승용	
	코란도	4~6	×	승용	
	코란도 - 밴	3	○	화물	
	체어맨	5	×	승용	

구 분	명 칭	정 원	공제여부	차 종	종류
GM	다마스 - 밴	2	○	화물	
	다마스 - 코치	7	○	승용	
	마티즈, 마티즈 - 밴	5, 2	○	승용, 화물	경차
	윈스톰	5, 7	×	승용	
	라보	2	○	화물	
	레조	7	×	승용	
	티코	5	○	승용	경차
	젠트라, 칼로스, 라로스, 라세티, 누비라, 에스페로, 토스카, 매그너스, 레간자, 프린스, 슈퍼살롱, 브로엄, 알페온, 베리타스, 스테이츠맨	5	×	승용	

사업목적에만 사용하는 경우 법인세 또는 종합소득세 신고 시 비용으로 인정이 가능한데, 이에 해당하는 차량 관련 경비는 감가상각비, 보험료, 수선비, 주유비, 주차비, 톨 게이트비, 기타 차량유지에 필요한 부대비용 이 해당한다.

❛❛ 경유 차량은 매입세액공제 되고 위발유 차량은 매입세액공제가 안되나? ❜❜

부가가치세 매입세액공제는 경유 차량은 되고 휘발유 차량은 안 된다고 생각하는 실무자들이 많은데 이는 잘못된 내용이다. 즉, 경유나 휘발유의 구분도 무의미하다. 주유하는 기름의 종류와 관계없이 해당 차량이 세법상 비영업용차량이면 매입세액이 불공제된다. 따라서 일반적으로 승용차인 경우는 매입세액불공제 차량이라고 보면 되고, 트럭이나 다마스, 승하차, 경차 등은 매입세액이 공제되는 차량으로 보면 된다.

신용카드 매출전표 등 수령분의 매입세액공제

신용카드매출전표 및 직불카드영수증은 세금계산서가 아니고 영수증으로 보고 있으므로 이를 받아도 매입세액으로 공제되지 않는 것이 원칙이다. 그러나 현행 부가가치세법에서는 일정 요건을 갖춘 경우 매입세액으로 공제하고 있다.

1 매입세액공제를 받을 수 있는 경우

사업자가 일반과세자로부터 재화 또는 용역을 공급받고 부가가치세액이 별도로 구분가능한 신용카드매출전표 등(신용카드매출전표, 직불카드영수증, 선불카드, 현금영수증)을 발급받은 때에는 다음 요건을 모두 충족한 경우 매입세액공제가 가능하다.

- 구입액과 부가가치세액을 별도로 구분가능한 신용카드매출전표 등을 받고
- 신용카드매출전표 등 수령명세서를 제출할 경우

따라서 부가가치세가 구분 기재 되지 않는 연 매출 4,800만 원 미만 간이과세자로부터 받은 신용카드매출전표나 면세사업자로부터 받은 신용카드매출전표는 매입세액을 공제받을 수 없다(4,800만 원 이상은 공제).

신용카드매출전표 등은 그 거래 사실이 속하는 과세기간에 대한 확정신고를 한 날로부터 5년간 보관해야 한다. 이 경우 다음의 방법에 따라 증빙자료를 보관하는 경우는 이를 보관하고 있는 것으로 본다.

- 신용카드업자로부터 발급받은 신용카드 월별 이용대금명세서 및 선불카드 · 현금영수증의 월별 이용대금명세서
- 신용카드업자로부터 전송받아 전사적 자원관리시스템(ERP)에 보관하고 있는 신용카드, 직불카드 및 선불카드 · 현금영수증의 거래정보

2 매입세액공제를 받을 수 없는 경우

🗂 발행해도 매입세액공제가 안 되는 업종

다음에 해당하는 사업자로부터 물품이나 서비스를 제공받고 신용카드매출전표를 받은 경우는 매입세액공제를 받을 수 없다.

- 목욕 · 이발 · 미용업
- 여객운송업(전세버스운송사업을 제외)
- 입장권을 발행하여 영위하는 사업

제조업자나 도매업자로부터 매입한 경우 업종 구분 없이 매입세액공제가 가능하다.

🗂 신용카드매출전표를 받아도 매입세액불공제 되는 경우

다음의 매입세액불공제 대상인 제품 및 서비스를 구입한 경우 신용카드

매출전표를 받아도 공제받을 수 없다.

- 신용카드수령명세서 미제출분
- 신용카드 부실기재(실제 가맹점과 다른 경우) 분
- 기업업무추진비(= 접대비) 관련 구입 분
- 사업과 관련 없는 자산 등의 취득 분
- 면세사업 구입 분
- 비영업용 소형승용차 구입 및 유지비용
- 구입일이 속하는 과세기간이 끝난 후 20일이 지나서 사업자등록을 신청한 경우

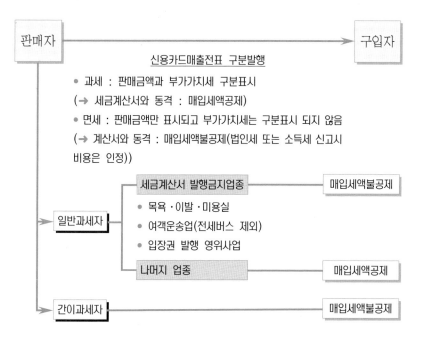

- 연 매출 4,800만 원 이상 간이과세자 : 매입세액공제 가능
- 연 매출 4,800만 원 미만 간이과세자 : 매입세액불공제

임직원 명의의 신용카드매출전표에 부가가치 세액이 구분기재 된 경우에는 매입세액이 공제할 수 있지만, 임직원 외의 타인 명의의 신용카드매출전표를 받은 경우는 세금계산서를 받아야 매입세액을 공제받을 수 있다.

임직원 외식 후 신용카드 결제 시 매입세액공제가 되는지?

직원회식비는 복리후생비에 해당하므로 매입세액공제 대상이며, 신용카드매출전표 상에 사업자등록번호와 부가가치세를 별도로 기재하고 부가가치세 신고 시 신용카드매출전표 등 수령명세서를 제출하면 매입세액공제가 가능하다.

총괄납부 사업자의 신용카드매출전표

2 이상의 사업장이 있는 총괄납부승인사업자가 각 사업장에서 일반과세자로부터 재화 또는 용역을 공급받고 본점 명의의 신용카드로 대금을 결제한 경우, 재화 또는 용역을 공급받은 각 사업장의 매출세액에서 공제한다. 다만, 본점에서 계약·발주 및 본점 명의의 신용카드로 결제하고 재화 또는 용역은 지점에서 공급받는 경우 그 부가가치세액은 본점의 매출세액에서 공제할 수 있다.

신용카드 등록제를 이용하면 세금신고시 편리하다

개인사업자가 사업용 물품을 구입하는데, 사용할 신용카드를 국세청 현금영수증 홈페이지에 등록하는 제도를 말하며, 등록한 개인사업자는 부가가치세 신고시 매입세액공제를 받기 위해서 "신용카드매출전표 등 수령명세서"에 거래처별 합계자료가 아닌 등록한 신용카드로 매입한 합계 금액만 기재하면 매입세액공제를 받을 수 있고

법인 명의로 카드를 발급받은 법인사업자는 별도의 등록절차 없이 거래처별 합계표를 기재하지 않아도 매입세액공제를 받을 수 있다.

※ 단, 종업원(임직원) 명의의 신용카드로 사업용 물품을 구입하는 경우는 거래처별 합계를 제출해야 매입세액공제가 가능하다.

100% 돌려받을 수 있는
부가가치세 절세의 기술

개인사업자들은 세금 신고만 하고 나면 뭔가 허전하다. 뭔가 빠뜨린 것 같다. 돈을 버는 것도 중요하지만 쓴 돈을 적절하게 처리해서 세금혜택을 받는 것도 중요하다. 세금 신고는 언제나 잘 챙겨야지, 하면서도 미리 챙기지 못해서 아쉽다.

1 간이과세자세요?

간이과세자는 0.5~3%의 낮은 세율이 적용되는 대신 공급대가의 0.5%만 공제받을 수 있다.

간이과세자의 부가가치세 계산 방법은 다음과 같다.

> **납부
> 세액**
>
> 매출액 × 업종별 부가가치율 × 10%
> − 공제세액(공급대가 × 0.5%)
> + 가산세

매출액이란 물건을 팔거나 서비스를 제공하고 받은 부가가치세가 포함된 금액을 말한다. 납부세액을 계산하려면 해당 업종별 부가가치율과 공제 대상 매입액을 알아야 계산할 수 있는데 간이과세자에 적용되는 업종별 부가가치율은 다음과 같다.

구 분	업종별 부가가치율
1. 소매업, 재생용 재료수집 및 판매업, 음식점업	15%
2. 제조업, 농업 ·임업 및 어업, 소화물 전문 운송업	20%
3. 숙박업	25%
4. 건설업, 그 밖의 운수업, 창고업, 정보통신업, 그 밖의 서비스업	30%
5. 금융 및 보험 관련 서비스업, 전문 ·과학 및 기술서비스업(인물사진 및 행사용 영상 촬영업 제외), 사업시설관리 ·사업지원 및 임대서비스업, 부동산 관련 서비스업, 부동산임대업	40%

신용카드매출전표 등 발행세액도 공제

10억 원 미만 개인사업자는 소매, 음식, 숙박, 서비스업 등 소비자를 상대로 사업을 하는 경우는 신용카드매출전표 등 발행세액 공제를 받을 수 있다. 공제 대상은 신용카드와 직불카드, 선불카드 매출, 현금영수증 매출, 전자화폐에 의한 매출액의 합계액이며, 1.3%가 연간 1,000만 원 한도로 공제된다.

일반과세자는 10%의 세율이 적용되는 반면 사업과 관련된 물건 등을 구입하면서 발급받은 매입 세금계산서에 기재된 부가가치세 '전액'을 공제받을 수 있고(매입세액이 더 많을 경우 환급) 세금계산서를 발급할 수 있다. 따라서 절세를 원한다면 사업자 지출증빙용 입증자료는 모두 잘 모아두는 것이 한 푼이라도 더 아낄 수 있는 방법이다. 어떤 자료를 챙겨야 하고, 어떤 점에 주의해야 하는지 알아보자

체크카드, 현금영수증도 사업 관련 비용이면 OK

사업과 관련된 영수증은 잘 모아두는 것이 유용하다. 부가가치세 신고 때 필요한 것은 세금계산서, 현금영수증[지출증빙용], 신용카드매입전표 등이다. 사업자 지출 증빙용이라면 다 공제 대상이 된다. 개인신용카드라도 대표나 소속 직원의 것이 맞는다면 공제할 수 있다.

명절 또는 기념일에 종업원 선물을 구입한 경우 '공제'

설날, 추석 등 명절이나 창사 기념일 등에 물품을 구입해 종업원에게 선물로 지급하는 경우 사업과 관련된 매입세액으로 공제가 가능하다.

차량 기름값 : 트럭, 경차 OK vs 승용차 NO

차량이 트럭이나 경차인 경우는 부가가치세 신고 시 공제가 가능하다. 이 경우 신용카드매출전표 등 발행세액공제명세서를 작성하면 공제받을 수 있다. 하지만 일반적으로 승용차는 공제대상이 아니다.

📂 기부 영수증 : 현물기부는 NO

현물기부는 부가가치세와 관련해서 매입세액공제를 받을 수 없다.
과거에 현물을 제조하거나 매입하는 과정에서 이미 매입세액공제를 받았
기 때문이다.

📂 비영업용 차량은 NO

일반적으로 사업장에서 업무용으로 사용하는 사업용 소형 자동차는 공제
대상이지만, 소형승용차라고 하더라도 비영업용 소형 승용자동차의 구입
및 유지(수선비·소모품비·유류비·주차료 등)에 관련된 매입세액은 공
제되지 않는다.

영업용 차량이란 운수업(택시, 버스), 자동차판매업, 자동차임대업(리스, 렌
트카업), 운전학원업, 경비업법 등 노란색 번호판, 장례식장 및 장의 관련
업종(법인차량과 운구용 승용차)을 영위하는 법인이나 사업자가 자동차를 영
업에 직접적으로 이용하는 것을 의미하므로 업무용과는 다르다. 차량으
로 노란색 번호판을 달고 있다. 이 외에는 비영업용이다. 따라서 운수업
자의 운수용 승용자동차, 자동차매매회사의 매매용 승용자동차, 자동차
대여업자의 승용차(경차와 트럭 등은 공제 가능)가 아니면 일반적으로
공제가 안 된다고 보면 된다(휘발유, 경우 차량과 관계없음).

종합소득세
신고 · 납부

제9장

종합소득세는 누가 언제 어떻게 신고·납부를 해야 하나?

1. 종합소득세는 무엇에 대해서 내는 세금인가?

종합소득(이자·배당·사업·근로·연금·기타소득)이 있는 사람은 다음 해 5월 1일~5월 31일까지 종합소득세를 신고·납부해야 한다.

성실신고 확인 대상사업자가 성실신고 확인서를 제출하는 경우 다음 해 6월 30일까지 신고·납부가 가능하다.

종합소득이 있더라도 다음의 경우에 해당하면 소득세를 신고하지 않아도 된다.

- 근로소득만이 있는 사람으로서 연말정산을 한 경우
- 직전연도 수입금액이 7,500만 원 미만인 보험모집인 또는 방문판매원 등으로 소속 회사에서 연말정산을 한 경우
- 비과세 또는 분리과세(원천징수만으로 납세의무가 종결되는 세금) 되는 소득만이 있는 경우
- 연 300만 원 이하인 기타소득이 있는 자로서 분리과세를 원하는 경우 등 종합소득세 신고 시 지방소득세 소득분도 함께 신고해야 한다. 소득

세 신고서에 지방소득세 소득 분 신고내용도 함께 기재해서 신고하고, 세금은 별도의 납부서에 의해서 5월 31일까지 납부하면 된다.

2 종합소득세 확정신고·납부는 5월 31일까지

당해연도에 종합소득금액(이자·배당소득, 사업소득(부동산임대소득 포함), 근로소득, 연금소득, 기타소득(일시재산소득 포함)) 퇴직소득금액, 양도소득금액이 있는 거주자는 그 과세표준을 당해 연도의 다음 연도 5월 1일부터 5월 31일까지 납세지 관할 세무서장에게 신고하고 납세지 관할 세무서·한국은행 또는 체신 관서에 납부해야 한다. 즉, 2××1년 1월부터 12월까지의 소득을 2××2년 5월에 관할 세무서장에게 신고하고 홈택스·한국은행 또는 체신 관서에 납부해야 한다. 다만, 다음의 경우에는 예외로 한다.

구 분	해 설
거주자가 사망한 경우	상속인은 「그 상속개시일부터 6월이 되는 날(이 기간 중 상속인이 주소 또는 거소의 국외 이전을 위해서 출국을 하는 경우는 출국일 10일 전)까지」 피상속인의 사망일이 속하는 과세기간에 대한 과세표준을 신고해야 한다.
거주자가 출국한 경우	과세표준 확정신고를 해야 할 거주자가 주소 또는 거소의 국외 이전을 위해서 출국하는 경우는 출국일이 속하는 과세기간의 과세표준을 출국일 10일 전에 신고해야 한다.

거주자와 비거주자

개인이나 개인사업자의 소득을 기준으로 과세하는 소득세법에서 거주자와 비거주자의 구분은 그 납세 범위를 결정하는 중요한 요소이다.

구 분	의 의	납세의무 범위
거주자	국내에 주소를 두거나 1과세기간에 183일 이상 거소를 둔 개인	국내원천소득과 국외원천소득 모두에 대해서 납세의무가 있음(무제한 납세의무)
비거주자	거주자가 아닌 자	국내원천소득에 한해서 소득세 납세의무 있음

주 국내에 주소를 가진 것으로 보는 경우(국적과는 무관함)

- 계속해서 1과세기간에 183일 이상 국내에 거주할 것을 통상 필요로 하는 직업을 가진 때
- 가족, 직업, 자산 상태에 비추어 1 과세기간 183일 이상 국내에 거주할 것으로 인정되는 때
- 국외에서 근무하는 공무원 또는 거주자 · 내국법인의 국외 사업장 등에 파견된 임원 또는 직원은 계속해서 1 과세기간 183일 이상 국외에 거주할 것을 통상 필요로 하는 직업을 가진 경우임에도 불구하고 거주자로 본다.

주 국내에 주소가 없는 것으로 보는 경우

- 계속해서 1 과세기간 183일 이상 국외에 거주할 것을 통상 필요로 하는 직업을 가진 때
- 외국 국적을 가졌거나 외국 법령에 의해서 그 외국의 영주권을 얻은 자로서 국내에 생계를 같이 하는 가족이 없고, 그 직업 및 자산 상태에 비추어 다시 입국해서 주로 국내에 거주하리 라고 인정되지 않는 때(관광 · 질병 치료, 출장 · 연수 등)

3 종합소득세 확정신고 대상 소득은?

종합소득세 확정신고 시 합산되는 소득은?

종합소득은 이자소득 · 배당소득 · 부동산임대소득 · 사업소득 · 근로소득 · 연금소득 · 기타소득으로서 연중 여러 분야의 소득을 모두 합해서 세금을 계산한 후 납부한다.

구 분		해 설
이자소득		금융기관이나 사채 등 남에게 돈을 빌려주고 그에 대한 대가로 받는 이자를 말한다.
배당소득		기업의 주식 등을 소유함으로써 이익에 대해 분배받는 소득을 말한다.
사업소득	부동산 임대소득	부동산 또는 부동산상의 권리, 공장재단 또는 광업재단 광업권자 · 조광권자 또는 덕대가 채굴에 관한 권리를 대여함으로 인해서 발생하는 소득을 말한다.
	사업소득	사업이란 특정인의 위험과 계산 아래 독립적으로 경영되는 영리를 목적으로 하는 업무로서 경영 주체의 의사나 사회적 · 객관적 사실관계로 보아 동종의 행위를 계속 · 반복해서 행하는 것을 말하는데, 이러한 사업에서 얻는 총수입금액에서 필요경비를 차감한 소득을 사업소득이라고 한다.
근로소득		근로의 제공으로 인해 받는 대가를 말하며, 대가의 명칭과는 관계가 없다.
연금소득		연금이란 노후생활보장 등을 목적으로 일정액을 불입하였다가 사유가 충족된 경우 매년 또는 매월 수령하는 금액을 말한다. 연금소득은 각종 연금법(국민 · 공무원 · 군인 · 사립학교교직원) 또는 별정우체국법에 의해서 지급받는 각종 연금이나, 연금저축가입자가 연금형태로 지급받는 소득을 말한다.
기타소득(일시 재산소득 포함)		상금 · 사례금 · 취업료 · 복권 당첨금 · 보상금 등 일시적으로 발생한 소득을 말한다.

🔖 종합소득세 확정신고가 면제되는 경우는?

다음에 해당하는 거주자는 당해 소득에 대한 과세표준확정신고를 하지 않을 수 있다. 이를 제외한 모든 개인사업자는 종합소득세 확정신고·납부를 해야 한다.

확정신고 면제 대상자	비 고
❶ 근로소득만이 있는 자 ❷ 퇴직소득만이 있는 자 ❸ 공적연금소득만 있는 자 ❹ 원천징수 되는 사업소득으로서 연말정산 대상이 되는 소득만 있는 자 ❺ 위 ❶과 ❷의 소득만 있는 자 ❻ 위 ❷와 ❸의 소득만 있는 자 ❼ 위 ❷와 ❹의 소득만 있는 자	❶, ❸, ❹는 연말정산으로 ❷는 퇴직금 지급 시 원천징수로 종결된다. ㈜ 원천징수의무자가 연말정산을 하지 않은 경우 신고대상임 ❷ 퇴직소득과 연말정산 대상 소득 중 ❶, ❸, ❹의 소득이 2 이상 있는 경우 신고 대상
❽ 분리과세 이자소득, 분리과세 배당소득, 분리과세 연금소득 및 분리과세 기타소득만 있는 자	원천징수로 종결
❾ 위 ❶~❼에 해당하는 자로서 분리과세 이자소득, 분리과세 배당소득, 분리과세 연금소득 및 분리과세 기타소득이 있는 자	
❿ 소득세를 수시부과한 후 추가로 발생한 소득이 없는 경우	
⓫ 양도소득세에 대한 과세표준 예정신고를 한 자	예정신고로 종결 단, 예정신고를 2회 이상 한 자로 합산신고를 하지 않는 경우 신고 대상
⓬ 이중 근로소득자로 종된 근무지에서 연말정산한 자	

다만, 아래 예시한 경우는 반드시 과세표준 확정신고를 해야 한다.

- 2곳 이상으로부터 근로소득을 받은 자(이중 근로소득자)로서 연말정산 시 합산 신고하지 아니한 경우
- 보험모집인의 사업소득, 방문판매원의 사업소득이 있는 자가 연말정산 방법으로 신고하지 않았거나, 2개 이상의 사업자로부터 소득을 받았으나, 합산신고 하지 않은 경우

🪙 종합소득세 납세지

납세지란 소득세의 관할 세무서를 정하는 기준이 되는 장소를 말한다.

구 분	납세지		
거주자	주소지가 원칙이며, 주소지가 없는 경우 거소지로, 거소지가 2 이상인 때에는 생활 관계가 보다 밀접한 곳이 납세지가 된다.		
비거주자	국내사업장(국내사업장이 2 이상의 경우는 주된 사업장)의 소재지가 원칙이며, 국내사업장이 없는 경우에는 국내원천소득이 발생하는 장소가 납세지가 된다.		
원천징수 하는 소득세	**원천징수의무자**	**원천징수 하는 소득세의 납세지**	
	원천징수 하는 자가 거주자인 경우	• 거주자가 원천징수 하는 사업장의 소재지 • 사업장이 없는 경우 : 그 거주자의 주소지 또는 거소지	
	원천징수 하는 자가 비거주인 경우	• 비거주자가 원천징수 하는 국내사업장의 소재지 • 국내사업장이 없는 경우 : 비거주자의 거류지 또는 체류지	

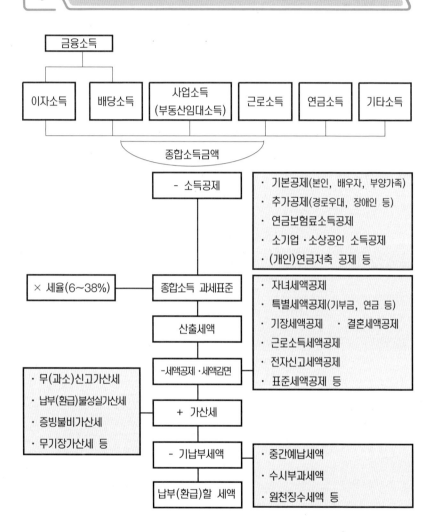

종합소득세 기본세율

과세표준	세 액
1,400만원 이하	6%
1,400만원 초과 5,000만원 이하	84만원 + (과세표준 - 1,400만원) × 15%
5,000만원 초과 8,800만원 이하	624만원 + (과세표준 - 5,000만원) × 24%
8,800만원 초과 1억 5,000만원 이하	1,536만원 + (과세표준 - 8,800만원) × 35%
1억 5,000만원 초과 3억원 이하	3,706만원 + (과세표준 - 1억 5천만원) × 38%
3억원 초과 5억원 이하	9,406만원 + (과세표준 - 3억원) × 40%
5억원 초과 10억원 이하	1억7천4백06만원 + (과세표준 - 5억원) × 42%
10억원 초과	3억8천4백06만원 + (과세표준 - 10억원) × 45%

[예시] 84만원 × (3천만원 - 1,400만원) × 15% = 3,240,000원

5 종합소득세 신고 방법과 제출서류

종합소득세는 기장을 맡기지 않는 경우 홈택스(www.hometax.go.kr)를 통해서 하는 것이 가장 간편하다. 만일 홈택스를 이용하지 않는 경우 다음의 서류를 제출하면 된다.

재무제표 등

복식부기의무자는 기업회계기준을 준용해서 작성한 대차대조표 · 손익계산서와 그 부속서류 및 합계잔액시산표와 조정계산서 및 영수증수취명세서를 제출해야 하며 간편장부대상사업자는 간편장부소득금액계산서를 제출해야 한다.

제9장 종합소득세 신고 · 납부_355

📋 소득공제신고서 1부

해당 사업자 추가 제출 서류

다음의 서류는 해당하는 경우에 한해서 제출한다.

❶ 주민등록등본 1부

- 소득공제 사항이 전년도 신고내용과 변동사항이 있는 경우에만 제출한다.
- 직계존속 또는 배우자의 직계존속을 부양하지만, 거주의 형편에 따라 별거하고 있는 경우 주민등록등본에 의해서 공제 대상 부양가족 여부가 확인되지 않은 때에는 호적등본을 추가로 제출한다.

❷ 납세의무자 또는 동거가족이 취학, 질병의 요양, 근무상 또는 사업상 형편 등으로 본래의 주소 또는 거소를 일시퇴거한 경우는 해당 서류를 제출한다.

- 일시퇴거자 동거가족상황표
- 퇴거 전 주소지와 일시퇴거지의 주민등록등본
- 일시퇴거확인증명서(재학증명서, 요양증명서, 재직증명서, 사업자등록 증 사본 등)

❸ 납세의무자나 부양가족 중 장애인이 있어서 장애인공제를 받으려면 다음의 서류를 제출해야 한다.

- 국가유공자등예우및지원에관한법률에 의한 상이자 : 국가보훈처가 발행한 증명서
- 장애인복지법에 의하여 장애인으로 등록된 자 : 장애인 수첩 사본
- 기타 장애인 : 장애인증명서

❹ 원천징수세액 납부명세서

원천징수 납부세액이 있을 때는 그 명세서를 제출

❺ 세액공제신청서 1부(해당자만 제출)

❻ 세액감면신청서 1부(해당자만 제출)

기타 첨부 서류

❶ 기장에 의하여 신고하는 경우 소득금액 계산에 관한 명세서

❷ 공동사업자의 경우 공동사업자별 소득금액 등 분배명세서

❸ 다음에 해당하는 기장신고 사업자는 세무사 등 세무대리인이 작성하는 외부조정계산서를 반드시 첨부해서 신고해야 한다.

㉮ 직전 연도에 추계결정 또는 추계경정 받은 사업자

㉯ 직전년도 신규개업자

㉰ 조세특례제한법에 의해 세액공제, 세액감면, 소득공제를 받은 사업자

㉱ 당해 과세연도 폐업자

㉲ 조정계산서 첨부 대상자로서 계속 4년간 외부조정계산서를 첨부하지 아니한 사업자

㉳ 업종별 "별표"에 정하는 사업 규모에 해당하는 사업자

㉴ 제㉮호 내지 제㉳호에 해당하지 아니하는 사업자로서 외부조정계산서를 첨부하고자 하는 사업자

[복식부기의무자]

신고서를 작성하는 순서는 아래와 같다.

❶ 기본사항 ➔ ❼ 사업소득명세서 ➔ ❾ 종합소득금액 및 결손금 ·이월결손금공제명세서 ➔ ⓫ 소득공제명세서 ➔ ⓬ 세액감면명세서 ➔ ⓰ 기납부세액명세서 ➔ ❹ 세액의 계산 ➔ 납부서(소득세 및 지방소득세)

[간편장부의무자]

❶ 기본사항 ➔ ❼ 사업소득명세서 ➔ ❾ 종합소득금액 및 결손금 ·이월결손금공제명세서 ➔ ⓫ 소득공제명세서 ➔ ⓰ 기납부세액명세서 ➔ ❹ 세액의 계산 ➔ 납부서(소득세 및 지방소득세)

[사업소득을 추계신고하면서 기준경비율로 소득금액을 계산하는 경우]

❶ 기본사항 ➔ ⓲ 추계소득금액계산서(기준경비율적용대상자용) ➔ ❼ 사업소득명세서 ➔ ❾ 종합소득금액 및 결손금 ·이월결손금공제명세서 ➔ ⓫ 소득공제명세서 ➔ ⓯ 가산세명세서 ➔ ⓰ 기납부세액명세서 ➔ ❹ 세액의 계산 ➔ 납부서(소득세 및 지방소득세)

[단일소득 - 단순경비율 신고]

❶ 기본사항 ➔ ❸ 종합소득세액의 계산 ➔ ❹ 지방소득세액의 계산 ➔ 납부서(소득세 및 지방소득세) ➔ 기부금명세서

개인사업자는 1년에 한 번 종합소득세 신고·납부

1 모든 사업자는 종합소득세 확정신고를 해야 한다.

전연도 사업소득(부동산임대소득 포함)이 있는 모든 사업자는 다른 종합소득과 합산해서 5월 중에 납세지(주소지) 관할 세무서에 신고해야 한다. 전연도 중에 폐업하였거나 적자가 난 경우 납부 또는 환급받을 세액이 없는 경우에도 꼭 신고해야 한다.

장부에 의해 계산된 실질소득으로 신고해야 한다.

모든 사업자는 사업과 관련된 모든 거래 사실을 세금계산서 등 증빙서류를 근거로 장부에 기록해서 계산된 실질소득에 따라 소득세를 신고해야 한다. 사업소득(부동산임대소득 포함)의 수입금액(매출액)이 일정금액 미만인 사업자는 간편장부에 기록해서 계산된 실질소득에 따라 소득세를 신고할 수 있다. 다만, 의사, 약사, 변호사, 법무사, 건축사 등 전문직사업자는 반드시 복식 장부를 기록해야 한다.

업 종 별	간편 장부	복식 부기	기 준 경비율	단 순 경비율
가. 농업 ·임업 및 어업, 광업, 도매 및 소매업 (상품중개업을 제외한다), 부동산매매업, 아래에 해당하지 아니하는 사업	3억 미만	3억 미만	6천만원 이상	6천만원 미만
나. 제조업, 숙박 및 음식점업, 전기 ·가스 ·증기 및 공기조절 공급업, 수도 ·하수 ·폐기물처리 ·원료재생업, 건설업(비주거용 건물건설업은 제외), 부동산 개발 및 공급업(주거용 건물 개발 및 공급업에 한정), 운수업 및 창고업, 정보통신업, 금융 및 보험업, 상품중개업, 욕탕업	1억 5천 미만	1억 5천 미만	3천 6백만원 이상	3천 6백만원 미만
다. 부동산임대업, 부동산업(부동산매매업 제외), 전문 ·과학 및 기술서비스업, 사업시설관리 ·사업지원 및 임대서비스업, 교육 서비스업, 보건업 및 사회복지 서비스업, 예술 ·스포츠 및 여가 관련 서비스업, 협회 및 단체, 수리 및 기타 개인 서비스업, 가구내 고용활동	7천 5백 미만	7천 5백 미만	2천 4백만원 이상	2천 4백만원 미만

[유의 사항]

• 1 사업자가 여러 개의 단독사업장을 가지고 있거나 공동사업장을 가지고 있을 경우 단독사업장은 단독사업장 모두를 합해서 기장의무자를 판정하고, 공동사업장은 별도의 1 사업자로 보고 단독사업장과 별도로 기장의무를 판정한다.

• 기장의무 판정 시 직전연도 수입금액은 1년으로 만기 환산하지 않으며, 실제 그 자체의 수입금액으로 판정한다.

• 복식부기 의무자가 2××1년도에 신규로 단독사업장을 개업하는 경우 신규사업장은 2××1년도에도 복식부기 의무 사업장이 된다.

3 장부를 기장하지 않은 추계신고자의 종합소득세 신고

종합소득세를 비치·기장한 장부와 증빙서류에 의해서 계산하지 않은 경우는 추정한 소득에 의해 신고·납부를 하게 되는 데 이를 추계신고라고 한다. 이 경우 소득을 추정하는 방법을 기준경비율 제도라고 한다. 즉, 기준경비율은 직전 연도 수입금액이 일정 규모 이상인 사업자가 장부를 작성하지 않을 때 적용되는 소득 추정 방법이라고 보면 된다.

기준경비율 대상자와 단순경비율 대상자는 신고 대상 소득 발생 전년도 (전년도 소득 신고의 경우 전전년도 소득) 사업소득(부동산임대소득 포함)의 수입금액(매출액)을 기준으로 판단한다. 다만, 전문직사업자, 현금영수증 가맹의무자 중 미가입자, 현금영수증 등 상습 발급 거부자는 단순경비율을 적용할 수 없다.

또한, 신규사업자 중 당해 과세기간 수입금액이 일정 규모 이상(복식부기 의무기준)에 해당하는 경우에도 단순경비율을 적용할 수 없다.

추계신고 시 기준경비율과 단순경비율의 판단기준이 되는 금액은 앞 페이지(328페이지)를 참고하기를 바란다.

🗂 단순경비율 적용대상자와 소득금액 계산

단순경비율 적용대상자는 해당연도(전년도) 귀속 종합소득세를 장부에 의해 계산한 소득금액으로 신고하지 않는 사업자로서, 앞서 표에서 설명한 금액 이하인 사업자를 말한다.

💬 단순경비율에 의한 소득금액 계산 방법 💬

단순경비율 적용대상자는 장부나 증빙서류에 의하지 않고, 수입금액에 단순경비율을 곱한 금액을 필요경비로 인정받게 된다.

소득금액 = 수입금액 - (수입금액 × 단순경비율)

🗂 기준경비율 적용대상자와 소득금액 계산

기준경비율 적용대상자는 해당연도(전년도) 귀속 종합소득세를 장부에 의해 계산한 소득금액으로 신고하지 않는 사업자로서, 수입금액의 합계액이 단순경비율 적용 대상 기준 수입금액 이상인 사업자를 말한다.

💬 기준경비율에 의한 소득금액 계산방법 💬

소득금액 = 다음 ❶, ❷ 중 적은 금액

❶ 기준소득금액 = 수입금액 - 주요경비(매입비용 + 임차료 + 인건비) - (수입금액 × 기준경비율)

주요경비는 증빙서류에 의한 금액을, 기타경비는 수입금액에 기준경비율을 곱한 금액을 비용으로 인정받게 된다.

❷ 단순경비율로 계산한 소득금액에 배율을 적용한 금액

= { 수입금액 − (수입금액 × 단순경비율) } × 배율

2024년 귀속분은 배율이 3.4배(간편장부대상자는 2.8배)

4 장부를 기록하면 많은 혜택이 있다.

📑 장부를 기록할 경우 혜택

- 적자가 난 경우 이를 인정받고, 향후 세금 계산 시 차감한다.
- 간편장부대상자가 복식부기에 의해 장부 기록 시 산출세액의 20%를 산출세액에서 차감한다.
- 고정자산에 대한 감가상각비를 계상하는 경우 비용으로 인정받는다.

📑 장부를 기록하지 않은 경우 불이익

- 추계방법으로 소득세를 신고하므로, 적자난 경우에도 인정받지 못한다.
- 수입금액이 4,800만 원 이상이면 산출세액의 20%를 무기장 가산세로 부담하게 된다.
- 복식부기 의무자는 수입금액의 0.07%와 산출세액의 20% 중 큰 금액을 무신고 가산세로 부담한다.

5 종합소득세의 신고·납부

📑 종합소득세의 납부기한과 환급시기

- 종합소득세의 납부기한은 5월 31일이다. 납부할 세액이 2천만원을 초과하는 경우는 50% 이내의 금액을, 1천만 원을 초과하는 경우는 초과분을 7월 31일까지 분납할 수 있다.
- 종합소득세 환급액은 6월 30일경에 확정신고서에 기재한 본인 명의계좌(환급세액이 2천만 원 이상의 경우는 계좌개설신고서로 신고한 계좌)로 지급된다.
- 홈택스(www.hometax.go.kr)를 통해서 편리하게 전자신고가 가능하다.

📂 지방소득세의 납부기한과 환급시기

소득세를 확정신고·납부한 후 이에 따른 지방소득세도 5월 31일까지 관할 시·군·구청에 신고·납부 해야 한다. 만일 환급이 발생한 경우 지방소득세의 환급금은 각 시·군·구에서 8월 하순에 지급한다.

66 지방소득세 과세표준 99

지방소득세 과세표준 = 소득세 결정세액 + 가산세 + 추가 납부세액 − 원천징수 소득세

📂 소득세를 적게 신고·납부 하면 불이익이 따른다.

- 산출세액의 20%(허위기장, 허위증빙 수취 등의 경우는 40%)가 무(과소)신고가산세로 부과될 수 있다.
- 미납한 세액에 대해서는 연 8.03%에 상당하는 납부불성실가산세가 부과된다.
- 신고하지 않은 경우 각종 세액공제와 감면을 적용받을 수 없다.

절세를 위해서는 소득을 분산하라

신고 금액을 늘려야 자금출처 문제가 쉽다. 그렇다고 본인 앞으로 과표 현실화를 하면 누진세율이 적용되어 소득세 부담도 크고, 나중에 상속세 문제도 복잡하게 된다. 이런 문제를 해결하는 방법은 증여를 통해서 배우자와 자녀에게 임대소득 등을 분산시키는 것이다. 소득이 분산 되면 누진세율을 낮출 수 있으므로 소득세 부담은 크게 줄어든다.

예를 들어 1억 원 소득과표를 본인 명의로 신고하면 소득세는 1,956만 원을 부담하지만, 4명으로 소득을 분산하면 동일한 1억 원의 소득과표에 대해서 세금은 249만 원을 부담하면 되므로 (지방소득세를 포함함) 소득세 부담이 확 줄어든다.

가장 손쉬운 소득 분산 방법은 증여를 통해서 수익성 부동산을 배우자 또는 자녀 명의로 분산하고, 임대소득을 분산시키는 것이다.

또는 본인은 성형외과를 개원하고, 배우자는 피부관리실을 운영하면서 제휴 마케팅을 통해서 소득을 분산시키는 방법도 생각할 수 있다.

내용	분산 전	2인 소득 분산 후	4인 소득 분산 후
과세표준	본인 소득 1억 원	각각 5천만원	각각 2,500만원
소득세	1,956만원	624만원	249만원

절세의 키(Key)는
장부와 세금계산서

1 절세하려면 장부를 만들어라

세금계산서는 물론 간이세금계산서 등 증빙서류가 생길 때마다 거래내용을 일일이 장부에 기록하는 것(기장)이 절세의 정석이다. 사업자가 물건이나 용역을 매입할 때는 항상 '부가가치세' 라는 항목이 붙는다.

매입 시에 상대방 공급자에게 부가가치세를 더 내고, 나중에 그 세금을 환급받는 것이다. 그러니까 매출 기록만 있고, 매입이 적으면 해당 사업자는 많은 수익을 낸 것이기 때문에 세금도 더 많이 내야 한다. 매출만큼 매입도 많다면 그만큼 세금도 적게 낸다.

그러나 사업자는 이를 반드시 증명해야 한다. 만약 부가가치에 대한 기장을 제대로 하지 않아 이를 증명할 수 없게 되면 사업 결손이 나도 인정받을 수 없다.

세법에 따르면 전년도 수입이 4,800만 원을 넘는 자영업자가 복식부기로 기장하지 않았을 때는 산출세액의 20%나 되는 무기장 가산세 부담이 생기게 된다.

또한, 세법에서는 연 매출 4,800만 원 미만 간이과세자의 경우 발급한 영수증 및 발급받은 영수증과 세금계산서를 보관하면 기장하고 있는 것으로 본다.

2 소규모사업자라면 간편장부를 이용하라

간편장부란 중·소규모 개인사업자를 위해서 국세청에서 고안한 장부이다. 간편장부는 회계지식이 없는 사람이라도 쉽고·간편하게 작성할 수 있으며, 이것을 근거로 소득세 신고가 가능하다. 간편장부는 매출 등 수입에 관한 사항, 경비지출에 관한 사항, 고정자산의 증감에 관한 사항, 기타 참고사항을 거래가 발생한 날짜 순서로 기록하고 관련 증빙서류를 보관하면 장부를 기장한 것으로 인정한다. 복식부기 의무자를 제외한 중·소규모 사업자로 수입금액이 일정 금액 이하 사업자(328페이지를 참고)가 간편장부대상자이다.

참고로 간편장부 서식은 국세청 사이트 세무서식 메뉴에서 다운받아 사용할 수 있다.

경리회계 처음 하는 초보 실무서

지은이 : 손원준

펴낸이 : 김희경

펴낸 곳 : 지식만들기

인쇄 : 해외정판 (02)2267~0363

신고번호 : 제2510020030000015호

제1판 1쇄 인쇄 2023년 5월 31일

제1판 1쇄 발행 2023년 6월 12일

제2판 2쇄 발행 2024년 8월 16일

제3판 1쇄 발행 2025년 2월 03일

값 : 22,000원

ISBN 979-11-90819-45-9 13320

본도서 구입 독자분들께는 비즈니스 포털

이지경리(www.ezkyungli.com)

2개월 이용권(2만 원 상당)을 무료로 드립니다.

구입 후 구입영수증을 팩스 02-6442-0760으로 넣어주세요.

K.G.B

지식만들기

이론과 실무가 만나 새로운 지식을 창조하는 곳

서울 성동구 금호동 3가 839 Tel : 02)2234~0760 (대표) Fax : 02)2234~0805